Schweppenhäuser | Grundbegriffe der Ethik

Reclam premium

Gerhard Schweppenhäuser
Grundbegriffe der Ethik

Reclam

RECLAMS UNIVERSAL-BIBLIOTHEK Nr. 14089
2006, 2021 Philipp Reclam jun. Verlag GmbH,
Siemensstraße 32, 71254 Ditzingen
Vollständig durchgesehene und ergänzte Ausgabe
Gestaltung: Cornelia Feyll, Friedrich Forssman
Umschlagabbildung: Foto der Plastik *Le Peuseur* (entstanden zwischen 1880 und 1882) von Auguste Rodin (1840–1917)
Druck und Bindung: Eberl & Koesel GmbH & Co. KG,
Am Buchweg 1, 87452 Altusried-Krugzell
Printed in Germany 2021

ISBN 978-3-15-014089-5

Auch als E-Book erhältlich

www.reclam.de

Inhalt

1. Vorbemerkungen

Ethische Grundbegriffe benötigen wir, um Grundfragen der Moral zu klären. Mit ihrer Hilfe lässt sich ergründen, was die Kriterien gelingenden Lebens und richtigen Handelns sind.

Moralisches Handeln, lehrte Kant, ist praktische Vernunft, freie Selbstbestimmung. Das Wesentliche »jeder Moral ist, dass sie ein langer Zwang ist«, schrieb Nietzsche (1886, 91). Wir haben es hier mit weit mehr zu tun als mit zwei inkompatiblen Paradigmen der philosophischen Tradition. Die beiden Aussagen widersprechen einander aufs entschiedenste, weil sie sehr präzise die gegensätzlichen Bestimmungen benennen, die in der Sache selbst liegen. Keine freie Selbstbestimmung ohne Selbstbeherrschung; kein Zwang ohne den Widerstand, den er hervorruft und aus dem sich Freiheit herausbilden kann.

»Wie kultiviere ich die Freiheit bei dem Zwange?« (Kant 1803, 711.) Diese Frage liegt Kants Vorlesungen zur Pädagogik zugrunde. Das Paradoxon der Erziehung zur Selbstbestimmung ist auch für die Ethik relevant. Wie können Individuen auf der Grundlage allgemeingültiger, verbindlicher Prinzipien handeln, die unabhängig von Ort und Zeit gewährleisten, dass alle in Freiheit und Selbstbestimmung leben können? Kants moralphilosophische Überlegungen haben eine normativ richtig (d. h. gerecht) eingerichtete Gesellschaft zum Ziel. Diese ist die Voraussetzung seines aufklärerischen Prinzips einer rational begründeten Würde des autonomen Menschen. Wenn die Menschheit in jedem Einzelnen nicht nur mental, sondern auch real »Zweck an sich selbst« wäre, müssten die besonderen Einzelinteressen und das allgemeine Interesse nicht mehr auseinanderfallen.

»Der Freiheit Gesetze geben« (Kant 1803, 728) – das ist seit der Neuzeit das Thema der Moralphilosophie. Doch gerade wo Zwang und Gewalt durch vernünftige Interaktion überwunden werden sollten, nämlich in der Moral, wirkten sie fort, lautet Nietzsches Diagnose. Der Rahmen für humane, friedliche Interaktion und Interessenausgleich, für Achtung und Anerkennung der anderen, werde durch Gewaltverhältnisse abgesteckt. Gewalt werde durch moralische Gebote und Konventionen internalisiert; das Überwundene kehre wieder, wenn sich Moral gegen die eigene, innere Natur erweist. »›Du sollst gehorchen, irgend wem, und auf lange: s o n s t gehst du zu Grunde und verlierst die letzte Achtung vor dir selbst‹ – dies scheint mir der moralische Imperativ der Natur zu sein« (Nietzsche 1886, 92). Für Nietzsche stand eine »Umwertung aller Werte« an, wenn sich die Gattung zu einer Lebensform freier, unabhängiger Menschen weiterentwickeln solle. Wie dies sozial, politisch oder ökonomisch zu verwirklichen wäre, darüber finden sich bei ihm allerdings nur Mutmaßungen, teilweise sehr abwegige. Dass die von Kant philosophisch begründete Autonomie des Subjekts, die für Nietzsche Fiktion war, gesellschaftliche Realität werden könnte, wenn eine solidarische Menschheit selbstbestimmtes Subjekt ihrer Praxis würde – das war ein Gedanke, den Nietzsche nicht zuließ (ebenso wenig wie der Neonietzscheanismus der Postmoderne, aber auch dessen systemtheoretischer Kontrapunkt).

Moralphilosophie behandelt nicht bloß Fragen und Problemstellungen des einzelnen Subjekts und seiner Handlungsentscheidungen. Sie entfaltet sich mit dem kritischen Nachdenken über das Allgemeine, zu dem es sich in Beziehung zu setzen hat: zu Gesellschaft, Politik und Geschichte. Im Folgenden wird es um gegensätzliche Bestimmungen in der Sache selbst, nämlich in der Philosophie der Moral, gehen. Untersucht werden die normativ-kritische Kraft des Diskurses der abendländischen Moralphilosophie und seine Widersprüche. Dies geschieht in einer dialektischen Bewegung des Gedankens: indem versucht wird, innere Ambivalenzen und Antagonismen in den Objekten des Denkens begrifflich zum Ausdruck zu bringen. Die Gegensätze in der Sache sind durch Begriffe, Urteile und Schlüsse angemessen nachzuzeichnen, nicht – durch Aufhebung der Widersprüche in der Identität eines sich selbst reflektierenden Geistes oder einer logisch konsistenten formalisierten Sprache – zu harmonisieren. In exemplarischen und systematischen Erörterungen sowie in punktuellen philosophiegeschichtlichen Exkursen wird es um Gegenwart und Tradition einiger grundlegender Begriffe gehen, die den Diskurs der Ethik von der Antike bis heute prägen.*

In diesen Grundbegriffen reflektiert sich der Gegensatz, vielleicht sogar der Antagonismus zwischen individuellem Freiheits- und Glücksanspruch und gesellschaftlichem Zwang, zwischen Autonomie und Fremdbestimmung, zwischen der befreienden Kraft und der sozialen Stabilisierungsfunktion der Moral.

* Ich danke den Studierenden in meinen Vorlesungen und Seminaren in Weimar, Kassel und Würzburg; ihre Neugier, ihre Fragen und ihre Kritik waren förderlich. Außerdem danke ich meiner Würzburger Mitarbeiterin Judith-Frederike Popp, meinen philosophischen Lehrern, bei denen ich studiert habe, und den befreundeten Kollegen sowie, nicht zuletzt, Katrin Greiser, die ich mit Fragen zur neueren deutschen Geschichte konsultieren durfte.

Diese Ambivalenz findet ihren besonders intensiven Ausdruck in einem Konzept, das in diesem Buch zwar nicht eigens erörtert wird, aber hier vorab Erwähnung finden soll: dem Konzept der *Empörung*. Es bezeichnet die Empfindung, die Menschen angesichts moralisch nicht hinnehmbarer Handlungen und Zustände verspüren. Im Kontext gesellschaftlich-politischen Handelns steht es für Aufstand, Erhebung und Widerstand gegen Herrschaft und Unterdrückung. Zusammen mit dem Konzept der *Solidarität* (das als soziopolitisches zu verstehen ist, nicht als moralisches) bildet es den gesellschaftlichen Bezugsrahmen einer kritischen Theorie der Moral.

2. Seiendes und Geltendes

2.1 Normen und Werte

In der Ethik wird über die Prinzipien der Moral, ihre Begründung und ihre Anwendung nachgedacht. Anders gesagt: Ethik ist derjenige Teil der Philosophie, in dem es um Werte und Normen geht, also um moralische und sittliche Kriterien, nach denen Handeln beurteilt wird. Unter *Werten* versteht man höchste Güter wie Glück oder Freiheit, während *Normen* Regeln sind, die unbedingte Geltung beanspruchen, wenn es etwa um Gerechtigkeit oder Wahrhaftigkeit geht.

Moralische Werte bilden sozusagen Hintergrundannahmen darüber, was einerseits zu einem gelingenden Leben der Individuen gehört und was andererseits eine vernünftig eingerichtete Gesellschaft ausmacht. Hier geht es, mit Kant gesprochen, nicht um den »relativen Wert« von etwas, also nicht um seinen »Preis«, sondern um »einen innern Wert« von etwas (Kant 1786, 71). Moralische Normen sind »handlungsleitende Anweisungen, die dazu dienen, Werte zu realisieren oder gegenüber anderen Zielsetzungen zu schützen« (Schmid Noerr 2012, 36). Werte sind dann sozusagen Angebote, während Normen Gebote bzw. Verbote sind. Mit anderen Worten: Werte sind attraktiv, Normen entweder präskriptiv (vorschreibend) oder restriktiv (eingrenzend).

Sieht man sich beispielsweise den moralischen Wert der Selbstbestimmung näher an, der im Bildungs- und Gesundheitswesen, in der sozialen Arbeit und in der Altenpflege häufig im Fokus steht, zeigt sich Folgendes: Für Menschen, die in diesem Bereich arbeiten, gilt die Norm, so zu handeln, dass Willensäußerungen von Schüler*innen, Klient*innen und Patient*innen möglichst weitgehend beachtet und befolgt werden, damit der Wert der Selbstbestimmung der Akteure realisiert werden kann, etwa in Bezug auf die persönlichen Freiheiten der Bewohner*innen eines Seniorenheims oder einer therapeutischen Wohngemeinschaft für Heranwachsende sowie in Bezug auf den Datenschutz ebenso wie pädagogische Förderungsmaßnahmen.

2.1.1 *Wertlehre*

Der Begriff des Werts stammt allerdings nicht aus der Ethik bzw. der Philosophie der Moral, sondern aus der Ökonomie – also aus jener Sphäre, von der Kant sein soeben angeführtes Konzept des ›innern Werts‹ abgegrenzt hat.

Für Kant ist der *innere* Wert eine Kategorie der »Moralität« (Kant 1786, 70). Diese ist nichts per se Gegebenes; sie entsteht vielmehr dann, wenn Menschen ihr Handeln an einer moralischen »Gesetzgebung« ausrichten, durch die »ein Reich der Zwecke möglich ist« (70). Unter diesem Gesichtspunkt unterscheidet Kant grundlegende menschliche Kompetenzen und Charakterdispositionen, die zusammen die »Sittlichkeit« (71) ausmachen. Diese hat man sich vorzustellen als Moralität, die sich im soziokulturellen Zusammenleben verwirklicht. Ganz oben in der Rangliste stehen Kant zufolge zwei moralische Haltungen: »Treue im Versprechen« und »Wohlwollen aus Grundsätzen« (71). Diese hätten einen »innern Wert« (71). Alles Können und Wissen hingegen, das »sich auf die allgemeinen menschlichen Neigungen und Bedürfnisse bezieht, hat einen Marktpreis« (71). Auch diejenigen Kompetenzen und Dispositionen, die zwar nicht überlebensnotwendig, aber für ein menschliches Zusammenleben unverzichtbar sind, haben lediglich einen Preis, nämlich einen »Affektionspreis« (71). Hierunter fasst Kant »Geschicklichkeit und Fleiß im Arbeiten«, »Witz, lebhafte Einbildungskraft und Launen« (71). Im Unterschied zum diesen menschlichen Kompetenzen, die alle »bloß einen relativen Wert, d. i. einen Preis« besäßen, hätten allein die moralischen Handlungsdispositionen »Würde« (71). Moralität ist demnach mit nichts zu verrechnen; sie darf nicht als Mittel zum Zweck missverstanden werden, denn sie selbst ist der höchste aller denkbaren und möglichen Zwecke.

> Im Reiche der Zwecke hat alles entweder einen Preis, oder eine Würde. Was einen Preis hat, an dessen Stelle kann auch etwas anderes, als Äquivalent gesetzt werden; was dagegen über allen Preis erhaben ist, mithin kein Äquivalent verstattet, das hat eine Würde. (71.)

Im ökonomischen Bereich liegen die Dinge in Bezug auf den *Wert* ganz anders. Hier geht es eben gerade nicht um ›innern Wert‹, nicht um ›Würde‹ und den »Zweck an sich selbst«, als den man »ein vernünftiges Wesen« (71) anzusehen und zu respektieren habe, sofern es moralisch reflektiert und handelt. Hier geht es um Äquivalente. Ökonomisch gesprochen, ist Wert vor allem Tauschwert, der Dingen oder Dienstleistungen in Marktgesellschaften zugemessen wird. Bei Knappheit steigt der Wert eines Gutes – wie die Wertschätzung, die ihm zuteilwird. Stets drückt sie sich auch darin aus, auf was jemand zu verzichten bereit ist, um das Begehrte zu besitzen. Wert ist in dieser Hinsicht per se eine negative Kategorie. Sie bezeichnet das monetäre Äquivalent von etwas, also ein Äquivalent, das nicht positiv oder direkt zur Hand ist, sondern nur potentiell im Tausch realisiert werden kann.

Bevor ein Wert im Tausch realisiert wird, ist er nur virtuell vorhanden. Ein Fahrzeug hat diesen oder jenen Wert auf dem Gebrauchtwagenmarkt, doch solange man es nicht veräußert, verfügt man nicht über den entsprechenden Geldbetrag. Dass das Fahrzeug einen praktischen, einen persönlichen oder gar einen sentimentalen ›Wert‹ haben mag, steht auf einem anderen Blatt. Es spielt keine Rolle bei der Berechnung und Realisierung seines Tauschwerts. Das wird insbesondere im Falle eines Verkehrsunfalls mit sogenanntem ›wirtschaftlichen Totalschaden‹ relevant: Wenn die Instandsetzungskosten des beschädigten Fahrzeugs seinen derzeitigen Tauschwert, den sogenannten ›Zeitwert‹, übersteigen, dann ›lohnt‹ oder ›rechnet‹ sich die Reparatur nicht.

Werte im ökonomischen Sinn werden auf Märkten ermittelt. Sieht man von Sekundärmärkten wie dem für Gebrauchtwagen ab, dann gilt in der Weise, wie Wirtschaft heute betrieben wird und die heute fast auf der ganzen Welt dominiert, dass sich der Mehrwert von Waren durch Verkauf auf dem Markt zu realisieren hat.

Doch wo wird der Mehrwert erzeugt? Er entsteht bei der Produktion von Waren, und zwar dadurch, dass den Bestandteilen des Produkts, vermittels lebendiger Arbeitskraft, unbezahlte Mehrarbeit hinzugefügt wird. Wie geht das zu? Die Eigentümer der Produktionsmittel kaufen denjenigen, die nichts anderes zu verkaufen haben als ihre Arbeitskraft, diese als Ware ab. Die Ware Arbeitskraft wird zu ihrem Tauschwert gekauft: Darin besteht der zentrale Inhalt eines jeden Arbeitsvertrags. Die Ware Arbeitskraft besitzt einen ganz speziellen Gebrauchswert, den keine andere Ware sonst hat: Sie kann Mehrwert entstehen lassen. »Dass die Arbeitskraftbesitzer durch ihre Arbeit einen größeren Wert bilden, als sie in Gestalt des Lohns erhalten« (Heinrich 2016, 175), bildet entsprechend der Analyse von Karl Marx die Voraussetzung für die Schaffung von Mehrwert. Unter dem Aspekt des Arbeitslohnes bedeutet das: Nach einem gewissen Teil des Arbeitstags arbeitet der Arbeitskraftverkäufer sozusagen gratis weiter, ab hier fügt er den Produkten oder Dienstleistungen unbezahlte Mehrarbeit hinzu. Einzig und allein aus dieser Differenz zwischen der bezahlten und der nicht bezahlten Arbeit resultiert der Mehrwert für den Eigentümer der Produktionsmittel.

Je moderner, das heißt: je maschineller und rationalisierter, die Produktion ist, desto kleiner wird allerdings im gesellschaftlichen Durchschnitt derjenige Mehrwertanteil, der auf die einzelne Ware entfällt. Aufgrund dessen müssen mehr einzelne Waren verkauft werden, wenn man im Ganzen auf seine Kosten kommen und Mehrwert abschöpfen will. Gleichwohl können die Eigentümer der Produktionsmittel nicht darauf verzichten, die Produktionsvorgänge fortwährend zu modernisieren und durch Einsatz von Maschinen zu rationalisieren. Denn dadurch kann weniger Lohn gezahlt werden. Das macht die Produktion ›produktiver‹. Doch zugleich entfällt, wie gesagt, auf die einzelne produzierte Ware ein geringerer Mehrwertanteil, weil weniger Arbeitszeit aufgewendet wird, um sie zu fertigen. Daher müssen Kapitalinvestoren immer mehr Waren produzieren und auf den Markt werfen, wenn sie ihr Ziel erreichen wollen, und das Ziel ist selbstverständlich nicht nur die Amortisierung des investierten Kapitals, sondern dessen ständige Vermehrung. Der Analyse von Marx zufolge ist Kapital nichts anderes als »Wert, der vorgeschossen wird, um sich zu vermehren« (ebd.).

Daher sind Märkte heute Umschlagplätze im Zyklus einer permanenten Überproduktionsökonomie. Der Sachgrund dafür, dass mehr produziert wird, als Menschen gebrauchen und verbrauchen (können), ist, wie angedeutet wurde, die sinkende Menge Mehrwert, der gegebenenfalls am Markt realisiert werden kann, im einzelnen Produkt. Der Überproduktion entspricht Marx zufolge eine Überzahl von Arbeiter*innen. Von denen werden immer weniger benötigt, um Mehrwert zu produzieren, weil die maschinelle Herstellung von Waren in stets zunehmendem Maße ohne menschliche Arbeitskraft auskommt. Marx hat es daher als »allgemeine[s] Gesetz der kapitalistischen Akkumulation« (Marx 1894, 675) betrachtet, wenn das »Steigen der gesellschaftlichen Produktivkraft der Arbeit auf Kosten des individuellen Arbeiters« (674) geschehe: »alle Mittel zur Entwicklung der Produktion schlagen um in Beherrschungs- und Exploitationsmittel [...], verstümmeln den Arbeiter in einen Teilmenschen, entwürdigen ihn zum Anhängsel der Maschinerie« (ebd.), das am Ende auch noch überflüssig wird.

Es kommt hinzu, dass sich der Preis, den Unternehmen für die Ware Arbeitskraft zu zahlen haben, senkt, wenn Lebensmittel, Bekleidung und Brennstoffe (zum Heizen und für Fahrzeuge) zu durchschnittlich niedrigen Preisen auf dem Markt sind. Das ergibt sich entweder von selbst auf den Märkten – oder es kann durch staatliche Subventionen erreicht werden.

Die hierzulande viel und gern beklagte Verfügbarkeit billiger Grundnahrungsmittel, mit der die bekannten Missstände der Massentierhaltung zusammenhängen, ist also kein genuin ethisches Problem, das über veränderte moralische Einstellungen der Konsument*innen gelöst werden könnte. Forderungen nach freiwilligem Verzicht auf den Kauf von »Billigfleisch« oder nach einem gesetzlichen Verbot von »Dumpingpreisen« für Lebensmittel treffen nicht den Kern des Problems. Der Preis der Ware Arbeitskraft bemisst sich in der kapitalistischen Wirtschaftsweise daran, wie viel Geld im Durchschnitt zu ihrer Regeneration benötigt wird, und zwar unter Bedingungen, die im Allgemeinen als menschenwürdig gelten.

Unter relativ hochentwickelten Lebensbedingungen zählt dazu übrigens auch die Möglichkeit, zur Erholung Urlaubsreisen zu machen, weswegen die gegenwärtige Angebotsökonomie zum Billigtourismus animiert, mit allen bekannten Negativfolgen für die Umwelt. Wobei zu bedenken ist, dass der Großteil des für den Klimawandel verantwortlich gemachten CO_2-Ausstoßes nicht vom Individual- und Ferienverkehr stammt; er wird von Industrie und Handel und, in erheblichem Maße, vom Militär produziert.

Im Konkurrenzkampf des Weltmarkts haben die Staaten daher unter anderem die Aufgabe, durch politische Rahmenentscheidungen (vor allem durch finanzielle Subventionen) dafür zu sorgen, dass der Tauschwert der Arbeitskraft, also ihr Marktpreis, niedrig bleibt, damit der Mehrwert, den die Unternehmen sich aneignen, möglichst groß ist. In Deutschland hat die SPD (mit Hilfe der Grünen) zu

Beginn des Jahrtausends unter dem Titel »Agenda 2010« die Rahmenbedingungen für die erhebliche Ausweitung des Niedriglohn-Sektors geschaffen. Niedrige Lebensmittelpreise helfen bei der Stabilisierung dieses Zustands – und bei der Verfestigung ethisch problematischer Produktionsbedingungen für niedrigpreisige Lebensmittel, mit denen sich die *working poor* und das Prekariat über Wasser halten.

Auch die Überproduktion und massenweise Produktion von Waren, die womöglich in ethischer Hinsicht hochproblematisch sind (z. B. deshalb, weil sie unter menschenunwürdigen Bedingungen produziert werden oder weil ihre Herstellung und Verwendung der belebten und unbelebten Natur schwere Schäden zufügen), ist nicht auf Gedankenlosigkeit oder moralische Verkommenheit der Akteure (insonderheit: der Konsument*innen) zurückzuführen. Sie ist ein Bestandteil der Produktion, also jener Wirtschaftsweise, die ›unseren westlichen Werten‹ zugrunde liegt.

All das hat nur auf den zweiten Blick etwas mit ethischen Fragen zu tun. Doch es zeigt sich: Werte stehen für etwas, auf das man zu verzichten bereit ist, damit man etwas anderes besitzen oder genießen kann. Im Gegenzug stellt man das, über das man nicht verfügt, als den entsprechenden Wert dar. Von Werten spricht man also dann, wenn es darum geht, *dass man etwas per se nicht hat*, aber über einen Gegenwert verfügt.

Im 19. Jahrhundert wurde der Wertbegriff von Rudolf Hermann Lotze in die philosophische Terminologie aufgenommen, um mit seiner Hilfe die Sphäre der Geltung von der Sphäre des Seienden zu unterscheiden (Lotze 1841, 1882). Seine große Karriere machte »der vom Neukantianismus philosophisch in Umlauf gebrachte Name der Werte« (Habermas 1970, 150) aber bei Friedrich Nietzsche. Seine »Umwertung aller Werte« stellte den Wertbegriff ins Rampenlicht der Ethik. Er exponierte und kritisierte dabei mit einem Schlag dessen Problematik. Darauf werden wir noch zurückkommen.

Wenn Moralphilosophen von Werten sprechen und dabei an etwas dezidiert nicht Tauschbares denken, dann kommt mitunter Seltsames dabei heraus. Vor über einem Jahrhundert vertrat etwa Max Scheler die Auffassung, es gebe einen Kosmos der Werte, der ganz unabhängig von den Menschen existiere. Das Wertreich sei in sich selbst gegründet und nach objektiven Kriterien geordnet; Werte wie »mutig«, »edel« oder »vornehm« stünden ganz oben, während »gemein« ganz unten rangiere (Scheler 1921, S. 9 ff.). Er vertrat tatsächlich die Auffassung, dass Werte nicht das Ergebnis unserer Bewertung von etwas seien, sondern dass es sich genau umgekehrt verhalte: Wir würden Menschen, Handlungsweisen, Dinge und Sachverhalte gemäß den Wertkriterien bewerten, die sie objektiv enthalten – vorausgesetzt freilich, dass wir in der Lage sind, uns zu einer angemessenen Schau der Werte aufzuschwingen, was naturgemäß nur wenigen gegeben sei.

Heute vertreten die meisten Philosoph*innen den Standpunkt, dass Werte handlungsleitende Orientierungsmaßstäbe sind, nicht Eigenschaften von Sachverhalten oder Handlungen. Werte werden nicht mehr als substantielle Entitäten gedacht, sondern als Produkte menschlicher Setzung. Damit geht oft die Position des Wertrelativismus einher: Dass Werten transkulturelle, zeit- und ortsübergreifende Geltungsansprüche zukommen können, wird dann bezweifelt. Dieser Zweifel muss aber nicht das letzte Wort haben.

Schon Heinrich Rickert hat um die Wende zum 20. Jahrhundert versucht, den unauflösbaren Widersprüchen bzw. Aporien des Wertobjektivismus und gleichzeitig den Aporien seines Gegenstücks, des reinen Subjektivismus der Werte, zu entgehen. Für Rickert sind Werte zwar keine ontologischen Wesenheiten, aber mehr als bloß subjektiv-beliebige Setzungen. Alles *Werten* finde stets in kulturellen Zusammenhängen statt, und Kultur ist eine »wertbehaftete Wirklichkeit«. Die Wirklichkeit der Werte ist, so Rickert, eine geistige Wirklichkeit der Bewertung und der Anerkennung von Geltungsansprüchen, mit denen sich eine Kulturwissenschaft zu beschäftigen habe, die »Sinndeutung« betreibt (Rickert 1899, Prechtl 1999). Als Max Weber nach dem Ersten Weltkrieg die Frage nach dem »Wert« der Wissenschaft stellte, fragte er nach dem »Sinn«, den organisierte, fortschreitende Forschung für die Interessen der Menschheit hat, und er meinte damit einen »über das Technische hinausreichenden Sinn« (Weber 1919a, 20). Der Sinn moderner, arbeitsteiliger Wissenschaft sei nicht etwa die Prätention, dass man veraltete Fragen nach dem »›Sinn‹ der Welt« (24) beantworten könne. Weber bezeichnet den – nicht bloß instrumentellen – Sinn von Wissenschaft als *Wert*. Dies impliziert Folgendes: Die Bedeutung des entbehrungsreichen und gefahrvollen Prozesses der Naturbeherrschung durch Arbeit, Technik und Wissenschaft besteht darin, dass er der Menschheit etwas verheißen kann, für das sich Mühe, Hingabe und Opfer lohnen. Was ist »wissenswert« (26)? Wofür lohnt sich der geistige, physisch-zeitliche und finanzielle Aufwand methodisch kontrollierter, logisch und technisch überprüfter Forschungsprozesse? Weber, der sich an dieser Stelle auf Nietzsche beruft, meinte nicht, dass Wissenschaft und Technik Glück zu versprechen hätten – aber doch immerhin die »Beherrschung des Lebens« (25), im gesellschaftlichen wie im naturhaften Sinne.

2.1.2 *Werte-Lamento*

Die Klage über einen ›Werteverfall‹ gehört zum Markenkern rechtsgerichteten politischen Denkens. Eine sogenannte »Werteunion« beispielsweise, die sich 2017 innerhalb der CDU/CSU als Widerstandsgruppe gegen Bundeskanzlerin Merkel formiert hatte, bezeichnet sich selbst als »Zusammenschluss wertkonservativer und wirtschaftsliberaler Unionsmitglieder« (Werteunion 2020). Eines ihrer Hauptanliegen besteht im Kampf gegen die Zuwanderung von Fliehenden nach Europa. Zu den Anführern der »Werteunion« gehört Hans Georg Maaßen, der wegen seiner Nähe zur nationalistisch-völkischen Partei AfD 2018 als Chef des bundesdeutschen Geheimdienstes zurücktreten musste. In einer Zeit, da rassistische und antisemitische Attacken auf offener Straße in der Bundesrepublik immer häufiger und brutaler stattfinden, propagiert die »Werteunion« eine sogenannte ›europäisch-deutsche Leitkultur‹ und »warnt vor Gefahr von links« (Werteunion 2020).

Die Klage über den ›Werteverfall‹ ist auch fester Bestandteil im Repertoire der Moral- und Kulturkritik. Dafür nun ein älteres und ein neueres Beispiel, denn ebenso wie die Sprache der Politik weist auch die Sprache der Moral- und

Kulturkritik aufschlussreiche Indikatoren für einen Bereich auf, den man als praktische Philosophie des Alltags bezeichnen kann.

»Die Salzburger Festspiele mit Appell an neue Werte eröffnet«, lautete eine Schlagzeile in der *Frankfurter Neuen Presse* vom 25. Juli 1998. Der österreichische Bundespräsident, so war zu lesen, hatte die Gelegenheit genutzt, seinen Zukunftssorgen Luft zu machen und zugleich seiner Hoffnung auf die versittlichende Kraft der Musik Ausdruck zu verleihen:

> »An der Wende in ein neues Jahrtausend erleben wir die Gleichzeitigkeit eines immensen Werteverlusts und eines enormen Bedarfs nach ethischen Normen, die Menschen, Völker und Kontinente dauerhaft verbinden können«, sagte Klestil. Dabei komme den Künsten und der Religion eine entscheidende Rolle zu, da sie einen »unmittelbaren Zugang zu Herzen und Seelen finden«.

Im Salzburger Festspielprogramm fand sich an prominenter Stelle Peter Zadeks Inszenierung der Oper *Aufstieg und Fall der Stadt Mahagonny*. Dort hat Bertolt Brecht zwar nicht den Satz »Erst kommt das Fressen, dann die Moral« untergebracht (dieser Befund, den er seinen Protagonisten als Zynismus in den Mund legte und gleichzeitig selbst leider wahr fand, stammt aus der *Dreigroschenoper*). Aber in *Aufstieg und Fall der Stadt Mahagonny* wird eine nicht minder ätzende Kritik bürgerlicher Doppelmoral der Markt- und Konkurrenzgesellschaft formuliert (Brecht 1930). Mahagonny ist eine Karikatur der bürgerlichen Marktgesellschaft, die Georg Wilhelm Friedrich Hegel als das »System der Bedürfnisse« und als »Kampfplatz« bezeichnet hatte. Im Kampf der Interessen kann jedes zahlungskräftige Bedürfnis befriedigt werden. In Brechts Stadt darf man alles; dort ist eigentlich alles erlaubt, nur eines nicht: Zahlungsunfähigkeit. Die Konstellation der Festspiele, die mit Beschwörungen von Werten und Europa eröffnet, aber mit Brecht vollzogen wurden (der sich nach dem Zweiten Weltkrieg Chancen ausgerechnet hatte, Leiter der Salzburger Festspiele zu werden, was ihm erspart hätte, in die DDR gehen zu müssen, um angemessene Bedingungen für seine Theaterarbeit zu haben), ist im Rückblick entlarvend. Sie liefert vielleicht ein Indiz dafür, dass Kunst tatsächlich ein moralisches Potential besitzt, allerdings ein größeres, als es ihr moralisierende Festredner zusprechen. Der Verzicht auf eine philosophische (und das heißt: kritisch-rationale) Reflexion des Wertproblems, der die zitierten Wertebekundungen geradezu programmatisch kennzeichnet, erweist sich als belanglose polit-religiöse Rhetorik.

Ähnliches lässt sich in einem neueren Beispiel für moralkritische Klagen über den ›Verfall der Werte‹ beobachten, das aus einem Zeitungsartikel über Probleme der Polizei stammt. Der Autor zitiert den Chef der Gewerkschaft der Polizei in Nordrhein-Westfalen:

> »Werteverfall, steigende Brutalität und eine sinkende Hemmschwelle gehören zu unserem Alltagsgeschäft«. Als Beispiel nannte er die steigende Zahl der Angriffe auf Polizisten. Ein Viertel dieser Angriffe habe sogar einen staatsfeindlichen Hintergrund, und es käme zu schweren Straftaten wie gefährliche Körperverletzungen. (Seher 2014.)

Die Rede vom Verfall der Werte richtet sich hier gegen mangelnden Respekt und gegen Gehorsamsverweigerung gegenüber der Obrigkeit bzw. den Repräsentant*innen ihrer Zwangsgewalt vor Ort. Bezeichnend an diesem Beispiel ist der direkte Zusammenhang, in dem die Verfallsklage mit dem Gewaltmonopol des Staates steht, dessen Sinn und Zweck ja die Absicherung bestehender Herrschafts- und Eigentumsverhältnisse ist.

Dass bewaffnete Zwangsgewalt als hoher Wert anzusehen sei, geht philosophisch auf die politische Ethik von Thomas Hobbes zurück. Hobbes beschrieb die Menschen als von Natur aus böse. Im fiktiven sogenannten »Naturzustand«, nämlich einem »Kriegszustand« (Hobbes 1651, 329), in dem es »keine staatlichen Gesetze« (681) gibt, würden die Menschen amoralisch agieren, nur auf den eigenen Vorteil bedacht. Jeder reißt an sich, was er kann. Im permanenten Konkurrenzkampf denken alle nur an sich und ihren Vorteil. Alles dreht sich um das Eigentum und seine Verteidigung, keiner nimmt Rücksicht auf den anderen, alle sind egoistisch und asozial.

Zu einer geordneten Zivilisation kann es unter Bürgerkriegsbedingungen nicht kommen, so Hobbes. Seine neuzeitlich-materialistische Philosophie ist in diesem Zusammenhang auch deshalb von Interesse, weil man sich verdeutlichen kann, wie die Vorstellung ethischer *Güter* sich in die Vorstellung ethischer *Werte* verwandelt hat. Bei Hobbes wird das Glück als oberstes Prinzip der Ethik durch das Prinzip der Selbsterhaltung ersetzt, an dem jeder Mensch ein natürliches Interesse habe (263). Glück und ein gutes Leben werden zu unverhofften Geschenken des Schicksals, auf das kein Verlass ist. Das einzige Ziel, auf das Menschen ihr Handeln rationalerweise ausrichten können, sei das Überleben. Pure Selbsterhaltung avanciert zum höchsten Gut. Sie ist nur unter einigermaßen friedlichen Bedingungen möglich, argumentiert Hobbes, der im 17. Jahrhundert zur Genüge erfahren musste, was es bedeutet, in Bürgerkriegszuständen zu leben, die sich endlos hinzuziehen scheinen. Daher sei der *bellum omnium contra omnes* (der Krieg aller gegen alle, jener vermeintliche *status naturalis*) unter allen Umständen abzuwehren.

Die praktische Philosophie von Hobbes ist indessen keine des Friedens und der Versöhnung; sie rechtfertigt Herrschaft und Zwang. Die Legitimität staatlicher Zwangsgewalt wird freilich an die freiwillige Zustimmung derjenigen gebunden, die sich ihr zu unterwerfen haben. In Hobbes' Modell ist die Staatsgründung ein Vertragsschluss, bei dem die Individuen ihr »natürliches« Recht aufgeben: Sie verzichten darauf, sich alles zu nehmen, was sie wollen, und dies wird durch einen Zuwachs an Sicherheit ausgeglichen. Bei rationaler Prüfung würde jeder einsehen, dass er vom Ende des Kriegszustands profitiert, genauso wie alle anderen. Hobbes drückt es so nicht aus, aber der Sache nach ist klar: Die partielle Abschaffung bzw. Einschränkung der individuellen Freiheit, die der Zwangsgewalt des Staates zu unterwerfen sei, macht Freiheit zu jenem zentralen Wert, auf den sich die modernen Nationalstaaten des Westens bis heute berufen.

Hobbes' kontraktualistische Fundierung der Moral ist von einem Widerspruch gekennzeichnet, wie der Philosoph Gunzelin Schmid Noerr feststellt: Hobbes »gründete die Moral auf einen virtuellen Vertrag, den die Bürger frei miteinander geschlossen haben, sprach ihnen aber das

Recht ab, die vereinbarten Normen je infrage zu stellen« (Schmid Noerr 2006, 73). Der Einzelne wird als auf ganz sich bezogenes Individuum gedacht, das nicht durch Normen des Miteinanders gebunden ist. Um zusammenleben zu können, müssen sich alle Individuen Normen unterwerfen, deren Geltung sie freiwillig anerkennen, die aber durch eine übermächtige Zwangsgewalt abgesichert sind. Doch Hobbes kann nicht stringent darlegen, warum die Menschen ihren Eigennutz zurückstellen und moralisch handeln sollten. Er delegiert »das moralische Gewissen der Einzelnen« an den Staat und plädiert für eine »autoritäre Lösung der Interessengegensätze und Glaubenskonflikte« (74) im Gemeinwesen.

Dass die Moral bei Hobbes letztlich auf Zwang gegründet wird, passt auf den ersten Blick nicht zur abendländischen Auffassung, der zufolge Moral ein im Prinzip freies, willentliches Handeln, innerlich reguliert, darstellt. Dieser Widerspruch kann auf die Spannung zwischen »individuelle[n] Interessen und gesellschaftliche[n] Sanktionen« (ebd.) zurückgeführt werden. Er kann als Ausdruck eines sozialen Widerstreits gelten, der in heutigen Konkurrenz- und Klassengesellschaften keineswegs verschwunden ist. Aus dieser Sicht hat Hobbes das marktradikale Menschenbild gerechtfertigt, das unsere heutige Gesellschaft kennzeichnet.

Das Werte-Lamento ist offenbar auch unvermeidlich, wenn sich eine neue Jugendkultur durchsetzt: Gesellschaftliche Phänomene, die traditionell negativ beurteilt werden – z. B. Egoismus, Verweigerungshaltung und Konkurrenzmentalität oder Konsumismus, exzessiver Gebrauch neuer Medien und eine als hemmungslos empfundene Selbstbezogenheit –, werden dann gern auf den Verlust verbindlicher Werte zurückgeführt. Dabei wird übersehen (oder verleugnet), dass es sich bei jenen Phänomenen nie um ein gänzliches Fehlen von Werten und Bewertungsweisen handelt, sondern lediglich um Umwertungen, die meist nicht bewusst reflektiert werden (Hilgers 2002). Der Pazifismus der Hippies in den 1960er Jahren wurde hierzulande mit Klagen über den Verfall der Werte kommentiert, und ganz ähnlich waren die Reaktionen auf den rassistischen Terror rechtsradikaler Jugendlicher seit den 1990er Jahren. Nun sind aber nicht nur *love and peace*, Toleranz und Multikulturalität Werte, sondern eben auch imaginierte nationale Identitäten, Rassenhygiene, ethnische Sauberkeit und heilige Kriegsziele – so unerfreulich das auch ist, wenn man diese Werte von einem modernen, aufgeklärten Standpunkt aus betrachtet. In der Gegenwart kehren sie als Orientierungsgrößen zurück, die zunehmend auch von jungen, völkisch gesinnten Menschen geschätzt werden, weil sich im Rekurs darauf ein regressiver Hass gegen Menschen mit anderer Herkunft, anderen Lebensgewohnheiten und anderen sexuellen Orientierungen rationalisieren lässt.

Was manchen Beobachter*innen zunächst als eine Spielart der Jugendkultur erscheinen mochte, wuchs rasch zu einer ganz neuen Gestalt der öffentlichen Kommunikation an: die Netzkultur des digitalen Zeitalters. Kein Wunder, dass auch auf diesem weiten Feld die Klage über Werteverfall laut wurde. Hier geht es vor allem um gewandelte Formen des Umgangs miteinander und der Wertschätzung anderer. Allgemein wird der Verlust von Respekt und Anstand angeprangert. Durch die flächendeckende Versorgung der Bevölkerung mit digitalen Endgeräten und Internetzugängen hat sich eine Social-Media-Öffentlichkeit konstituiert, die in immer größerem Ausmaß auf journalistische Professionalität verzichtet. Kommentator*innen und Welterklärer*innen bilden ihre eigenen Formen der Mitteilung aus. Dabei haben sich die Phänomene des *shitstorms*, der *hate speech* und der *cancel culture* in den Vordergrund gedrängt. Sie scheinen dem Muster des Aufbegehrens von Schülern zu folgen, deren Tyrannen sich zurückziehen. Menschen mit Gewaltphantasien schreiben sich in den *social media* warm, wo sie kaum von *gatekeepers* behelligt werden. Der marktradikale Umbau der Medienlandschaft hatte ihre Kontrollinstanzen geschwächt. Dass sie in postmodernen Diskursen als altmodisch und moralisch-belehrend delegitimiert wurden, kam hinzu. Kurzatmiges Aufbegehren kann sich in diesem Klima als radikale Kritik gerieren (und sich selbst als solche missverstehen). Wozu soll man sich beispielsweise die Mühe machen und Kants Schriften studieren, wenn man doch kurzerhand darauf hinweisen kann, dass er sich in seiner *Anthropologie* nicht von den rassistischen Auffassungen seiner Zeit frei machen konnte? Bedauerlicherweise entgeht solch einer Lektüreverweigerung, dass derselbe Kant in seiner Moralphilosophie entscheidende Argumente formuliert hat, ohne die eine radikale Kritik des Rassismus theorielos und willkürlich bleiben würde (siehe dazu Brumlik 2020).

Die Vereinigung »Werte Leben« beklagte 2020, dass immer mehr »beleidigende Kommentare«, »feindselige Kommentare oder Posts« in den sozialen Netzwerken auftauchen, die einzelne Personen herabsetzen, und »Hassreden […] ganze Menschengruppen ins Visier« nähmen, »um diese gezielt herabzuwürdigen« (Werte Leben Online 2020). Gegen kommunikative »digitale Gewalt« gibt die

Vereinigung pädagogische Ratschläge, die auf eine Haltung der Toleranz, des Respekts und der Bereitschaft zur Aufklärung abzielen. Sie empfiehlt jungen Nutzer*innen der sozialen Netzwerke, ruhig zu bleiben, wenn sie angegriffen werden, und nicht durch aufgebrachte Reaktionen zur Eskalation beizutragen. Sie empfiehlt des Weiteren, »Hater« zu blockieren sowie Eltern, Lehrer*innen und Vertrauenspersonen um Hilfe zu bitten. Zur allgemeinen Bekämpfung des Phänomens wird empfohlen, Hasskommentare nicht zu »liken« oder zu »teilen«, sich nicht unbedacht beeinflussen zu lassen, sondern zu seiner eigenen Meinung zu stehen, diese kundzutun und andere Nutzer*innen aufzuklären: »Wir bei WERTE LEBEN – ONLINE machen uns stark für mehr Respekt und Mitgefühl im Netz. Auch Du kannst mit uns zusammen Dein Zeichen gegen Hass im Netz setzen.« (Ebd.)

So richtig und wichtig die pädagogische Ermahnung ist: Es steht zu befürchten, dass ihre Wirkung begrenzt bleiben wird, zumal dann, wenn es um Erwachsene geht. Menschen, die irre Kommentare im Internet schreiben, auf den Straßen »Lügenpresse« brüllen, Politiker*innen beleidigen oder mit dem Tode bedrohen und vor laufenden Kameras Fernsehreporter verprügeln, tun das nicht, weil ihnen noch niemand erklärt hat, wie unanständig so etwas ist. Ihr kommunikatives Handeln und Misshandeln ist vermutlich kein Ausdruck der Gleichgültigkeit gegenüber jedweden Werten, vielmehr einer eigenen Wertorientierung. Was für sie von hohem Wert ist und zuvor aus Furcht vor Sanktionen nicht an die Öffentlichkeit gelangte, das kann heute die Runde machen – unbehelligt von Redakteur*innen, die man andernorts dafür bezahlt, zu verhindern, dass repressive und destruktive Gewaltphantasien verbreitet werden. Zeitweise wird diese ehemalige Nischenkultur des autoritätsgebundenen Charakters in deutschen Länderparlamenten adäquat repräsentiert.

Um derartige Zusammenhänge in ihrer Komplexität zu beschreiben und über ihre Wirkmechanismen aufzuklären, reicht ethische Reflexion allein nicht aus. Sie muss sich mit sozialpsychologischen und (bei diesem Beispiel jedenfalls) mit mediensoziologischen Überlegungen verbinden.

Die privatwirtschaftlich basierte Netzkultur des digitalen Zeitalters greift eine ehedem wichtige Instanz des Zirkulationssektors an, die durch die Digitalisierung von Produktions- und Zirkulationssphäre geschwächt ist. Dabei tritt zweierlei zutage:

1. dass die Macht der Presse im Schwinden begriffen ist, weil Zeitungen tendenziell überflüssig werden, wenn Informationswaren auf dem neuesten Stand der Technik über neue Distributionsmedien vermarktet werden, und
2. dass das erzieherische polit-kulturelle Bollwerk des öffentlich-rechtlichen Rundfunks immer verzichtbarer erscheint. Meinungen triumphieren über Wahrheit und Erkenntnis, Identität triumphiert über Differenz und Differenzierung. Die Wertverschiebungen an der gesellschaftlichen, ökonomischen und politischen Basis führen zu Veränderungen der Wertorientierung in der sozialen Kommunikation.

Die Tendenz ist indessen auch von entgegenwirkenden Faktoren begleitet. Nach dem Ausbruch der SARS-COV-2-Pandemie konnten die öffentlich-rechtlichen Informationsmedien hierzulande beim Publikum wieder aufholen. Ob sie damit das Terrain zurückgewinnen, das sie an kommerzielle Kanäle und an die chaotischen (Des-)Informationssphären sozialer Netzwerke verloren hatten, steht noch dahin. Allerdings war es nicht erst die Nachfrage nach allgemeinverständlichen Darstellungen aktueller wissenschaftlicher Erkenntnisse und nach Widerlegung von Verschwörungsnarrativen, die ein vitales Interesse an methodisch kontrolliert gewonnenem Wissen hervorgebracht haben. Dieses zeigte sich bereits in der Massen-Jugendbewegung »Fridays for Future«, dem Protest gegen die destruktiven Folgen industriekapitalistischer Naturausbeutung.

2.2 Kontroverse Werte

Werte sind Gegenstand von Kontroversen. Für viele Menschen schien nach dem 11. September 2001 deutlich geworden zu sein, dass nicht nur Frieden einen Wert darstellt, sondern ebenso Freiheit und die Kraft, sich gegen Angreifer zu verteidigen, die bereit sind, Menschenleben einzeln und in Massen für ihre Werte zu opfern. Die Bundesrepublik befindet sich seit 2015 laut offizieller Sprachregelung in einem »Kampf« gegen den IS und sein Kalifat. »Deutsche Soldaten sind auch künftig im Kampf gegen den sogenannten Islamischen Staat im Einsatz. Der Auftrag der Bundeswehr wird ausgeweitet«, teilte das Presse- und Informationsamt der Bundesregierung im November 2016 mit (Bundesregierung 2016). Die religiös-faschistischen Herrscherfiguren des IS wollen durch kriegerische Aktivität nach außen ihren Herrschaftsbereich im Innern absichern. Der Kampf dagegen wird »von einer breiten internationalen Koalition getragen, der Deutschland seit Anfang 2015 angehört« (ebd.), so die Internetseite der Bundesregierung. Dass Deutschland seit seinem Eintritt in den »Kampf«, den man auch als Krieg bezeichnen kann, Zielscheibe derjenigen Kampfmittel ist, welche die asymmetrischen Kriege der Gegenwart kennzeichnen, ist insofern folgerichtig. Niemand hört es gern, wenn etwa die Opfer des Terroranschlags am Breitscheidplatz in Berlin im Dezember 2016 als Opfer eines weltweiten Krieges der nordatlantischen Wertegemeinschaft verbucht werden, doch spricht einiges für diese These.

In der weltweiten Krise, die 2020 von der SARS-CoV-2-Pandemie ausgelöst wurde, diskutierte man in Deutschland heftig über ethische Grundlagen politischer Maßnahmen zur Einschränkung des öffentlichen Lebens. Zur Debatte stand die Legitimität repressiver Zwangsmittel im Rahmen eines demokratischen Rechtsstaats. Dabei ist es nicht zu Unrecht als »moralische[r] Zwiespalt« (Kornelius 2020) bezeichnet worden, dass sich die Ordnungsmacht über das individuelle Recht auf Bewegungs- und Versammlungsfreiheit hinwegsetzt, um das Leben von Menschen zu schützen, das unter bestimmten Umständen durch eine Infektionsgefahr bedroht ist. Versammlungsverbote, Ausgangsbeschränkungen und Ausgangssperren sind klassische ordnungspolitische Instrumente zur Kontrolle einer potentiell sich widersetzenden Öffentlichkeit. Sie dürfen nicht nur mit Hinweis auf einen politischen ›Ausnahmezustand‹ (Bedrohung von außen, von innen oder durch eine Naturkatastrophe) gerechtfertigt werden, sondern müssen sich gemäß moralischen Kriterien als angemessen zum Schutz bedrohter Minderheiten ausweisen lassen. Die entsprechende Argumentation hatte in diesem Falle eine medizinische Seite, denn die Maßnahmen wurden ergriffen, um festzustellen, ob sie sich überhaupt als kurz- und mittelfristig effektiv erweisen würden. Und es hatte eine ethische Seite: Politik ist auf moralische Rechtfertigung angewiesen.

Was sind *ethische* Werte? Welcher Einsatz für sie darf als angemessen gelten? Wie gesagt: Gegenwärtig dominieren nicht mehr ontologische, sondern handlungstheoretische Bestimmungen. Vieles spricht dafür, Werte als relativ auf Bedürfnisse bezogen zu verstehen. Der Philosoph Wolfgang Schlüter hat das mit den Begriffen einer materialistischen Anthropologie erklärt. Werte resultieren demzufolge aus psychischen Reaktionen auf Triebbefriedigungsaufschub:

> Körperliche, seelische und geistige Bedürfnisse verlangen nach unmittelbarer Befriedigung; ist diese versagt, so wird aus dem Bedürfnis ein Wert: Ich begreife die Versagung, die Befriedigung des Bedürfnisses wird mir wertvoll, und ich denke über Wege nach, diesen Wert zu realisieren, da sich seine Realisierung offensichtlich nicht einfach aus den naheliegenden Möglichkeiten ergibt. Der dafür notwendige Vernunftgebrauch muß erheblich gesteigert werden, wenn verschiedene Bedürfnisse miteinander konkurrieren, die nicht unmittelbar befriedigt werden können: Es muß eine Wertehierarchie aufgebaut werden. (Schlüter 1995, 177.)

Diese Erklärung der hierarchischen Anordnung unserer Bewertungen ist plausibler als Schelers Vorstellung von einem an sich seienden, hierarchischen Wertekosmos.

Von diesem bedürfnis- und handlungstheoretischen Begriff des Wertes her kann nun auch der Begriff der Norm näher erläutert werden. In der Alltagssprache ist die Rede von Normen mehrdeutig. Damit können empirische, d.h. aus dem Erfahrungswissen abgeleitete Durchschnittsqualitäten gemeint sein, die unter Umständen willkürlich per Dekret gesetzt worden sind (beispielsweise die Normen des Deutschen Instituts für Normung DIN oder der Rahmen, der für die Abmessungen eines Fußballfeldes vorgegeben ist). Es können aber auch kontrafaktische Regeln und Maßstäbe gemeint sein (also solche, die dem tatsächlich Gegebenen entgegenstehen). Nur auf Letztere bezieht sich der philosophische Begriff der Norm oder des Normativen. Philosophisch gesprochen, sind Normen verbindliche Sollensforderungen. Ihre Gültigkeit kann sowohl als relativ auf bestimmte Handlungsziele ausgerichtet als auch im Sinne einer absoluten Gültigkeit aufgefasst werden, d.h. einer Gültigkeit, die in sich selbst legitim ist und nicht der Ableitung aus je bestimmten Zwecken des Handelns bedarf. Letzteres kennzeichnet idealistisch begründete Ethiken, während materialistische Theorien die Geltung von Normen relativ zu den Zielen des Handelns verstehen.

In diesem Zusammenhang sei noch einmal die bedürfnistheoretische Moralanthropologie von Schlüter angeführt, der seinen Ansatz mit der, auf Arnold Gehlens zurückgehenden, sozialanthropologischen Entlastungstheorie kombiniert:

> Habe ich […] hinreichend Erfahrung mit der Realisierungsmöglichkeit eines Wertes und mit der erprobten Abstufung der konkurrierenden Werte, so entlaste ich

> mich unter dem stetigen Ansturm neuer Bedürfnisse und neuer Situationen, indem ich die gefundenen und erprobten Wege der Wertrealisierung und -abstufung normiere. Die Norm ist eine festgelegte Form der Wertrealisierung, die den Vernunftgebrauch entlastet. Eine so zustandegekommene Norm kann dann ihrerseits die Entstehung neuer Bedürfnisse verursachen, aber auch in ein Spannungsverhältnis treten zu einer inzwischen veränderten Bedürfnislage, weil diese naturgemäß zu einer neuen Wertehierarchisierung drängt, der Zweck der Norm aber darin besteht, gleichsam endlich mal Ruhe und Klarheit an der Bedürfnisfront zu schaffen. (Schlüter 1995, 177 f.)

Normen können demnach als sozial kodierte und sanktionierte Methoden definiert werden, mit denen man versucht, Werte zu verwirklichen.

2.3 Ethik und Moral

Das Spezifische des philosophischen Nachdenkens über Normen und Werte besteht darin, dass diese auf Prinzipien zurückgeführt werden und ihr universaler Charakter begründet oder problematisiert werden soll. Es wird also der Frage nachgegangen, was es mit dem schlechthin allgemein verbindlichen Geltungsanspruch auf sich hat, den Moralprinzipien, anscheinend naturgemäß, mit sich führen. Moralprinzipien, Werte und Normen beziehen sich stets auf Angelegenheiten, die tendenziell alle Menschen in vitaler Weise betreffen. Es geht, vereinfacht gesagt, um die Frage, wie wir leben sollen.

In antiken Ethiken steht das Motiv des guten Lebens, also des Glücks, im Zentrum, in neuzeitlichen Ethiken das Motiv der Pflicht. Im vorigen Abschnitt wurde gezeigt, dass die Fundierung der Moral auf dem Prinzip der Selbsterhaltung einen wichtigen Zwischenschritt darstellt, den man als Indikator für die Individualisierungstendenz der europäischen Neuzeit bezeichnen kann.

Wird menschliche Glückseligkeit als die letzte Begründungsinstanz für moralische Ge- und Verbote verstanden, spricht man in philosophischer Terminologie von einer materialen Ethik. Ethiken, für die die letzte Begründungsinstanz ein Konzept unbedingt geltender Verpflichtungen anderen Menschen gegenüber ist, werden dagegen als formale Ethiken bezeichnet. Denn, wie Kant ausgeführt hat (siehe Kap. 10): Was Menschen als Glück bzw. als glückliches Leben empfinden, ist individuell sehr verschieden und jeweils an Inhalte gebunden, die nicht miteinander kompatibel sind. Demgegenüber ist das Konzept ethischer Verpflichtung als formales Konzept stringent verallgemeinerbar, denn es beruht nicht darauf, wozu wir im konkreten Einzelfall verpflichtet sind, sondern es hat den Charakter einer strikten Regel, die immer gilt. Kants prominentestes Beispiel dafür ist das Gebot, jederzeit die Wahrheit zu sagen.

Dazu später mehr; zunächst aber noch einige Bemerkungen über die Begriffe ›Ethik‹, ›Moral‹ und ›Moralphilosophie‹. Jeweils immer dann, wenn in der Ethik über Prinzipien, Begründungen und Anwendungen der Moral nachgedacht wird, kann man auch sagen, dass Ethik die Philosophie der Moral ist. Ethik bedeutet also etwa das Gleiche wie Moralphilosophie. Daher werden die beiden Ausdrücke in der Philosophie meist synonym verwendet.

Das war aber in der Geschichte der Philosophie lange Zeit nicht der Fall. Denn zumeist verstand man unter ›Ethik‹ Tugendlehren oder die Lehre von den Gütern, die zu einem gelingenden Leben erforderlich sind. In älteren philosophischen Texten wird unter Ethik ›Sittenlehre‹ oder ›Tugendlehre‹ verstanden. Deren Gegenstand, die Moral, ist dann die Gesamtheit der bestehenden Sitten und der anerkannten Tugenden. Sitten und Tugenden sind indessen nicht das Gleiche. Die Sitten eines Gemeinwesens umfassen dessen kollektive Praxis (Hegel bezeichnete sie als daseiende »Sittlichkeit«), also alles, was in intersubjektiver Praxis üblich ist und als gerechtfertigt gilt. Heute würde man eher von der ›Kultur‹ als von der ›Sittlichkeit‹ eines Gemeinwesens sprechen. Tugenden hingegen sind Veranlagungen bzw. Dispositionen des Individuums. Die Antike verstand unter einer Tugend (griech. *arete*) eine Charaktereigenschaft, die positiv bewertet wird, wie z. B. Tapferkeit, Weisheit oder Gerechtigkeit. Ein tugendhafter Mensch war einer, dessen charakterliche Disposition insgesamt zum ›Guten‹ tendiert, worunter durchaus Verschiedenes verstanden wurde.

Ethos (mit kurzem e ausgesprochen) heißt bei Aristoteles so viel wie allgemeine Üblichkeiten, Gewohnheiten, Brauch. Der Begriff steht also für Sitte und Konventionen. *Éthos* (mit langem e) dagegen steht bei Aristoteles – der die Termini *ἔθος* und *ἦθος* erstmals systematisch im Kontext der Moralphilosophie verwendet hat – für die Haltung des mündigen Bürgers der Polis. Dieser folge mit seinem ethischen Urteilsvermögen, also indem er seine praktische Vernunft anwendet, nicht mehr bloß den Konventionen; er könne vielmehr in konkreten Situationen selbständig rational entscheiden, was moralisch richtig ist. Urteilsvermögen und Einsicht machen seine moralische Kompetenz aus (vgl. Pieper 2000, 24 ff.).

Ethik ist also nicht *Ethos*, sondern die *Theorie* des Ethos. Der griechische Ausdruck *éthe* stand für ›Sitten‹, die lateinisch *mores* heißen. Joachim Ritters *Historisches Wörterbuch der Philosophie*, das begriffsgeschichtliche Standardwerk, stellt fest, dass der Ausdruck ›Moralphilosophie‹ auf die lateinische Übersetzung des griechischen Wortes *ethiké* zurückgeht. Diese Übersetzung stammt von Cicero, der den Ausdruck *philosophia moralis* erfand und damit den Begriff der Moralphilosophie terminologisch einführte (Ritter, Bd. 6, Sp. 149 ff.).

Der Philosoph Ernst Tugendhat meinte, die Übertragung des griechischen Wortes *ethos* in das lateinische *moral* (von *mores*) gehe auf einen Übersetzungsfehler zurück, der *ἔθος* und *ἦθος* in eins gesetzt habe: Auf diese Weise seien ›Charakter‹ und ›Sitte‹ versehentlich miteinander identifiziert worden (Tugendhat 1993, 34). Gegen diese Vermutung spricht jedoch, dass die Synonymie ganz treffend die Ambivalenz zum Ausdruck bringt, die in der Sache selbst steckt, denn sie steht für zwei Aspekte desselben Gegenstands: *Ethos* steht für Brauch, Sitte und Konvention, *éthos* für Charakter, als Tugend oder Grundhaltung des kompetent und eigenständig urteilenden Subjekts. Dem trägt die Doppeldeutigkeit der Adjektive ›moralisch‹ und ›sittlich‹ in der deutschen Sprache Rechnung, denn sie »können sowohl im Sinne von ἔθος wie von ἦθος verwendet werden« (Pieper 2000, 26 f.). Tugendhat irrt demnach, wenn er schreibt: »Die Herkunft des Wortes ›Ethik‹ hat also mit dem, was wir unter ›Ethik‹ verstehen, nichts zu tun.« (Tugendhat 1993, 34.)

Die zweite Auflage von Rudolf Eislers berühmtem *Handwörterbuch der Philosophie* aus den 1920er Jahren definiert das Stichwort »Moralphilosophie« als »Ethik« und fährt daraufhin schlicht fort: »siehe dort«. Unter dem Stichwort »Ethik« findet man dann die wichtige Unterscheidung zwischen »empirischer« und »philosophischer Ethik«. Empirische Ethik beschreibt moralische Phänomene und versucht, ihre Entstehung zu erklären: Sie wird als »Moralwissenschaft, d.h. Psychologie und Soziologie« sowie »Entwicklungsgeschichte« des »sittlichen Verhaltens« definiert. Die philosophische Ethik dagegen bewertet ihre Gegenstände; sie wird definiert als »die kritisch-normative Wissenschaft vom Sittlichen, vom sittlichen Wollen und Handeln, von den sittlichen Werten, von den Prinzipien der Sittlichkeit« (Eisler 1922, 203).

Dieser Differenzierung liegt eine Einsicht zugrunde, die philosophisch ganz wesentlich ist: Moralische oder sittliche Phänomene sind keine Naturgegebenheiten, sondern etwas, was Menschen selbst hervorbringen, auch wenn sie sich darüber nicht im Klaren sind. Intuitiv handeln Menschen häufig so, als ob die Handlungsgrundsätze, die sie befolgen oder verletzen, unumstößliche Gegebenheiten wären, die unbedingt gelten. Gleichzeitig wissen sie, dass jene Handlungsgrundsätze dies keineswegs überall tun oder immer getan haben: andere Länder (oder Zeiten), andere Sitten.

Heute ist die Position des moralischen Relativismus ein Gemeinplatz, gerade unter aufgeklärten Europäer*innen, die um keinen Preis eurozentrisch erscheinen wollen. Und dennoch neigt man intuitiv dazu, es nicht für bloß konventionell zu halten, dass es moralisch geboten ist, ein Kind vor dem Ertrinken zu retten. Man neigt in der Regel zu der Überzeugung, dass es nicht nur gerechtfertigt, sondern unumgänglich ist, wenn man einen Menschen verachtet, der davon lebt, arglose alte Menschen um ihre Ersparnisse zu betrügen. Und als in unserem Kulturkreis die Einsicht zum Gemeingut wurde, dass solche Empfindungen nicht aus einer gottgewollten Ordnung folgen und dass es nicht mehr (und nicht weniger) als ein menschlicher Konflikt ist, wenn wir dagegen verstoßen, löste dies tiefste Irritationen aus. Nicht zuletzt bei denen, die das paradigmatisch formulierten: Dostojewski und Nietzsche bezahlten einen hohen Preis, als sie ihre erschütternde Frage aussprachen, ob unter den Menschen alles erlaubt sei, wenn es keinen Gott gibt.

Die griechischen Philosophen befassten sich als Erste systematisch mit der Frage, wie moralische Prinzipien eigentlich begründet werden können, wenn man aus Beobachtung, Erfahrung und argumentierendem Nachdenken zu der Einsicht gelangt ist, dass sie nomothetisch – das heißt: gesetzt – sind und nicht als Tatsachen der Naturordnung anzusehen sind. Platon und Aristoteles vertraten den paradigmatischen Standpunkt, dass die (und nur die) moralischen Prinzipien Geltung beanspruchen können, die mit der Vernunft in Einklang stehen, wobei sie unter Vernunft noch nicht wie die Philosophen der Neuzeit ausschließlich die Vernunft des Individuums verstanden, sondern eine Vernunft des Ganzen, so etwas wie eine kosmologische Weltvernunft. Die Frage, die sich Philosophen schon seit jeher stellten und die zur Fragestellung der Ethik in der Moderne geworden ist, lautet: Wie können Moralprinzipien mit Geltungsanspruch formuliert, begründet und angewendet werden, wenn weder Naturordnung, Weltvernunft oder göttliche Schöpfungsordnung als Legitimationsinstanzen (und gegebenenfalls sanktionierende Gewalten) geeignet sind?

Unter der Voraussetzung, dass man ›Ethik‹ als philosophische Theorie der Moral begreift, ist jedoch keineswegs eindeutig oder unumstritten, was unter dem Begriff zu verstehen sei. Ethik, schrieb der Soziologe Niklas Luhmann, ist die »Reflexionstheorie der Moral« (Luhmann 1989, 358). Diese Formel ist brauchbar, auch wenn sie nicht eindeutig ist (oder vielleicht ist sie es gerade deswegen). Dass Ethik die »Reflexionstheorie der Moral« ist, kann nämlich durchaus Verschiedenes bedeuten: In Ethiken wird systematisch über Sitten, Werte und normative Geltungsansprüche nachgedacht. Es wird über Kriterien sinniert, nach denen wir beurteilen können, ob Handlungen als moralisch gerechtfertigt gelten können oder zu missbilligen sind; es werden Fragen der moralischen Bewertung von Handlungen, Gütern oder Lebensformen erörtert. Ethik ist dann ein begrifflicher Reflexionszusammenhang, der sich auf Phänomene und Theorien aus dem Bereich des Moralischen bezieht. Der Satz, Ethik sei die »Reflexionstheorie der Moral«, kann aber auch etwas anderes heißen, nämlich dass Ethiken Theorien sind, die bestehende Sitten, Gebräuche und Wertordnungen widerspiegeln. Unter Ethiken werden dann Moralkodizes verstanden, also Lehrgebäude, die mehr oder weniger zusammenhängend beschreiben, was im Zusammenleben von Menschen üblich ist, was als gut und was als böse gilt. In diesem Verständnis besteht die Funktion von Ethik darin, den sozialen Zusammenhalt zu stabilisieren, indem den Individuen ein Set von Geboten und Verboten vorgehalten wird, das sie mittels Gewöhnung seit frühster Kindheit verinnerlichen und möglich selten problematisieren sollten.

Tatsächlich liegen die Dinge philosophisch gesehen nicht so, wie Luhmann meinte: Ethik als Reflexionstheorie der Moral reflektiert ihren Gegenstand nicht bloß wie ein Spiegel, der keine begründete normativ-kritische Stellung zu seinem Gegenstand einnehmen kann. Vielmehr fragt philosophische Ethik nicht nur nach den Prinzipien und Geltungsansprüchen, die moralischen Überzeugungen jeweils zugrunde liegen; sie fragt vor allem, wie Moralprinzipien begründet werden und ob die Begründungen stichhaltig sind.

2.4 Doppelsinn von Reflexion

Gleichwohl bestehen zwei verschiedene, jeweils legitime Auffassungen davon, was ›Ethik‹ bedeutet, nämlich eine normative (oder: kritische) und eine funktionalistische Auffassung. Sie unterscheiden sich u. a. dadurch, was jeweils mit ›Reflexion‹ gemeint ist. Reflexion kann bedeuten, dass das denkende Ich sich auf sich selbst zurückbezieht. Vereinfacht ausgedrückt: Im Prozess der Reflexion denkt das Ich darüber nach, was es eigentlich bedeutet, ein denkendes Ich zu sein; darüber, inwiefern das denkende Ich durch kontinuierliches selbstbezügliches Denken zum Subjekt wird und inwieweit dieses kritische Selbstverhältnis des Subjekts sein Handeln bestimmt. Diese Bedeutung von ›Reflexion‹ ist für die Philosophie der Neuzeit paradigmatisch von Descartes im 17. Jahrhundert formuliert worden. Kant brachte das reflektierte Selbstverhältnis des Subjekts später auf den Begriff, indem er zeigte, dass alle Vorstellungen und Denkakte des Subjekts in Sätzen formuliert werden können, die mit »Ich denke ...« beginnen. Die Kontinuität der sich durchhaltenden und mit sich selbst identischen Subjektivität kommt dadurch zum Ausdruck, dass wir beispielsweise stets sagen können: »Ich denke, dass die Sonne scheint« (weil meine Sinne mir entsprechende Eindrücke vermittelt haben), statt: »Die Sonne scheint«.

Reflexion kann aber auch schlicht bedeuten, dass etwas widerscheint: dass sich also etwas in etwas anderem spiegelt. Beide Bedeutungen hängen eng miteinander zusammen, und das ist auch nicht verwunderlich, da der Begriff der Reflexion aus der neuzeitlichen Physik stammt; genauer: aus der Optik, wo er das Zurückstrahlen von Licht meint. In der materialistischen Philosophie des 19. und 20. Jahrhunderts ist dieser Aspekt wieder stärker in den Vordergrund getreten, durchaus auch mit einer kritischen Wendung gegen die cartesianische Reflexionsphilosophie, die dem selbstbestimmten Subjekt einen hohen Stellenwert zuschreibt und es, so meinten jedenfalls viele, von den Bedingtheiten seiner körperlich-materiellen Basis auf unzulässige Weise abkoppelt.

Im Gegensatz dazu betonen materialistische Philosophien die Abhängigkeit unseres Denkens von determinierenden Faktoren der naturgesetzlichen und sozialen Wirklichkeit. Darauf hinzuweisen ist berechtigt und wichtig; das war für die Philosophie in der Antike ebenso fruchtbar wie im 18. und 19. Jahrhundert. Erst im 20. Jahrhundert wurde das materialistische Element in der Philosophie zur doktrinären Dogmatik. Die »Widerspiegelungstheorie« des dialektischen Materialismus stritt ab, dass es einen Bereich der theoretischen Reflexion gibt, der autonom ist. Die Gehalte geistiger Gebilde könnten demnach ohne Rest aus den materiellen Bedingungen ihrer Entstehung abgeleitet werden. Alle »Denkprodukte«, so wurde gelehrt, würden die gesellschaftlichen Determinanten ihrer Urheber*innen widerspiegeln, mit all ihren Widersprüchen und rück- oder fortschrittlichen Implikationen. So auch auf dem Gebiet der Moral: Die »bürgerliche Moral dient den Interessen der Ausbeuterklassen, die kommunistische Moral dem Klassenkampf des Proletariats bzw. dem Aufbau der kommunistischen Gesellschaft«, verkündet z. B. die 22. Auflage von Wilhelm Liebknechts *Volksfremdwörterbuch* aus der DDR (Liebknecht 1953, 171). Dieser Ansatz bedeutet insofern das Ende der Moralphilosophie, als Freiheit und Selbstbestimmung der Boden entzogen wird. Und so war es wohl auch gemeint. Der dialektische Materialismus betrachtete normative Geltungsansprüche reduktionistisch und wollte sie funktional auflösen. In Betracht gezogen wurde nicht der womöglich objektive Geltungsanspruch von Normen, sondern ihre Funktionalität im Hinblick auf die Erhaltung des Sozialsystems (Rentsch 1994, 114 f.).

Man kann nun aber nicht sagen, dass die zwei unterschiedlichen Auffassungen von Reflexion nichts miteinander zu tun hätten. Das lateinische Wort *reflectere* bedeutet ›zurückbeugen‹. In der Optik beugt sich der reflektierte Lichtstrahl zurück in die Richtung, aus der er kam (der Lichtweg ist umkehrbar); in der Philosophie beugt sich das reflektierende Subjekt auf sich selbst zurück, indem es sich denkend als Denkendes erfasst und sich dadurch allererst selbst bestimmt. Indem es so in sich zurückgeht, ist es auch über sich selbst hinaus, weil es nun einen Begriff von sich hat. Wer philosophiert, reflektiert in besonderer Weise. Er bildet seine Gegenstände nicht ab. Philosophieren ist vielmehr die reflexive Stilisierung des Sprechens (im Sinne von ›etwas bezeichnen‹ und von ›etwas zum Ausdruck bringen‹), des Interpretierens, des Verstehens und der explikativen Sinndeutung (vgl. Rentsch/Rohbeck 2002, 52).

Auch die beiden Definitionen von Ethik, die hinter den verschiedenen Begriffen der Reflexion stehen, hängen miteinander zusammen, doch sie beleuchten verschiedene Aspekte des Gegenstands. Wenn ›Reflexion‹ das kontinuierliche Nachdenken über unser Handeln ist – über die Grundlagen, die Möglichkeiten und die Realität von Handeln –, dann wird der Aspekt der rationalen Reflexion betont. Und damit steht die potentielle Distanz zur Wirklichkeit unseres Handelns im Vordergrund, die ja mit kritischer (d. h. wörtlich: unterscheidender) Reflexion immer auch gesetzt ist. Ethik als »Reflexionstheorie der Moral« ist dann normative Ethik, ein gedanklicher Zusammenhang, der das Seinsollende betont. Versteht man dagegen unter ›Reflexion‹ den Widerschein, also die theoretische Abbildung dessen, was ist, erhält man einen ganz anderen Begriff von Ethik. Philosophische Ethik wäre dann

> eine wissenschaftliche Vergegenständlichung vorgefundener Auffassungen über das, was gut und böse ist, eine Analyse moralischer Vorstellungen und moralischen Sprachgebrauchs, eine Klassifizierung verschiedener sittlicher Auffassungen und Traditionen unter soziologischen, psychologischen oder logischen Gesichtspunkten (Spaemann 1991, 9 f.).

Der hier zitierte Robert Spaemann war ganz und gar nicht der Ansicht, dass die von ihm an dieser Stelle referierte Position die richtige ist. Doch ist sie verbreitet.

2.5 Empirische Ethik und der naturalistische Fehlschluss

Keine Moralphilosophin und kein Moralphilosoph hat ein Problem mit deskriptiven Ethiken, also, in Eislers Terminologie, mit »beschreibender Moralwissenschaft«. Brenzlig wird es erst dann, wenn behauptet wird, nur die deskriptive, empirische Moralbetrachtung sei sinnvoll, und sinnlos sei es, normative Moralphilosophie (oder normative Moraltheorie) zu betreiben. Diese Auffassung wird häufig vertreten; für Moralphilosoph*innen ist sie höchst fragwürdig.

Nicht nur die soziologische Systemtheorie Luhmann'scher Provenienz vertritt diesen Standpunkt; auch in der »evolutionären Ethik« wird so argumentiert. Man sucht dort nach den »natürlichen Invarianzen« (Neumann 1999, 18) des sozialen und moralischen Handelns der Menschen und stellt dabei das Paradigma der Evolution in den Mittelpunkt. In deren zielgerichtetem Verlauf hätten sich bestimmte Verhaltensweisen, die für die Entstehung der Menschengattung vorteilhaft gewesen sind, gleichsam genetisch festgeschrieben. Konrad Lorenz hat erforscht, wie moralähnliche Verhaltensweisen von Tieren physiologisch gesteuert werden, die dem Wohl des Rudels nützen. So verhalte es sich auch bei Menschen: Diese seien in ihrem Verhalten teilweise oder auch ganz determiniert durch den Evolutionsprozess. Eine Verhaltensdisposition, die einst nützlich zum Überleben war, nämlich Aggressivität, sei sozial problematisch geworden, weshalb sie durch Moral gebändigt werde.

Die evolutionäre Ethik ist heute in zwei Lager zerfallen, von denen das eine, in der Nachfolge von Lorenz, sich auf das Kollektiv der Art konzentriert, während das andere Lager individualistisch argumentiert.

> Die Gruppenselektionstheorie basiert auf der lange Zeit unbestrittenen Beobachtung von Lorenz über »moralanaloges Verhalten bei soziallebenden Tieren« und geht von der Existenz einer artbezogenen und deshalb arterhaltenden Gemeinnutzenstrategie aus. Erscheinungen im Sozialverhalten werden als für die Gesamtpopulation zweckmäßig und aus Sicht der rivalisierenden und kooperierenden Individuen als altruistisch interpretiert und als funktionale Bestandteile der Instinktausstattung begriffen. Damit wird die Vorstellung vertreten, es existiere so etwas wie eine stammesgeschichtliche Vorprägung »moralischen« Verhaltens, weshalb moralische Imperative keinesfalls »amoralischen« Naturtrieben schroff gegenüberstehen. (Neumann 1999, 18.)

In neuerer Zeit ist diese Theorie, die an kollektivistische Ideologien der Vergangenheit gemahnt (»Gemeinnutz geht vor Eigennutz«), aus der Mode gekommen. Propagiert wird nun eine individualistische Theorie, deren Nähe zu neoliberalen Ideologien unverkennbar ist.

> Der evolutionäre Selektionsprozeß zeigt sich als Individualselektion und wird nicht durch ein artbezogenes Prinzip des Gemeinnutzes, sondern durch das Prinzip

des genetischen Eigennutzes bestimmt. Untersuchungen über Konfliktpunkte im Sozialleben tierischer Sozietäten bestätigen danach die »moralische« Indifferenz der belebten Natur. Behauptet werden natürliche Gesetzmäßigkeiten, die nicht das fördern, was wir unter moralischem Verhalten verstehen. Wollte der Mensch seine natürlichen Ziele erreichen, so müßte er in der Lage sein, aus den Gesetzmäßigkeiten der Natur herauszutreten. (Ebd.)

Moral ist demzufolge nur eine »Illusion, die uns von unseren Genen für den Zweck der Fortpflanzung angedreht wurde« (Ruse, zit. nach Pieper 1998, 75); eine ›kollektive Illusion‹ der Freiheit, in Wahrheit ein deterministisches Programm der sozusagen ›altruistischen‹, letztlich aber egoistischen Gene. Weil wir von unserer Biologie festgelegt seien, mache die Suche nach normativen Moralprinzipien keinen Sinn.

Wenn man der evolutionären Ethik glaubt, geht Moral aus einem Naturverhältnis hervor. Freiheit und moralisches Sollen sind dann nichts als Schein: ein Ergebnis der List der Gene und der Evolution. Ethik, so der Kampfruf der Biologen, ist damit gegenstandslos. Diese naturalistische Position setzt das Faktum der Entscheidungsfreiheit zu einer bloßen Einbildung herab. Dabei arbeitet sie mit einer Konstruktion, die alles andere als evident ist: nämlich mit einer Teleologie des evolutionären Prozesses. Der Naturalismus legt die Existenz eines Sinns nahe und definiert mit Hilfe dieser Sinnunterstellung bloße Fakten (den im Nachhinein zu beobachtenden Erfolg im evolutionären ›Kampf‹ der Arten) wie einen Endzweck, dem einzelne biologische Elemente der Verhaltenssteuerung durch ein genetisches »Programm« sinnvoll zugeordnet seien. Wenn die genetischen Programmierungen aber Mittel zu einem Zweck sind, auf den sie hin geordnet sind, dann ist dieser Zweck eine Norm. Das leugnen die Vertreter der evolutionären Ethik im Grunde auch nicht. Doch damit ist klar, dass sie in einen Widerspruch verstrickt sind, denn sie sind in die Falle des naturalistischen Fehlschlusses gegangen.

Dieser Fehlschluss besteht darin, dass aus einem Ist-Zustand ein Soll-Zustand abgeleitet wird. Das ist ein Verstoß gegen das sogenannte Hume'sche Gesetz, welches besagt, dass aus einem Sein niemals logisch ein Sollen folgt: Es ist logisch unzulässig, aus einer Tatsachenfeststellung einen moralischen Schluss zu ziehen. Ein klassisches Lehrbuchbeispiel dafür: In Afrika hungern Menschen. Also soll ihnen geholfen werden. Menschlich ist das höchst plausibel, sozial gesehen äußerst sinnvoll; aber logisch stimmig ist es nicht. Angelsachsen nennen so etwas *jumping to conclusions.* Denn dass jenen Menschen geholfen werden sollte, lässt sich erst dann schlussfolgern, wenn zur Beobachtung der ersten Prämisse noch eine zweite hinzugenommen wird. Etwa so:

(1) In Afrika hungern Menschen.
(2) Hungernden Menschen soll man helfen.
Also soll den Hungernden in Afrika geholfen werden.

Die zweite Prämisse ist eine moralische Setzung. Wenn sie gilt, kann man aus ihr Schlussfolgerungen ziehen. Dass sie gilt, ist aber logisch nicht selbstevident.

Die Lehre aus Humes Hinweis auf naturalistische Fehlschlüsse: Das Moralische bleibt zu einem gewissen Teil immer »unableitbar«. Moralische Schlüsse können nur dann gezogen werden, wenn moralische Prämissen im Spiel sind. Das heißt, über die logische Korrektheit hinaus: Moralisches Handeln kann aus nichts anderem abgeleitet werden als aus der Entscheidung, moralisch zu handeln. Diese Entscheidung fällt nicht vom Himmel, ebenso wie ihr Gegenteil; aber sie kann nicht aus etwas anderem abgeleitet werden, das ihr letztlich äußerlich ist.

Wie kann man erklären, dass ein Übergang von einem Sein zu einem Sollen stattfindet, weil das normativ gerechtfertigte Ziel im naturhaften Sein selbst steckt? Man kann solches nur behaupten. »Aus etwas, das der Fall ist, kann [...] nicht geschlossen werden, daß es der Fall sein soll.« (Pieper 1998, 75.) Es ist ein Fehlschluss, wenn aus beschreibenden Sätzen vorschreibende Sätze gefolgert werden; solche Schlussfolgerungen machen das Faktische zur Norm. Die Variante des naturalistischen Fehlschlusses der Evolutionsethiker*innen besteht darin, dass sie vom Resultat aus folgern, es gäbe die Impulse, die für das Resultat unverzichtbar sind. Der Erfolg im Evolutionsprozess ist einerseits ein Faktum, andererseits wird er als Norm ausgegeben. Weil wir ohne »moraläquivalente« Programmierung durch unser genetisches Material das bisherige Evolutionsziel nicht erreicht hätten, sei anzunehmen, dass es sie gibt.

Die beiden Ebenen, auf denen ich mit dem Theorem des naturalistischen Fehlschlusses operiert habe, gilt es noch einmal ausdrücklich voneinander zu unterscheiden. Einmal ist er ein kritisches Argument gegen die Leugner*innen des Moralisch-Normativen. Diese machen den Fehler, das Faktum moralischen Verhaltens und Reflektierens aus dem moralfreien Geschehen der Biologie abzuleiten. In dieser

Kritik wird ein naturalistischer Fehlschluss auf ontologischer Ebene nachgewiesen. Zum anderen wurde gezeigt, dass moralische Kritik entgegenkommender Voraussetzungen bedarf. Moralität und kritische Normativität sind kein Naturprodukt, wie die Evolutionsethiker*innen nahelegen; sie sind aber auch nicht einfach Teil unserer zweiten, gesellschaftlichen Natur. Die Überzeugung, dass man hungernden Menschen helfen sollte, gibt es ja; sei es, dass sie aus einer Moral des Geizes heraus begründet wird, sei es (auf den Spuren des Ökonomen Robert Malthus) mit dem Hinweis auf das Bevölkerungswachstum auf diesem Planeten. Dass Gesellschaften möglich sind, die auf der Bandenmoral von Machtcliquen aufruhen oder von dieser kolonisiert werden, zeigt der Blick in Geschichtsbücher und aktuelle Berichte über die USA, Brasilien, die Türkei, Ungarn, Polen und andere Staaten. Moralische Standards, die universalen Geltungsanspruch haben, verstehen sich nicht von selbst, sondern müssen immer wieder erkämpft werden; sie sind immer wieder Resultate moralischer Entscheidungen.

Das Hauptproblem »naturalistischer Fehlschlüsse« besteht also nicht darin, dass legitime moralische Forderungen auf logisch unzulässige Weise hergeleitet werden. Weitaus misslicher ist es, wenn Sollensforderungen, die nicht als solche ausgewiesen sind, als Zustandsbeschreibungen ausgegeben werden. Diese Vertauschung kann eine legitimierende Funktion haben. In der kritischen Sozialphilosophie der Gegenwart nennt man Theorien, die normative Aussagen als deskriptive Aussagen präsentieren und sich selbst als solche missverstehen, Ideologien. Diese beschreiben nicht bloß, was ist, sondern sagen zwischen den Zeilen auch, was sein soll, weil sie Auffassungen davon nahelegen, was die Welt ist und wie in ihr gehandelt werden kann (Jaeggi 2009, 281). Sie treten auf, als würden sie nur beschreiben, doch faktisch konstituieren sie soziale und kulturelle Praktiken. Dieser falsche Schein entsteht aus seiner Verbindung mit dem falschen gesellschaftlichen Sein: Eine Ideologie versucht, Widersprüche zu glätten, die darauf zurückzuführen sind, dass in der Sache, die sie legitimieren soll, Gegensätze stecken, welche sich durch Theorie allein nicht auflösen lassen. Ideologiekritik stellt demgemäß einen Versuch dar, aufzuzeigen, dass eine Theorie bloß vorgibt, ihre Gegenstände zu beschreiben, in Wahrheit aber implizit normativ ist, weil sie bestimmte Welt- und Handlungsorientierungen nahelegt.

2.6 Ethik und Moralphilosophie

In der gegenwärtigen philosophischen Diskussion werden die Begriffe Ethik und Moralphilosophie, wie wir gesehen haben, meist synonym gebraucht. Man sollte allerdings nicht übersehen, dass die beiden in der Geschichte der Philosophie für unterschiedliche Konzepte standen. Von ›Moralphilosophie‹ war dort erst die Rede, seit sich in der Philosophie der Neuzeit der Gedanke entfaltet hatte, dass menschliches Handeln in der Reflexion des Subjekts zu begründen sei. Kant bezeichnete diese Reflexion als Moralphilosophie. Die synonyme Verwendung der Begriffe ›Moralphilosophie‹ und ›Ethik‹ verdeckt mitunter den perspektivischen Unterschied zwischen der älteren Auffassung, für die Ethik eine gemeinschaftliche Sphäre sittlichen Handelns bezeichnet, und der modernen Auffassung, entsprechend der es subjektive Moralität mit den Ansprüchen des Gemeinwesens zu vermitteln gilt.

Es gibt freilich auch Versuche, Ethik und Moralphilosophie terminologisch wieder voneinander abzukoppeln. Jürgen Habermas beispielsweise, der sich dabei an die analytische Philosophie des angelsächsischen Sprachraums anlehnt, meint, es solle nur dann von Ethik gesprochen werden, wenn es um Reflexionen geht, die sich auf existentielle Fragen des guten Lebens beziehen und darauf, »welches Leben man führen möchte« bzw. »welche Person man ist und zugleich sein möchte« (Habermas 1992, 103). Moralphilosophie soll dagegen nur jenes Nachdenken heißen, das es mit Fragen zu tun hat, die notwendigerweise auf den *moral point of view* zielen. Der *moral point of view* ist der Standpunkt, den man einnimmt, wenn man beurteilt, ob eine Handlung moralisch gerechtfertigt ist oder nicht – und d. h. in diesem Fall: ob ihre Rechtfertigung einen begründeten Anspruch auf allgemeine Geltung erheben kann. Dieser Gesichtspunkt wird in Konflikten wichtig, in denen die Frage zur Debatte steht, ob eine Handlungsweise mit Gründen gerechtfertigt werden kann. Hinter Handlungen stehen Grundsätze, und die lassen sich auf moralische Normen beziehen. Wenn es zu Konflikten über Handlungen kommt, dann sind Rechtfertigungen erforderlich. In moralischen Diskursen stellt man sich im Grunde immer die Frage, »ob alle wollen können, daß in meiner Lage jedermann nach derselben Maxime verfährt« (Habermas 1992, 105).

Nur diesen Bereich der Reflexion bezeichnet Habermas also als Moralphilosophie. Das kann man machen; die philosophiehistorische Zäsur, die mit Kant gesetzt wurde, spricht dafür. Aber man muss sich nicht an Habermas' Unterscheidung halten. Denn sie hatte vor allem die Funktion, ein Missverständnis aus der Welt zu schaffen, das Habermas selbst verursacht hatte, als er sein moralphilosophisches Projekt, zusammen mit seinem Frankfurter Kollegen Karl-Otto Apel (dem eigentlichen Erfinder), »Diskursethik« nannte. Die Diskursethik wurde häufig gescholten, weil sie es ausdrücklich ablehnt, Fragen des guten Lebens und Fragen sittlicher Werte zu behandeln. Sie sieht sich nur für Fragen zuständig, die es mit streng allgemeingültigen Letztbegründungen rationaler moralischer Normen zu tun haben. Eine Handlungsnorm soll nur dann gerechtfertigt sein, wenn sie in einer virtuellen Modelldiskussion Zustimmung finden kann. Alle, die möglicherweise von den Folgen und Nebenfolgen einer Handlung betroffen sein können, die man durch Berufung auf die strittige Norm legitimieren kann, müssten Zugang zur Diskussion haben. Sie müsste so beschaffen sein, dass alle Beteiligten gleiche Kommunikationschancen haben und sich der »zwanglose Zwang des besseren Arguments« durchsetzen kann, ohne dass Machtinteressen oder Privilegien hinterrücks beeinflussen, was als moralisch legitim gilt und was nicht.

Apel und Habermas setzten kantianisch-transzendental an: Sie wollten die Bedingungen der Möglichkeit von Moralität erkunden und begründen. Von Kant grenzten sie sich dabei insofern ab, als sie in seiner Ethik »das Fehlen der Berücksichtigung der Sprache als Medium der Vernunft« (Lutz-Bachmann 2013, 110) bemängelten. Apel und Habermas nahmen vielmehr – mit John L. Austin und John R. Searle – an, dass Menschen, wann immer sie argumentieren – sei es in der Kommunikation oder im ›einsamen‹ begrifflichen Denken – »vier universale [...] Geltungsansprüche der Rede« in Anspruch nehmen würden, nämlich: »Sinn, Wahrheit, Wahrhaftigkeit und moralisch zu rechtfertigende Richtigkeit der Kommunikationsakte« (Apel 1986, 8 f.). Diese Geltungsansprüche werden als Bedingungen der Möglichkeit dafür angesehen, dass überhaupt Kommunikation stattfinden kann. Zugleich soll ihnen ein normativer Charakter innewohnen. Da Argumentation Sprache voraussetzt, findet sich, so der Ansatz, in der Sprache die moralphilosophische Idee der Universalität und der verbindlichen Gültigkeit von Normen verankert. Andernfalls könnten Menschen sich gar nicht miteinander verständigen. Deshalb sei moralphilosophisch davon auszugehen, dass die »normative Grundlegung« von »Regeln und Handlungsmaximen« bereits »in der kommunikativen Struktur unserer Alltagspraxis angelegt« ist (Lutz-Bachmann 2013, 110).

Die »Universalien des Sprachgebrauchs« (Apel 1986, 7) stellen demnach normative Allgemeinheit und Verbindlichkeit bereit; nun gehe es darum, ihre Realisierung in der Praxis einzufordern. Habermas meinte, es sei überflüssig, in der Moralphilosophie ein ethisches Prinzip einzuführen, denn die Sprache selbst enthalte es ja bereits. Dieses ethische Prinzip bildet in seinen Augen die Zielvorstellung der Verständigung zwischen Sprechenden. Die »Annahme [...], daß die Fundamentalnormen des Handelns in der Form der Intersubjektivität möglicher umgangssprachlicher Verständigung begründet sind«, gab ihm Anlass zur »Hoffnung [...] auf eine Ethik der Rede« (Habermas 1972, 92). Für ihn erwies sich »die Struktur möglicher Rede, [...] die Form der Intersubjektivität möglicher Verständigung als einziges Prinzip der Sittlichkeit« (Habermas 1970, 116).

Während die Diskursethik in Apels Version praktische

Normen begründen soll, geht es bei Habermas lediglich um eine Meta-Norm, die den Maßstab für die rationale Prüfung fraglicher Geltungsansprüche von problematisierten Handlungsnormen in praktischen Diskursen abgeben kann. Diese Meta-Norm ist die intersubjektive Verständigung. Legte Habermas zu Beginn noch großen Wert darauf, dass die »Ethik der Rede« die Perspektive einer vorweggenommenen idealen Lebensform impliziere, so verschob sich sein Interesse schon bald auf die konstitutive Funktion moralischer Normen für soziale Gemeinschaften. Zunächst war »Verständigung« noch ein radikal ansetzendes Konzept zur Kritik der konkurrenzgesellschaftlichen Überformung kommunikativ-verständigungsorientierten Handelns durch strategisch-zweckrationales Handeln. In seiner späteren Ausarbeitung der Diskursethik bilden ›praktische Diskurse‹ das Medium, in dem sich individuelle Interessen und die Vergesellschaftungsansprüche des Kollektivs zwanglos aufeinander beziehen lassen würden, weil die Teilnehmer*innen erfahren, dass sie ihren jeweiligen Anspruch auf Selbstbestimmung nur dann zur Geltung bringen können, wenn sie von Voraussetzungen ausgehen, die allen Teilnehmern gemeinsam sind.

Doch freie Selbstbestimmung im Diskurs ist begrenzt, denn wenn gesprochen wird, muss die Einordnung der Einzelnen in das Kollektiv der Sprechenden immer schon stattgefunden haben. In der Sprache gehen die universalistische Perspektive herrschaftsfreier Verständigung und die unterordnende Gewalt dessen, was sich als gesellschaftlich Allgemeines durchsetzt, ineinander über.

Habermas hat gesehen, dass moralische Rationalität allein durch den Nachweis, dass sie ihr Fundament in der

Sprache hat und unverzichtbar für Verständigung und Kooperation ist, nicht wirkmächtig wird. Dazu bedarf es historisch-gesellschaftlicher Bewegung. Er hebt hervor, dass moderne westliche Zivilisationen durch Manifestation von Normativität in politischen und gesellschaftlichen Institutionen gekennzeichnet sind. Ohne Verinnerlichung der Gewissensinstanz, ohne Etablierung einer an Menschen- und Grundrechten orientierten Rechtssphäre und ohne demokratische Öffentlichkeit wäre aller moralisch-universalistischen Prinzipienreflexion die Basis entzogen. Denn: »jede universalistische Moral ist auf *entgegenkommende* Lebensformen angewiesen« (Habermas 1986, 28).

Als kantianische Moralphilosophie enthält sich die Diskursethik der Stellungnahme zu inhaltlichen Fragen eines guten Lebens. Sie geht vom moralisch Gesollten aus. Sie postuliert, dass das moralisch Gerechtfertigte von allen vernünftigen Wesen gewollt werden muss. Und sie besteht darauf, dass diese Grundannahmen allgemein gelten. Daher ist den Diskursethikern vorgehalten worden, dass sie Fragen ausgrenzen, die für eine zeitgemäße Ethik von großer Bedeutung sind. Es gehe doch nicht nur um rational ausweisbare Standards dessen, was als das normativ Richtige bezeichnet wird, sondern auch darum, wie Menschen leben wollen oder sollen und was das Gute vom Bösen unterscheidet. Der gleiche Vorwurf war seinerzeit Kant gemacht worden: Die Ethik werde formalisiert und alles Inhaltliche, das eine philosophische Ethik für Einzelne, aber auch für Gruppen und Gemeinschaften relevant macht, ausgeblendet.

Auf Kant werden wir noch ausführlich zurückkommen (siehe Kap. 5.1 und 6.1–2). Habermas wollte mit der Ausblendung der Fragen nach dem Guten, den Werten und den Tugenden verdeutlichen, dass die Diskursethik nicht den vermessenen Anspruch erhebt, den Menschen sagen zu können, was sie tun sollen. Man solle lediglich formale Rahmenbedingungen klären, unter denen Menschen das selbst herausfinden können. Um die Not des Ausblendens als eine Tugend kluger Selbstbeschränkung kenntlich zu machen, verwies er darauf, dass die Diskursethik in Wirklichkeit eine Moralphilosophie des Diskurses sei; genauer gesagt, der diskursiven Klärung von Handlungsnormen und Gerechtigkeitsfragen.

Doch ist diese Distinktion überzeugend? Waren – oder sind – Ethiken und Moralphilosophien nicht immer (auch) genau dafür zuständig? Indem man sagt, Moralphilosophie würde nur dort stattfinden, wo ausschließlich streng formal über Gerechtigkeit nachgedacht wird, während man es nur dort mit Ethik zu tun habe, wo ausschließlich über Werte, Güter und existentielle Fragen der Person nachgedacht wird, zieht man eine willkürliche Trennungslinie. Wir nehmen also zur Kenntnis, dass Habermas auf diese Unterscheidung Wert legt (übrigens anders als Apel, der die Diskursethik als inhaltlich-materiale Ethik der globalen Verantwortung verstanden wissen wollte). Doch wir stellen auch fest, dass er damit noch einmal bekräftigt, dass seine Diskursethik einen Bereich außen vor lässt, der mit der Frage der Begründung von Normen nicht nur aufs engste zusammengehört, sondern zuinnerst mit diesem Bereich vermittelt ist. Und deshalb ist es mit hohen Kosten verbunden, wenn dieser Bereich aus methodologischen Gründen hinausdefiniert wird.

3. Praktische Vernunft

Im Folgenden werden ›Ethik‹ und ›Moralphilosophie‹ synonym gebraucht; beide Begriffe stehen, wie gesagt, für einen Reflexionszusammenhang, der sich – verstehend, erklärend und oft auch vorschreibend – auf die Gesamtheit dessen bezieht, was in der europäischen Philosophie seit der Neuzeit so schön als »praktische Vernunft« bezeichnet worden ist. Damit ist all das gemeint, was im engen und weiten Sinne mit der Frage zu tun hat, wie Menschen ihr Leben so gestalten, dass individuelles Handeln und gemeinsame Praxis vernünftiger Rechtfertigung standhalten – dass also das Handeln von vernünftiger Reflexion und dadurch gewonnenen Grundsätzen angeleitet wird.

Diese vernünftige Rechtfertigung wird in der Philosophie der Neuzeit immer als allgemein verbindliche Rechtfertigung gedacht. Das ist hier ganz buchstäblich zu verstehen: Praktische Vernunft muss allgemein und verbindlich sein. Ist von praktischer Vernunft die Rede, hat das eine doppelte Bedeutung: zum einen, dass versucht wird, konsistent über Praxis nachzudenken, und zum andern, dass Vernunft praktisch werde – dass also vernünftige Gründe und Maximen bestimmen, was geschieht, sei es in individuellen Lebensfragen oder in kollektiver Praxis. Beide Male zielen entsprechende philosophische Überlegungen auf einen allgemeingültigen Zusammenhang.

Das war in der Antike anders. Hier war praktische Vernunft, etwa bei Aristoteles, das Vermögen, zu erkennen, was für die Einzelne und den Einzelnen sowie für die Polis gut ist, und die eingeübte Fähigkeit, das individuelle Handeln darauf einzustellen. Dem lag kein deduzierbares, rationales Moralprinzip zugrunde, sondern eine solide Vertrautheit mit den Sitten und Gebräuchen des jeweiligen Gemeinwesens. Was in Athen gut und gerecht war, das musste es an einem anderen Ort nicht unbedingt ebenfalls sein. Moral war dabei stets auch sozial differenziert (»Quod licet iovi, non licet bovi«, wie es im alten Rom hieß: Das, was den Göttern erlaubt ist, ist noch lange nicht dem Ochsen erlaubt).

3.1 Begründbarkeit von Moral

Noch vor der scheinbar endlosen und kontroversen Debatte, *wie* Moral begründet werden kann, ist in der Philosophie der Streit darüber angesiedelt, *ob* sie überhaupt begründet werden kann. Das Paradigma der Moralbegründung wurde vom platonischen Sokrates formuliert. Demnach ist moralisches Handeln vernünftiges Handeln: Niemand handelt wissentlich und willentlich schlecht bzw. unmoralisch, denn solche Handlungen schaden nicht nur dem Objekt der Handlung, sondern immer auch ihrem Subjekt. Niemand, so lässt Platon seinen Sokrates argumentieren, würde freiwillig die schlechte oder böse Handlung wählen, wenn er eine richtige, gerechte oder gute Alternative kennt.

Das scheint zunächst nach Art eines Nutzenkalküls formuliert zu sein. Die Folgen schlechten oder bösen Handelns sind stets noch auf ihre Urheber zurückgefallen, daher ist es klug, gerecht und gut zu handeln. Doch Platon ging andere argumentative Wege als der individualistische Utilitarismus. Der von Platon entwickelte ethische Intellektualismus, der in Verbindung mit dem Namen Sokrates berühmt geworden ist, belässt es nämlich nicht bei dem rationalen Vernunftinteresse, das auf das Interesse des Individuums an der Selbsterhaltung zurückgeht. Wer durch vernunftgeleitetes Erkennen begreift, was das moralisch Richtige und Gute in einer je konkreten Handlungssituation ist, so argumentiert Platon, der erkennt etwas vom objektiven Prinzip des Guten. Vermöge seiner intelligiblen Überzeugungskraft lässt dieses Prinzip gar keine andere Wahl, als ihm zu folgen – nicht (nur) deshalb, weil das für die Handelnden vorteilhaft ist, sondern (auch) deshalb, weil es an sich besser ist.

Hier spielt die platonische Unterscheidung zwischen Meinung und Wahrheit eine wichtige Rolle. Immer dann, wenn Handlungsalternativen geprüft werden, kommt es auch darauf an, mit Hilfe stringenter kognitiver Akte vom bloßen Dafürhalten wegzukommen und zu angemessener Erkenntnis zu gelangen. In ethischen Reflexionen wird gefragt, was gut *ist*, nicht, was nur so scheint. ›Schein‹ ist der Schlüsselbegriff von Platons Kritik des Irrtums und des falschen Bewusstseins. Wer dem Schein der Dinge aufsitzt – wer also die Weise, wie ihm die Dinge erscheinen, für ihr wahres Wesen hält –, unterliegt einem Irrtum. Seine Aussagen werden sich im Bereich der Meinung bewegen, der *doxa*. Damit meint Platon bloßes Dafürhalten; darauf können keine philosophischen Erkenntnisse fundiert werden.

Erkenntnis, führt Platon in seinem Dialog *Theaitetos* aus, muss untrüglich sein und sich auf das Seiende beziehen. Gibt es überhaupt eine »untrüglich wahre Erklärung des Wissens«?, fragt er zunächst (Platon, *Theaitetos*, 208b). Wahre Erkenntnis entsteht nicht durch Sinneswahrnehmungen, die häufig täuschend sind; sie entsteht vielmehr durch logische Tätigkeit der Vernunft (152c, 186d–e). Mittels rationaler Schlüsse schreitet man von der sinnlich wahrgenommenen Erscheinung von etwas fort zu einem Begriff seines Seins (*ontos*) bzw. seines Wesens (*ousia*) und damit seiner Wahrheit (*aletheia*). Das Zwischenergebnis, das der aporetisch unaufgelöst abgebrochene Dialog *Theaitetos* anbietet, lautet: Erkenntnis ist wahre Meinung über einen bzw. wahre Vorstellung von einem Gegenstand, die im Zusammenhang einer diskursiv-begrifflichen Begründung dieser Meinung steht (201d). Und woher weiß man, ob die eigene Meinung der Sache angemessen, adäquat ist? Wie lässt sich dies herausfinden? Nur durch eine Begründung. Die Qualität der Begründung ist das einzige Kriterium, mit dem man entscheiden kann, ob die Meinung zutrifft, ob sie also eine Erkenntnis oder ein Irrtum ist. Wissen ist dann die »richtige Meinung verbunden mit Erklärung« (208b). Wer das Gemeinsame und die spezifische Differenz von etwas benennen kann, »der wird nun ein Wissen haben von dem Gegenstande, von dem er vorher nur eine Meinung hatte« (208e). Wissen ist mithin ein Urteil, das ausreichend begründet wird; »Wissen ist Fürwahrhalten mit vollständiger Gewissheit« (Apelt, Anmerkungen zum *Theaitetos*, 188).

Platon kommt zu dem Resultat, dass dies noch keine wirklich guten Erklärungen sind. Der beste Ansatz immerhin sei der letzte: Wahre Erkenntnis ist eine gut begründete, zutreffende Meinung. Doch warum genügte Platon das nicht? Er argumentiert in seinen späteren Werken, dass eine subjektive Begründung – auch eine intersubjektive! – noch kein sicheres Kriterium dafür sein kann, ob die Meinung der Sache auch wirklich angemessen ist.

In der Schrift über den gerechten Staat, der *Politeia*, hat Platon das erkenntnistheoretische Problem der Wahrheit in seinem berühmten Höhlengleichnis behandelt (Platon, *Politeia*, 514a ff.). Hier geht er über den methodologischen Nachweis hinaus, dass wahre Erkenntnis die rational begründete Ansicht sei, die wir von einem Sachverhalt haben. Er unterscheidet dafür metaphysisch zwischen Erscheinung und Wesen. Damit macht er die Unterscheidung zwischen dem, wie (uns) etwas erscheint, und dem, wie oder was es ist, plausibel. Die Bedingungen sinnlicher Wahrnehmung, die nicht nur ermöglichen, dass wir etwas wahrnehmen, sondern auch unsere Wahrnehmungen vorweg strukturieren, die Beschaffenheit unserer Sprache, unserer Sozialisation, der Ideologien, die uns die Welt erklären: Das schränkt unsere Erkenntnis ein. Die Situation, anhand derer Platon dies bildhaft erläutert, wirkt zunächst befremdlich. Wenn man jedoch bedenkt, dass ihn vermutlich der Arbeitsalltag der Sklaven in athenischen Silberminen zur Wahl dieses Bildes inspiriert hat, dann bekommt seine Parabel vom Erkenntnisprozess – als Geschichte von Herrschaft, Gefangenschaft und Verblendung auf der einen Seite, Befreiung und Aufklärung auf der anderen – etwas geradezu Beklemmendes.

In einer Höhle also sitzen Gefangene, die so fixiert sind, dass sie den Kopf nicht drehen können. In einem Gang hinter ihnen laufen Menschen mit Fackeln in den Händen auf und ab und reden miteinander. Die Lichtreflexe auf der Höhlenwand und das Echo ihrer Stimmen sind das Einzige, was die Gefangenen wahrnehmen. Wie bei Zuschauern im Kino sind ihre Blicke nach vorn gerichtet, und der Vorgang der Bildproduktion (bzw. Bildprojektion) geschieht hinter ihrem Rücken. Im Gegensatz zum Kinopublikum wissen sie allerdings nicht, was hinter ihrem Rücken vorgeht. Ihre Realität besteht aus schattenhaft Gesehenem und echoartig Gehörtem. Ein Gefangener, der die Fesseln lösen und sich umdrehen kann, lernt nun, dass die wahrgenommenen Reflexe Ursachen haben, die sich erheblich von ihren Wirkungen unterscheiden. Wirklich existierende Menschen werfen Schatten auf eine Wand. Die Schatten sind zwar auch wirklich, nämlich wirkliche Schatten; doch ihre Wirklichkeit ist eine von etwas anderem abgeleitete. Sie ist eine Folgeerscheinung und im Hinblick auf das, was die Schatten repräsentieren und für was sie zuvor gehalten wurden, um viele Grade weniger wirklich. Nun ist zunächst das Licht der Fackeln das Medium der Wahrheit. Bald darauf jedoch entdeckt der Gefangene den Ausgang der Höhle und den Unterschied zwischen dem Licht der Fackel und dem Widerschein des Sonnenlichts im Freien. Nach anfänglichen Gewöhnungsproblemen hat sich das Unterscheidungs- und Urteilsvermögen wieder einen Schritt weiter differenziert. Der anschließende Blick ins Sonnenlicht selbst (selbstverständlich nicht bis zur Blendung) entspricht einem weiteren Fortschritt des Abstraktionsvermögens. So lernt der Gefangene, der sich selbst aus dem Dunkeln befreit hat, schrittweise zwischen der ungeschiedenen, dumpfen, wirren Vielfalt der Erscheinungen und den Strukturen und Prinzipien zu unterscheiden, die (frei nach Goethes *Faust*) ›die Welt im Innersten zusammenhalten‹. Diese Prinzipien hat Platon »Ideen« genannt. Er hielt sie für »die mit den Sinnen nicht wahrnehmbaren, ewigen und unveränderlichen Urbilder all der Gegenstände und Sachverhalte, die uns in unserer Welt, die wir mittels unserer Sinne auffassen, begegnen« (Decher 2015, 42).

Platon war überzeugt: Die Philosophie kann das Wesen der Dinge sicher und zweifelsfrei erkennen, weil sich die Wesenheiten nicht verändern, sondern immer sich selbst gleich bleiben. Die Wesenheiten nannte er die »Ideen« und bestand darauf, dass sie selbst nicht stofflich sein können, sondern immateriell sind. Weil sie es ja sind, die allem Stofflichen zugrunde liegen, können sie selbst, Platon zufolge, nicht materiell, also vergänglich sein. Es wäre unlogisch anzunehmen, dass die Ursache, das Zugrundeliegende der bunten, vielfältig chaotischen und vergänglichen Materie von gleicher Qualität sei, denn dann wäre sie ja selbst ein Teil davon und deshalb als generierendes Prinzip nicht zu denken. Die Individuen, sofern sie besondere, einzelne Entitäten sind, verändern sich; aber die Idee des Menschen verändert sich nicht, sie bleibt immer die gleiche. Wenn man statt »Ideen« oder »Urbilder« von ›Begriffen‹ oder ›Konzepten‹ spricht, klingt das bereits erheblich weniger mythologisch. Und auch wer heute als Philosoph*in der platonischen Ideen- und Wesenslehre nicht mehr folgt, lässt deshalb normalerweise noch lange nicht von der Suche nach allgemeingültigen Kriterien des Wissens ab.

In unserem Zusammenhang kommt es auch nicht so sehr auf Platons Metaphysik der ewigen, unveränderlichen Ideen an als vielmehr auf die grundsätzliche Unterscheidung, die er im Bild eines Ideenkosmos und in der Erzählung von der Höhle dargestellt hat. Es ist demnach prinzipiell möglich und notwendig, zwischen dem, was man für gut halten kann und jeweils dafür hält, und dem, was gut *ist*, zu unterscheiden. Es kommt gar nicht darauf an, ob man mit dieser Unterscheidung empirisch immer (oder auch nur ein einziges Mal) richtigliegt. Es kommt allein darauf an, dass niemand Richtlinien oder Kriterien für sein Handeln angeben könnte, ohne diese Unterscheidung implizit zugrunde zu legen. Wer sich in moralischen Entscheidungssituationen befindet, kann versuchen, zu tun, was sie oder er für gut hält, also das, was sie oder er als gut erkennen bzw. begründen kann. Auch wenn man nicht mehr, wie Platon, meint, dass die wahre Erkenntnis letztlich nur diejenige ist, die das wahre Wesen, die Idee, voll erfasst – und auch wenn man nicht mehr, wie Platon, davon ausgeht, dass es möglich ist, der Wahrheit überhaupt so nahe zu kommen (in der Wahrheit zu sein): Man kann (oder muss) das Prinzip der Unterscheidung zwischen Wahrheit (im Sinne von wahrer Erkenntnis) und dem, was uns wahr erscheint, anwenden bzw. zugrunde legen, damit man überhaupt erkennen, unterscheiden und kritisieren kann.

3.2 Moralische Dilemmata

Versuchen wir, einige Implikationen des bisher Gesagten an einem Beispiel zu demonstrieren, das in der Welt der Gegenwart angesiedelt ist. Nehmen wir an, eine Autofahrerin sieht nachts auf einer abgelegenen Landstraße die Opfer eines Verkehrsunfalls, der sich kurz zuvor zugetragen hat. Anhalten oder Weiterfahren? Sie entscheidet sich für Anhalten, nachdem sie anhand von Beobachtungen und deren Verknüpfung ausgeschlossen hat, dass es sich um eine Falle von Straßenräubern handelt. Dass sie anhält, kann alle möglichen Gründe haben. Vielleicht fürchtet sie Gewissensbisse oder Strafverfolgung; vielleicht sagt sie sich auch, dass sie ihrerseits froh wäre, wenn jemand anhalten würde, sollte sie selbst Unfallopfer sein. Von der Furcht vor Strafe wegen unterlassener Hilfeleistung abgesehen, sind das *moralische* Beweggründe. Sie wären ohne rationale Überlegung nicht möglich (was nicht bedeutet, dass sie restlos in Rationalität aufgingen). Nun stellt die Autofahrerin fest, dass hilfsbedürftige Verletzte am Unfallort sind. Die Entscheidung, was zu tun ist, hängt von verschiedenen Faktoren ab. Kann sie Sofortmaßnahmen am Unfallort leisten? Hat sie die Möglichkeit, Hilfe herbeizuholen? Wie groß ist die Transportkapazität ihres Fahrzeugs? Nehmen wir an, bei den Verletzten handelt es sich um ein kleines Kind, ein muslimisches Ehepaar mittleren Alters, einen älteren, geistig und körperlich behinderten Mann, eine hochschwangere junge Frau und eine deutsche Dogge.

Natürlich fordert dieses Szenario den Unwillen der Lesenden heraus. Doch es ist üblich, derartige Beispiele an den Haaren herbeizuziehen; wenn es um die Konstruktion von Argumentationsanlässen geht, ist der Maßstab nicht literarischer Realismus. Mit einer ähnlich konstruierten Situation hat Philippa Foot Ende der 1970er Jahre die Philosophiegeschichte bereichert. Hier wird eine Person adressiert, die einen Straßenbahnwagen steuert:

> Der Trolley steuert durch eine Kurve, und auf der Spur vor Ihnen sehen Sie fünf Gleisarbeiter, die mit der Reparatur des Gleisstücks beschäftigt sind. Das Gleis führt an dieser Stelle durch ein kleines Tal mit steilen Hängen auf beiden Seiten, so dass Sie den Trolley stoppen müssen, wenn Sie die fünf Gleisarbeiter nicht überfahren wollen. Sie treten auf die Bremse, doch leider funktioniert diese nicht. Dann erkennen Sie plötzlich, dass ein Gleis nach

> rechts abzweigt. Sie können den Trolley auf dieses Gleis umlenken und so die fünf Gleisarbeiter auf dem geraden Gleis [...] retten. Leider hat Frau Foot den Fall so eingerichtet, dass sich auf diesem Gleis ein Gleisarbeiter befindet. Wie die fünf Gleisarbeiter würde es auch dieser Gleisarbeiter nicht rechtzeitig schaffen, sich vom Gleis zu entfernen, so dass Sie ihn töten werden, wenn Sie den Trolley auf ihn zusteuern. Ist es moralisch zulässig, dass Sie den Trolley umlenken? (Thomson 2020, 7.)

Auf den zweiten Blick zeigt sich allerdings, dass Situationsbeschreibungen, die derart konstruiert werden, um die Begründungen von Entscheidungen in problematischen Situationen herauspräparieren zu können, implizit ein ideologisches Menschenbild unterstellen, nämlich das die Konkurrenzgesellschaft prägende Bild. Der *homo oeconomicus* wählt gemäß rationaler Prüfung die Handlung, die ihm zum Vorteil gereicht, er ist jedoch auch in der Lage, von seinem vernünftigen Eigeninteresse zu abstrahieren. Es handelt sich um Hobbes' Modell des Menschen. Ein klassisches Beispiel liefert das Dilemma im Rettungsboot: Drei Menschen befinden sich darin, obwohl nur Platz für zwei ist. Entweder wird einer geopfert oder alle werden untergehen. Wie entscheiden? Wie begründen? Das Beispiel ist typischerweise so konstruiert, dass der ›Konkurrenzkampf‹ ums Überleben nicht in Frage gestellt werden kann, sondern wie eine Naturgegebenheit erscheint. Dem Glück der größten Zahl ist das Glück der Einzelnen dann gegebenenfalls zu opfern. In »ausgeklügelten Problemfällen der Art, ob man eine Weiche umstellen dürfe, damit eine führerlose Straßenbahn nicht fünf, sondern nur einen Menschen überfahren wird«, bemerkt der Philosoph Hans-Ernst Schiller, betreiben derartige utilitaristische Gedankenspiele »die Aufweichung des Grundsatzes einer Ethik, die über der des Interessenausgleichs steht, der Ethik der Würde oder des Menschen als Zwecks an sich« (Schiller 2011, 14 f.). Ähnliches gilt für das Dilemma, in dem ein entführtes Passagierflugzeug von der Ordnungsmacht abgeschossen werden müsste, damit die Entführer es nicht als bemanntes Geschoss in ein Atomkraftwerk oder ein vollbesetztes Fußballstadion steuern. »Wer nach Regeln für solche Fälle sucht, ist schon dabei, sie zu normalisieren« (15), kommentiert Schiller treffend. – Virulent wird in Pandemiezeiten die Frage nach Triage bzw. der Aufteilung von begrenzten, lebensrettenden Gütern auf zu viele Bedürftige: Wer soll das Beatmungsgerät bekommen?

Doch lassen wir die notwendige (Ideologie-)Kritik an dieser Art der Beispielbildung noch einen Augenblick außen vor. – Nehmen wir an, die Autofahrerin aus dem Ausgangsbeispiel findet kein Netz für ihr Mobiltelefon, verfügt aber über Ortskenntnis und einen Kleinwagen, der die Möglichkeit bietet, zwei Verletzte zu transportieren. Sie weiß, dass sich im nächsten Ort ein Krankenhaus mit Notaufnahme befindet. Dorthin könnte sie zwei Verletzte mitnehmen. Wen wird sie auswählen? Frauen und Kinder zuerst? Oder vielleicht die Dogge? Es kommt an dieser Stelle nur auf die triviale Feststellung an, dass die Überlegungen der hilfsbereiten Autofahrerin in so einem (unwahrscheinlichen) Fall (höchstwahrscheinlich) von Gesichtspunkten verschiedenster Art geleitet werden, die aber alle mit Erkenntnisakten zu tun haben. Wie schwer sind die Verletzungen? Nach welchen Kriterien würde die Autofahrerin entscheiden, wer dringender sofortiger Hilfe bedarf als andere? Von welchen Annahmen wird sie sich leiten lassen?

Man darf annehmen, dass dabei neben affektiven oder emotionalen Gesichtspunkten auch Gesichtspunkte kognitiver Art im Spiel sind. Wie hoch die Wahrscheinlichkeit ist, dass sich jemand in einer derartigen Situation tatsächlich von kognitiven Überlegungen leiten lässt, anstatt nur emotional zu reagieren bzw. allgemeinen Konventionen oder persönlichen Neigungen und Idiosynkrasien zu folgen, ist nebensächlich. Es kommt darauf an, dass Handlungsentscheidungen, die von moralischer Relevanz sind, stets bis zu einem gewissen Grad kognitive Grundlagen haben. Hiermit ist nicht nur die Einschätzung empirischer Einzelfälle gemeint (zum Beispiel in Bezug auf die Schwere der Verletzungen), sondern die Art des moralischen Urteilens. Angefangen bei der Entscheidung ›Anhalten oder Weiterfahren‹, über den Entschluss zum Handeln und die einzelnen Handlungsentscheidungen bis hin zur Unterscheidung zwischen verschiedenen Graden der Würde verschiedenartiger Lebewesen: Das sind alles Erkenntnisakte.

Wichtig ist hier die Unterscheidung zwischen einer Common-Sense-Überlegung und kognitiven bzw. rationalen Überlegungen. Erstere kommen ohne Verstandesargumente und Vernunftschlüsse zu Entscheidungen, die mit Hilfe von Erfahrungswissen und intuitiven Vorstellungen von der Lebensrelevanz der Handlungsmöglichkeiten operieren. Kognitiv-rationale Abwägungen sind anderer Art: Sie zielen auf die Frage, was getan werden sollte, also auf normative Universalisierung als Moralkriterium.

Ungeachtet der Künstlichkeit, Trivialität und Ideologieanfälligkeit des Beispiels geht es hier um die Illustration des allgemeinen Satzes, dass wir uns in Konfliktfällen mit moralischer Bedeutung gemeinhin an Kriterien orientieren, die mit unseren Vorstellungen von Menschenwürde zu tun haben, aber auch mit Wertpräferenzen. Beides bestimmt unser Handeln in der Regel als eine komplexe Mischung aus heteronomen Sozialisationsfolgen und autonomen Überlegungen. Die neuere psychologisch-kognitive Moralforschung hat herausgefunden, dass diese komplexe Mischung ontogenetisch (beim Einzelnen) in gewisser Weise wiederholt, was sich phylogenetisch (stammes- oder besser: kulturgeschichtlich) als moralphilosophische Überlieferung durchgesetzt hat.

Berühmt ist das Dilemma, das der Moralpsychologe Lawrence Kohlberg bei seinen Untersuchungen, nach welchen Gesetzen sich die moralische Urteilsweise beim einzelnen Menschen entwickelt, in den 1970er Jahren heranwachsenden Proband*innen vorlegte: Heinz' Frau ist todkrank. Das einzige Medikament, das ihr helfen könnte, ist unbezahlbar. Der Apotheker ist nicht bereit, es Heinz umsonst oder für wenig Geld zu überlassen. Was wird Heinz tun? In die Apotheke einbrechen, um das Medikament zu stehlen? Oder sich dem Schicksal fügen und seine Frau sterben lassen? Wird er das Gesetz brechen oder das Gebot der Hilfeleistung missachten?

Unabhängig davon, wie sich Heinz entscheiden wird: Sofern er nicht einfach impulsiv handelt (dann würde er sich nicht in einem Dilemma befinden, zumindest nicht bewusst), wird er rationale Überlegungen anstellen müssen. Er wird abwägen, Prinzipien gegeneinanderstellen. Was hat den Vorrang: Ein allgemeingültiges Gesetz? Die Nähe zu einem Familienmitglied? Eine verallgemeinerbare Norm, die Menschenleben als höheren Wert über Gesetzestreue stellt, oder das Leid von unvertretbaren Einzelnen?

Hier zeigt sich wirklich ein Dilemma. Der Ausdruck wird in der Alltagssprache gern dann verwendet, wenn es um schwierige Entscheidungen geht. Doch im philosophischen Sinn befindet man sich nur dann in einem Dilemma, wenn man sich zwischen zwei konträren, einander ausschließenden Handlungsmöglichkeiten entscheiden muss, deren Folgen man beide Male nicht wollen kann.

Kohlberg interessierte sich für die Überlegungen, die seine jugendlichen Proband*innen anstellten, um ihre Handlungsempfehlungen für Heinz zu begründen (bzw. um die erwartete Handlungsweise von Heinz aus ihrer Sicht zu bewerten). Er stellte fest: Es gibt eine Abfolge bestimmter Urteilsweisen, die nicht strikt an Altersstufen gebunden sind, aber in ihrem Erscheinen beim Individuum unumkehrbar sind. Sein Lehrer Jean Piaget hatte herausgefunden, dass sich das kognitive Urteil von Kindern und Heranwachsenden in einer bestimmten Abfolge entwickelt. Diese erlaubt ihnen zum Beispiel in einer frühen Phase nicht, zu begreifen, dass ein Kilo Federn genauso schwer ist wie ein Kilo Blei. Haben sie die Stufe erreicht, auf der sie Allgemeinbegriffe wie Gewicht und Volumen (oder z.B. allgemeine Maßeinheiten) erkennen können, operieren sie fortan immer mit diesen. Ähnlich stellte Kohlberg fest: Kleine Kinder gehen zunächst davon aus, dass es eine Art natürlicher Ordnung der Dinge gibt, in der jeder die Konsequenzen seines Handelns zu tragen habe. Auf der folgenden, frühsten Stufe der moralischen Urteilsweise hielten Kinder das für moralisch richtig, was die Erwachsenen anordnen, und dann etwas später das, was der Maximierung von Lust und Wohlsein aller Beteiligten dient. Später ist das, was Heranwachsende für gerechtfertigt halten, an diejenigen Rollenvorstellungen und bestehenden Normensysteme gebunden, in die sie sozialisiert werden. Auf der dritten Stufe in Kohlbergs Skala sind das die Handlungserwartungen konkreter Personen aus der Bezugsgruppe, während sich Heranwachsende auf der vierten Stufe an jenen überlieferten Normensystemen orientieren, die sie kennen. Schließlich gehen sie laut Kohlberg zu einer moralischen Urteilsweise über, die sich an verallgemeinerbaren Moralprinzipien orientiert: Auf Stufe fünf hält man jene Handlungsweisen für gerecht, die vorteilhafte Resultate für die meisten Beteiligten erwarten lassen, während irgendwann einmal (Stufe sechs) die moralische Argumentation nur noch das als normativ richtig anerkennt, was mit einer universalistischen Pflichtethik in Einklang steht.

Kohlberg gliederte diese sechs Stufen der Entwicklung des moralischen Urteils in drei Ebenen. Die erste bezeichnete er als präkonventionelle, die zweite als konventionelle und die dritte als postkonventionelle Ebene (Kohlberg 1987). Er erkannte hier die Struktur der Entwicklung moralphilosophischer Reflexion im Abendland wieder, die zu Gesinnungs- und Prinzipienethiken vom Typus der Moralphilosophie Kants geführt hatte. Dort gelten nicht mehr traditionale Üblichkeiten einer Gemeinschaft, auch nicht das größte Glück der größten Zahl, sondern universalistische normative Prinzipien.

An dieser Stelle zeigt sich freilich die Grenze der Parallele zwischen onto- und phylogenetischer Moralentwicklung, denn der Utilitarismus wurde ja als soziopolitische Moraltheorie paradigmatisch erst nach Kant formuliert. Allerdings kann man zugunsten der Parallelitätshypothese anführen, dass es individual-utilitaristische ethische Argumentationen auch früher gegeben hat; man denke nur an Platons *Gorgias*, wo Argumente gewechselt werden, um zu zeigen, dass es moralisch nicht gerechtfertigt ist, wenn sich der Stärkere kurzerhand nimmt, wessen er begehrt.

Dass sich die kulturell geprägten Hintergründe individuellen Handelns in Grenzsituationen katastrophisch oder tragisch auswirken können, zeigen nicht die Beispiele aus ethischen Lehrbüchern, sondern vor allem historische Erfahrungen, etwa solche, von denen Jorge Semprún in seinen Erinnerungen an das Konzentrationslager Buchenwald berichtet (Semprún 2002). In Buchenwald war der organisierte politische Widerstand mitunter in der Lage, Gefangene vor der Deportation in die Vernichtungslager zu schützen. Das geschah, indem die zur Deportation Selegierten heimlich gegen andere, todgeweihte Gefangene ausgetauscht wurden. Über Leben und Tod entschied, wie man zur KP stand. Die Struktur der nationalsozialistischen Lagerherrschaft zwang den im Widerstand organisierten Gefangenen tragische Handlungsalternativen auf. Deren Folgen kann man im Nachhinein als Heldentaten feiern, mit Parteidisziplin rationalisieren oder verurteilen. Dass jüdische, »unpolitische« Gefangene nicht gerettet wurden, damit politisch organisierte am Leben erhalten werden konnten, ist indessen historisches Faktum. Es darf ebenso wenig den Widerstandskämpfer*innen zur Last gelegt werden, wie es Gegenstand der Verklärung sein darf.

Zu Ehren der ermordeten Gefangenen des kommunistischen Widerstands wurde der Satz »Aus Eurem Opfertod wächst unsere sozialistische Tat« ins Weimarer Thälmann-

Monument gemeißelt, das auf dem heutigen »Buchenwaldplatz« steht. Der Ansatz, das System der Konzentrationslager als Vorstufe zum realen Sozialismus zu betrachten, war ein so verständlicher wie vergeblicher Versuch, einen geschichtlichen Sinn zu konstruieren, wo von einem solchen nur schwerlich noch die Rede sein kann. Hier begegnet man einer gewissermaßen spiegelverkehrten, historisch belehrten Variante jener rationalistischen Dilemmata, die belegen sollen, dass Menschen im Prinzip *homini oeconomici* sind, die in Ausnahmesituationen ihren persönlichen Vorteil hintanstellen können, was in der wirtschaftsliberalistischen Anthropologie wiederum als vorteilsorientiertes Handeln auf Umwegen (sei es zu den eigenen Gunsten, sei es zugunsten der Gattung) gedeutet werden kann. Die spiegelverkehrte Variante idealisiert nicht den nüchternen Akteur des aufgeklärten Eigeninteresses, sondern den Helden der mutigen Tat und des Opfers zugunsten des ›großen Ganzen‹.

4. Ethik und Politik

Nach dem Ausbruch der Covid-19-Pandemie ergriff die chinesische Staatsführung 2020 drastische Isolationsmaßnahmen, um das Tempo der Masseninfektion abzubremsen. Als die Pandemie nach Europa kam, reagierten die Regierungen unterschiedlich. Großbritannien setzte »zunächst auf minimale Intervention, [...] womit vier bis sechs Prozent [der Bevölkerung] zugunsten der Aufrechterhaltung der Geschäftstätigkeit geopfert worden wären«, berichtete die Soziologin Eva Illouz (2020). Sie bezeichnet die Haltung der englischen Regierung zu Recht als »Ökonomismus« und resümiert:

> Die beispiellose Wahl ist diese: entweder das Leben vieler älterer Menschen opfern oder das wirtschaftliche Überleben der jungen. [...] Deutschland und Frankreich reagierten zunächst ähnlich und ignorierten die Krise, bis es nicht mehr ging (ebd.).

Schon bald wurden Worst-Case-Szenarien entworfen, in denen mit bis zu einer Million Todesopfer kalkuliert wurde, um zum Normalbetrieb in Wirtschaft und Gesellschaft zurückkehren zu können. Auf die Tagesordnung kam auch die Frage nach ethischen Kriterien, an denen sich Ärzte orientieren sollen, wenn sie angesichts knapper Ressourcen im Sanitätswesen entscheiden müssen, wer intensivmedizinisch behandelt und wer in den Tod geschickt wird. Allmählich schien sich in der europäischen Politik die Auffassung durchzusetzen, dass es moralisch skandalös wäre, das Leben von Schwachen und Verwundbaren für den Gang der Geschäfte zu opfern. ›Vulnerabilität‹ wurde gleichsam zum politischen Wort des Jahres.

Darüber geriet in Vergessenheit, dass Verwundbarkeit ein universales menschliches Wesensmerkmal ist (Butler 2005, 48), nicht nur eines von partikularen sozialen Gruppen. Verletzbarkeit kann durchaus als »Fluchtpunkt der Ethik« (Stöhr [u. a.] 2019, 225) gelten, wie schon Arthur Schopenhauer lehrte. – Zu durchgreifender Konsequenz hat jene Einsicht indessen nicht geführt; so blieb etwa hierzulande die zeitweilige Schließung von Industriebetrieben als Maßnahme zur Eindämmung der Seuchenausbreitung tabu.

4.1 Entscheidungen, Mittel und Zwecke

Ethisches Handeln ist Handeln nach Grundsätzen, und zwar nicht gemäß irgendwelchen Grundsätzen, sondern nach solchen, die bestimmten Kriterien gehorchen. Jede ethische Entscheidung ist durch eine Abwägung von Mitteln und Zwecken gekennzeichnet. Können die Mittel, die anzuwenden sind – und die Ergebnisse, die ihnen voraussichtlich folgen –, durch die Zwecke gerechtfertigt werden, die man durch das Handeln verwirklichen will? Werden sie auch wirklich gerechtfertigt sein, wenn die beabsichtigten Handlungsfolgen eintreten? Das sind verzwickte Grundfragen, die sich immer dann stellen, wenn man bei der Abwägung seines Handelns nicht nur über die innere Stimmigkeit und Legitimität der Grundsätze nachdenkt, denen man folgt, sondern auch über die Legitimität der möglichen und realen Konsequenzen der eigenen Handlungen.

»Der Zweck heiligt die Mittel«, lautet die verflachte Überlieferung eines berühmt-berüchtigten Grundsatzes jener politischen Ethik, die der italienische Staatsphilosoph Niccolò Machiavelli 1513 formulierte. Die rationale Überlegung hinter diesem Slogan lautet: Es gibt Zwecke (d. h. Handlungsziele), die so wertvoll (und das bedeutet auch: moralisch legitim) sind, dass einzelne Handlungen unter allen Umständen durch sie gerechtfertigt werden können, und zwar auch dann, wenn sie dem herrschenden Moralkodex zuwiderlaufen. Mit dieser Formel kann das klassische Dilemma, in das man gerät, wenn man eine unmoralische Handlung verhindern oder beenden will, dabei aber selbst unmoralisch handeln muss, aufgelöst werden.

4.2 Legalität und Moralität; Verantwortungs- und Gesinnungsethik

Doch das war eigentlich nicht Machiavellis Thema. Abgesehen davon, dass er die Formulierung »Der Zweck heiligt die Mittel« im Wortlaut nie verwendete: Wichtiger ist es, dass Machiavelli seine Überlegungen, die später abgekürzt so überliefert wurden, in einem Kontext angestellt hat, der zunächst einmal einen anderen Bereich kennzeichnet als die Ethik des individuellen Handelns.

Machiavelli war ein Theoretiker der Politik. Um klar, ohne Vorurteile und konventionelle Skrupel über Politik nachdenken zu können, führte er eine methodische Trennung ein, die einerseits unbestritten charakteristisch für die Moderne geworden ist, aber andererseits ebenso umstritten ist wie die ihm zugeschriebene Zweck-Mittel-Formel: Er trennte die Politik von der Moral. Politisches Handeln ist immer dann gerechtfertigt, meinte er, wenn es dazu dient, jene prävalenten Ziele zu erreichen, die höherwertig sind, selbst dann, wenn sie dem moralischen Empfinden widersprechen.

Heute wird mit dem Namen Machiavelli skrupellose oder gar zynische Machtpolitik verbunden. Der Zweck, der die Mittel heiligspreche, sei nichts anderes als der Machterhalt. Für Machiavelli gab es aber nur einen obersten Zweck, der die erforderliche Beschaffenheit hat, und das war die Selbsterhaltung des politischen Gemeinwesens. Er meinte, der Bestand des Gemeinwesens sei ein oberstes Ziel; und man mag das nachvollziehen können, wenn man bedenkt, dass dieses Konzept in einer Epoche massiver politischer Umbrüche entstand. Die kapitalistische, freilich nicht von Bürgern regierte Stadtrepublik Florenz, in der Machiavelli lebte und der er politisch diente, war in jener Periode, die der Formation der neuzeitlichen Nationalstaaten voranging, permanent gefährdet.

Machiavelli allegorisierte die Wechselfälle der politischen Kämpfe unter dem Namen »Fortuna« (Glück im Sinne von Schicksal und Zufall) und stellte dieser Göttin die Göttin der Tugend gegenüber. Während Fortuna unberechenbar sei, würde »Virtu« dem Fürsten helfen, die Interessen der Republik unter günstigen und ungünstigen Bedingungen erfolgreich zu vertreten. »Virtu« war für den Philosophen aber keineswegs gleichbedeutend mit dem klassischen Begriff der Tugend.

Machiavelli trennte das Öffentliche vom Privaten, was eine eminent moderne moralphilosophische Grundposition erkennen lässt. Diese Trennung setzte die Annahme voraus, dass die relevanten Qualitäten eines Herrschers seine Stärke, seine politischen Fähigkeiten und Potenzen sind, mit einem Wort: sein Durchsetzungsvermögen. Doch »nicht um ihrer selbst willen«, betont Max Horkheimer, habe Machiavelli »Monarchen und republikanische Regierungen« gleichermaßen beraten; er habe vielmehr »die Macht und Größe, die feste Sicherheit des bürgerlichen Staates als solche [...] befördern wollen« (Horkheimer 1987a, 188). Die Tugend des Herrschers wird nicht als Voraussetzung für seinen Erfolg begriffen; es wird vielmehr umgekehrt behauptet, dass der Erfolg die einzige Tugend des Herrschers ist. Die Sphären des Politischen und des Moralischen sind hier, wie gesagt, zum ersten Mal strikt voneinander geschieden. In der von Machiavelli gestifteten Tradition beschränkte die »scharfe Trennung von Politik und Moral« fortan »Politik aufs Technisch-Instrumentelle« (Horster 1993, 29).

Der »Funktionalismus«, der für Machiavellis Zweck-Mittel-Reflexion ohne Frage kennzeichnend ist, läuft jedoch nicht einfach auf die Beliebigkeit jedweder politischer Machtinteressen hinaus. Machiavelli hat eben nicht die Position vertreten, »daß jeder beliebige politische Zweck die zu seiner Erreichung erforderlichen Mittel automatisch ›heilige‹« (Kohlmann 2001, 15). Er hat »keineswegs *jeden* beliebigen politischen Zweck« zugelassen; seine Ratschläge haben »das ›bene comune‹ oder die ›comune patria‹« im Auge; »von absolut freien Zwecksetzungen ist bei Machiavelli selbst also keine Rede«. (Ebd.)

Wie gesagt: Es gilt zu bedenken, dass Machiavellis Überlegungen von der Sorge getragen waren, ein stabiles und sicheres Fundament für ein politisches Gemeinwesen zu finden, das letztlich aus Bürgern besteht, deren Leben und

Besitz geschützt werden müssen. Das war in Italien, dessen nationale Geschichte ebenso prekär ist wie die Deutschlands, zu seiner Zeit ein Unterfangen von beängstigender Schwierigkeit. Die italienischen Stadtrepubliken bekriegten sich ständig gegenseitig, und Sicherheit war ein rares Gut. Horkheimer erkannte in Machiavellis Werk den eigentlichen Beginn bürgerlicher Geschichtsphilosophie, die später in der Konzeption einer Welt aus Nationalstaaten ihren Ausdruck fand: »Die leidenschaftliche Verkündung des starken Staates ist bei Machiavelli im Glauben an die Möglichkeit des geistigen und moralischen Fortschritts begründet.« (Horkheimer 1987a, 191.)

Die Emphase auf dem Wohlergehen des Gemeinwesens hatte also einen soliden Erfahrungshintergrund, sie traf mit den objektiven Interessen der Menschen in einigen Hinsichten zusammen. Und doch: Daraus, dass die Zwecke, durch die die Mittel gerechtfertigt werden können, nicht beliebig, sondern stets aufs Gemeinwohl bezogen sind, folgt noch nicht, dass damit bereits etwas Spezifisches über sie ausgesagt wäre. Machiavelli war, darin ist man sich in der Geistesgeschichte einig, ein Realist. Er machte sich über die Moralfähigkeit der Menschen keine Illusionen. Und über die moralischen Qualitäten von politischen Herrschern ohnehin nicht. Auch seine Theorie des Politischen ist frei von Verklärungen. Bis hin zu Machiavelli war man in der politischen Philosophie des Abendlandes, auf Platons Spuren, der Frage nachgegangen, wie ein vernünftig eingerichtetes, ein normativ richtiges politisches Gemeinwesen beschaffen sein müsste. Die Antwort hatte stets gelautet, es müsse auf dem Prinzip der Gerechtigkeit basieren und diese verwirklichen (gesellschaftlich und für alle Individuen;

mehr dazu in Kap. 8). Freilich war man dabei in eine Reihe von Widersprüchen und Aporien geraten, und zwar sowohl dann, wenn man in Geschichte oder Gegenwart Beispiele dafür bringen wollte, dass es gelungen sei, so etwas zu verwirklichen, als auch, wenn man das normative Prinzip der Gerechtigkeit entweder als utopische Idee auffasste, die noch zu verwirklichen, oder als unrealistische Idee, die aufzugeben sei. Und nun kam Machiavelli und lehrte: Ein Gemeinwesen, das funktioniert, also ein Gemeinwesen, das stabil bleibt, beruht überhaupt nicht auf dem moralischen Prinzip der Gerechtigkeit. Es beruht schlicht auf Gewalt.

Die Pointe von Machiavellis politischer Ethik ist aber paradox. Denn sie lautet: Wenn man mit der politischen Ethik Ernst macht, dann stellt sich konsequenterweise die Selbstaufhebung der Ethik ein, die nun in ein politisches Kalkül überführt wird. Selbsterhaltung hieß zu Machiavellis Zeit noch nicht, wie später bei Hobbes, in erster Linie Selbsterhaltung des Individuums. Hier ging es zuvörderst um die Bemühung des Gemeinwesens, sich gegen Vernichtung von außen und inneren Zerfall zu verteidigen. Ohne ein stabiles, wehrhaftes Gemeinwesen hätte es für die ständig bedrohten Individuen schlecht ausgesehen, die sich ja erst in seinem Schutz einigermaßen entfalten konnten. Daher war für Machiavelli klar, dass die Interessen des politischen Ganzen vorgehen und die der Teile, also der einzelnen Menschen und der Interessengruppen, die ihre Existenz dem Ganzen verdanken, nachgeordnet sind. Er verstand diesen Gedankengang vielleicht nicht gerade ausdrücklich als moralisches Gebot; doch hinter seiner schroffen Trennung der Zuständigkeitsbereiche von Moral und Politik stand eine präzise bestimmte Vorstellung von moralischer Verpflichtung auf die Interessen Einzelner und das Bestehen eines Gemeinwesens, das jene allein gewährleisten könne. Man kann in der Tat bezweifeln, dass die Bestimmung der Beziehung zwischen Allgemeinem und Einzelnem in diesem Kalkül überzeugend ist; aber man wird nicht leugnen, dass sie auch ein ethisches Motiv für den Auszug der Staatstheorie aus der Ethik ist.

Seit der Neuzeit hat sich für derartige Überlegungen der Begriff der Staatsräson eingebürgert. Die Euphorie über ›das Ende des Politischen‹ und ›das Ende des Staates‹ sowie die Euphorie der Herrschaft des globalen Marktes, die zur Jahrtausendwende noch Feuilletons und Bücherseiten füllten, hat mittlerweile erhebliche Dämpfer erhalten. Nun erfährt der Begriff der Staatsräson wieder eine Konjunktur. Auf die Staatsräson berief sich im Herbst des Jahres 1977 auch Helmut Schmidt, seinerzeit Kanzler der BRD. Getragen von einer Welle der Zustimmung, entschied er damals, den Forderungen der RAF nicht nachzukommen, die den Arbeitgeberpräsidenten Hanns Martin Schleyer entführt hatte, um die Freilassung ihrer inhaftierten Mitglieder zu erpressen. Schleyer wird ermordet. Die Entführung eines Lufthansa-Flugzeugs durch arabische Terroristen (eine flankierende Maßnahme, die die Freipressung der RAF-Genoss*innen unterstützen sollte) wird mit paramilitärischer Gewalt beendet. »Vor die Wahl gestellt, den Forderungen der Entführer nachzugeben oder das Leben der Passagiere aufs Spiel zu setzen, entschließt die Bundesregierung sich zu letzterem, denn, so Schmidt: Der Staat muß Flagge zeigen.« (Pohrt 2010, 260.) Die Häftlinge im Hochsicherheitstrakt des Gefängnisses Stuttgart-Stammheim werden kurz darauf tot aufgefunden.

Die Exekutivgewaltigen des erpressten Staats hatten eine Entscheidung getroffen, von der nicht von vornherein feststand, ob sie ethischen Maßstäben standhalten würde. Im Ergebnis erhielt das, was man zum Gemeinwohl erklärt hatte, den Vorzug vor dem Lebensinteresse und der Menschenwürde eines Einzelnen. Der Entscheidung lag keine Verpflichtung auf Kants kategorischen Imperativ zugrunde (siehe Kap. 5.1), sondern ein zweckrationales Kalkül. Die Frage lautete: Kann der gewählte Zweck die damit verbundenen Konsequenzen rechtfertigen oder nicht?

Das ist das Grundproblem der politischen Ethik: Entscheidungen, die auf Kosten Betroffener gehen, müssen sich im Hinblick auf die ihnen zugrundeliegenden Handlungsziele rechtfertigen lassen. Maßstab sind nicht die Intentionen der Handelnden und die Lauterkeit ihrer Gesinnung, sondern die Handlungsfolgen bzw. das, was sich als Folge absehen lässt. Aus der Erste-Person-Singular-Perspektive des Subjekts formuliert, das unter Handlungszwang steht: Kann ich die Folgen meines Handelns verantworten? Kann ich das Verhältnis von Handlungsfolgen und Handlungszielen mit vernünftigen Gründen rechtfertigen?

Die RAF legte schon wenig später »keinen Wert mehr darauf [...], ihre Anschläge auch nur halbwegs plausibel zu begründen«, sie schlug »nun tatsächlich blind« zu, und damit begann sie, »bedenklich dem Bild zu ähneln, welches von der Öffentlichkeit stets auf sie projiziert wurde« (Pohrt 2010, 261). Das kann als Indiz für ihren moralischen Bankrott gedeutet werden – oder auch als Indiz dafür, dass eine ergebnisorientierte Verantwortungsethik der Staatsraison und eine rigoristische Gesinnungsethik der Partisanenkämpfer-Existenz sich mitunter zum Verwechseln ähneln.

Der Soziologe Max Weber vertrat vor einem Jahrhundert die Ansicht,

> daß alles ethisch orientierte Handeln unter zwei voneinander grundverschiedenen, unaustragbar gegensätzlichen Maximen stehen kann: es kann »gesinnungsethisch« oder »verantwortungsethisch« orientiert sein. Nicht daß Gesinnungsethik mit Verantwortungslosigkeit und Verantwortungsethik mit Gesinnungslosigkeit identisch wäre. Davon ist natürlich keine Rede. Aber es ist ein abgrundtiefer Gegensatz, ob man unter der gesinnungsethischen Maxime handelt – religiös geredet –: »der Christ tut recht und stellt den Erfolg Gott anheim«, oder unter der verantwortungsethischen: daß man für die (voraussehbaren) Folgen seines Handelns aufzukommen hat. [...] Keine Ethik der Welt kommt um die Tatsache herum, daß die Erreichung »guter« Zwecke in zahlreichen Fällen daran gebunden ist, daß man sittlich bedenkliche oder mindestens gefährliche Mittel und die Möglichkeit oder auch die Wahrscheinlichkeit übler Nebenerfolge mit in den Kauf nimmt, und keine Ethik der Welt kann ergeben: wann und in welchem Umfang der ethisch gute Zweck die ethisch gefährlichen Mittel und Nebenerfolge »heiligt«. (Weber 1919b, 70 f.)

Weber charakterisierte die »Spannung zwischen Mittel und Zweck, ethisch angesehen«, mit einer gewichtigen Sentenz: »Für die Politik ist das entscheidende Mittel: die Gewaltsamkeit« (Weber 1919b, 72).

In unserem letzten Beispiel einer moralischen Aporie aus der deutschen Geschichte leitete die fallbezogene Verantwortungsethik der staatlichen Exekutivgewalt die Rechtfertigung aus dem priorisierten Zweck allen politischen Handelns ab, nämlich der Stabilität des staatlichen Gemeinwesens (also durchaus im Sinne Machiavellis). Ihr stand die verantwortungsethische Version des bewaffneten politischen Widerstands gegenüber, die sich darauf berief, dass Gewaltanwendung durch die Legitimität der revolutionären Zielsetzung gerechtfertigt sei. Beide Varianten der Verantwortungsethik erweisen sich einem kritischen Blick jedoch als verkappte Spielarten der Gesinnungsethik. Die ist unter Politikern und Widerstandskämpfern in der Regel verpönt, weil sie angeblich das reine Gewissen dem Risiko vorzieht, ›sich die Hände schmutzig zu machen‹ (wie es bei Jean-Paul Sartre heißt). Doch der Maßstab der Gesinnungsethik ist nicht die jederzeit transparente und im Verlauf der Aktionen immer wieder überprüfte Angemessenheit der Handlungen an die verlautbarten Ziele. Ihr Maßstab ist die bedingungslose Durchsetzung des Prinzips, das jeweils für das richtigste und wichtigste gehalten wird. Die Staatsräson unterwirft die Bürger dem Prinzip der Selbsterhaltung des Staates mit allen Mitteln, und auch die »revolutionäre Moral« preist letztlich »das Opfer des Einzelnen für das Ganze« (Tränkle 2014, 73). Hier könnte man an Max Webers tragische Darstellungsweise anschließen und sich erinnern: Bereits

> die alten Christen wußten sehr genau, daß die Welt von Dämonen regiert sei, und daß, wer mit der Politik, das heißt: mit Macht und Gewaltsamkeit als Mitteln, sich einläßt, mit diabolischen Mächten einen Pakt schließt (Weber 1919b, 74).

5. Sollen, Pflicht

Kant hat im 18. Jahrhundert die Gebiete der Philosophie mit Hilfe von Überschriften geordnet, die er als Fragen formulierte. Darin kämen die entscheidenden Themen der menschlichen Existenz und das Verhältnis des Menschen zur Welt zum Ausdruck. Die anthropologische Grundfrage (»Was ist der Mensch?«) und die Frage der Philosophie der Religion (»Was darf ich hoffen?«) waren für Kant wohl die wichtigsten, doch sie sind nicht das Thema dieses Buches – ebenso wenig wie die Bereiche der Metaphysik und der philosophischen Erkenntnistheorie (»Was kann ich wissen?«). Das Gebiet der Ethik kennzeichnete Kant durch die Fragestellung: »Was soll ich tun?«

5.1 Pflichtethik

Das Sollen, von dem in Kants Ethik-Frage die Rede ist, ist nicht das alltagssprachliche Sollen. In dem Fall, dass ein Kind die Frage »Was soll ich tun?« stellt, um herauszufinden (oder gesagt zu bekommen), ob es Ball spielen, Schwimmen gehen oder Fernsehen »soll«, ist die Frage moralisch irrelevant. Gleiches gilt für das Sollen, das wir aus einem bestimmten Bereich der Alltagssprache kennen, in dem es um das Befolgen von Befehlen oder Anordnungen geht. Wenn man eine Akte bis Montag durchgearbeitet haben soll, weil der Chef das am Freitagnachmittag gesagt hat, dann ist das normalerweise per se moralisch irrelevant.

Anders liegen die Dinge in dem Bereich, in dem Sprechhandlungen, die mit dem Begriff des Sollens operieren, sozusagen transversal, also quer über die verschiedenen Gebiete hinweg, in denen Aufforderungen ergehen, verlaufen. Nehmen wir an, eine Mutter sagt, ihr Kind solle jetzt weder Ball spielen noch fernsehen, am Smartphone spielen oder schwimmen; es solle erst seine Hausaufgaben machen. Im Anschluss solle es eine Weile mit seinem Geschwisterkind spielen, das mit gebrochenem Bein im Bett liegt und sich langweilt. Hinterher könne es ja immer noch Ball spielen oder Schwimmen gehen.

Hier überschneiden sich zwei Bereiche handlungsleitender Grundsätze. Solche Grundsätze kommen zum Ausdruck, wenn Ratschläge, Anordnungen und Pflichten formuliert werden. Hausaufgaben muss das Kind machen; dies vor dem Vergnügen zu erledigen, ist eine Klugheitsregel. Niemand würde hingegen (im Normalfall) das Kind zwingen, mit seinem gehandicapten Geschwisterkind zu spielen; doch durch Vorbild und emotionale Gratifikationen hat es gelernt, dass es Dinge gibt, die zwar geboten sind, die man aber nur freiwillig tun kann, damit dieses Tun dann auch die angemessene Erfüllung des Gebots ist. Und genau das ist der Vorstellungsgehalt, der mit dem Begriff der moralischen ›Pflicht‹ verbunden wird. Er und kein anderer kommt in der philosophischen Rede vom Sollen zum Ausdruck.

Kant meinte, es gebe ein moralisches Gefühl, das in der ›Achtung‹ vor dem Sittengesetz bestünde: Wir unterwerfen uns freiwillig dem Sittengesetz, weil wir Achtung vor seinem vernünftig begründeten Geltungsanspruch empfinden. Demzufolge ist eine rationale Demonstration dessen möglich, warum es objektiv besser sei, dem Sittengesetz zu folgen, anstatt gegen es zu verstoßen. Die Triebfeder moralischen Handelns sei zunächst einmal dieses Achtungsgefühl, die Manifestation des rationalen Moralprinzips im Gemüt. Nach Kant ist für moralisch handelnde Menschen das Sittengesetz unbedingt, doch nur aufgrund von Einsicht gültig. Sie unterwerfen sich dem Sittengesetz, aber nur aus freiem Willen. Täten sie es nicht, gerieten sie in Widerspruch zu ihrer eigenen Würde als vernunftbegabte Lebewesen, weil sie das Gute erkennen, ihm jedoch zuwiderhandeln. Kant glaubte natürlich nicht, dadurch sei bereits gewährleistet, dass wir stets moralisch handeln würden. So idealistisch war er nicht. Er behauptete jedoch, dass man es bemerken würde, wenn man erkennbaren Moralprinzipien zuwiderhandelt. Man empfände dies als Widerspruch, der überdeckt (oder in späterer, psychoanalytischer Terminologie: rationalisiert) werden muss, um sich als mit sich selbst identische Personen erfahren zu können.

Nach Kant kann es eigentlich nur ein Moralprinzip geben. »Wo […] in der Moral viele Principia sind, da sind gewiss keine; denn es kann nur ein wahres Principium sein.« (Kant 1775, 37.) Doch warum eigentlich? Man kann doch mehrere Grundsätze haben, zum Beispiel nicht zu rauchen, morgens Gymnastik zu machen und Menschen in Not zu helfen, soweit man kann. Dass man diese drei Grundsätze hat, führt nicht dazu, dass man überhaupt keinen Grundsatz hat. Trotzdem ist Kants Aussage logisch stringent, denn *principium* bedeutet lexikalisch ›Anfang, Ursprung, Grund, Grundlage‹. Daraus wurde später die Bedeutung ›Grundsatz‹ abgeleitet. Der Anfang oder der Ursprung moralischen Handelns kann nicht dasselbe wie die einzelnen Maximen (die subjektiven Leitsätze) des Handelns sein, die aus ihm folgen. Sie hängen aufs engste miteinander zusammen, ohne miteinander identisch zu sein. Hier handelt es sich um eine logische Unterscheidung bzw. Distinktion.

An einem Beispiel aus der physikalischen Kosmologie wird das vielleicht deutlicher: Der Urknall, nehmen wir an, ist der Anfang und der Ursprung des Kosmos, aber der Kosmos ist nicht der Urknall, sondern dessen Folge. Das stellt sich natürlich anders dar, wenn man mit Hegel die ›Identität‹ in der Differenz von Ursache und Wirkung hervorhebt (vgl. Horster 1993, 91). Doch im Kontext einer kantischen Überlegung tut man gut daran, die ›Differenz‹ zwischen Grund und Folge zu betonen. Kant meint also, der Anfang oder der Ursprung moralischen Handelns sei nicht dasselbe wie die einzelnen Gestalten, die moralisches Handeln hat. All die verschiedenen moralischen Regeln, denen sich eine Person verpflichtet fühlt, und die (hoffentlich) zahlreichen Manifestationen ihres moralischen Handelns müssen sich auf eine, und nur auf eine, Grundlage zurückführen lassen. Die ist dann das gesuchte Moralprinzip.

5.2 Kategorischer Imperativ

Auch wer sonst nichts von Kant weiß, weiß doch, dass er für seine Formulierung des »kategorischen Imperativs« berühmt geworden ist. Sie besagt, moralisches Handeln sei genau das Handeln, dessen Prinzip universalisierbar ist, das also ohne Abstriche verallgemeinerbar ist. In Kants Worten: »Handle so, daß die Maxime deines Willens jederzeit zugleich als Prinzip einer allgemeinen Gesetzgebung gelten könne.« (Kant 1788, 50.)

Kant argumentiert, dass Moralprinzipien nur formal bestimmt werden können, nicht inhaltlich. Damit hat er den Paradigmenwechsel von der antiken Ethik zur modernen Moralphilosophie vollzogen. Wie gesagt: In der Antike ging es nicht um moralische, allgemeinverbindliche Normen des Handelns, sondern um sittliche Werte und Güter, die für ein gutes Leben essentiell sind. Welche Tugenden muss ein Mensch haben, damit er ein ›guter Mensch‹ sein und ein ›gutes Leben‹ führen, damit er also glücklich sein kann?

Das Verlangen nach Glück gehört in der Tat unumstößlich zum Wesen, zur Bedürfnisnatur des Menschen, sagt Kant. Es sei »subjektiv notwendiges Gesetz«; doch was uns glücklich macht, sei eben von Subjekt zu Subjekt so unterschiedlich, dass daraus »objektiv« nur »ein gar sehr zufälliges praktisches Prinzip« (41) abgeleitet werden könne (mehr dazu siehe Kap. 10). »Aber praktische Vorschriften«, die sich auf diesem subjektiv notwendigen Gesetz gründen, »können niemals allgemein sein« (42). Seit Kant wird daher versucht zu ermitteln, worauf sich einzelne moralische Werte, Qualitäten, Normen und Handlungsmaximen logisch zurückführen lassen. Damit ist der Schritt von materialer, inhaltlicher Pluralität zu formaler Allgemeinheit unvermeidlich.

Für Kant war der ›gute Wille‹ kein philosophisches Konstrukt, sondern beobachtbares Faktum. Es gibt Menschen, die, wenn es darauf ankommt, so handeln, wie sie es moralisch für richtig halten – und das kann auch heißen: so, wie sie meinen, dass es alle andern auch tun sollten. Wie ist es möglich, fragt Kant, dass wir moralisch handeln können? In der Sprache der Transzendentalphilosophie: Was sind die Bedingungen der Möglichkeit von Moralität? Und was unterscheidet die moralische Handlungsmotivation von allen anderen Motivationen?

Nach Kant können wir Gutes tun, Böses tun oder Dinge tun, die moralisch indifferent sind. Böse Handlungen sind per se nicht moralisch. Handlungen, die moralisch indifferent sind, kommen für die Untersuchung ebenfalls nicht in Betracht, denn dafür sind nur gute Handlungen von Belang.

Nehmen wir als Beispiel die Hilfeleistung für einen Menschen in Gefahr. Ein Kind ist ins Wasser gefallen, jemand kommt zufällig vorbei, sieht es, springt ins Wasser und rettet es vor dem Ertrinken. Vom Ergebnis her ist die Handlung allemal gut. Kant interessiert sich nun aber dafür, nach welchem Leitsatz gehandelt wurde. Grundsätzlich geht er von der Alternative aus, dass eine Handlung ›pflichtwidrig‹ oder ›pflichtgemäß‹ sein kann. In unserer Kultur wird es als Pflicht angesehen, einem Menschen in Not zu helfen, sofern es möglich ist. Es wäre pflichtwidrig, tatenlos zuzusehen, wie das Kind im Wasser strampelt und ertrinkt. Pflichtgemäß wäre es, etwas zu tun, damit ihm geholfen wird; wer nicht schwimmen kann oder sich mit gutem Grund nicht in die gefährliche Strömung zu springen getraut, muss zumindest versuchen, Hilfe zu organisieren.

Kant setzt seine Unterscheidung nun innerhalb jener Handlungen fort, die er als ›pflichtgemäß‹ bezeichnet. Dort wird entweder ›aus Neigung‹ oder ›aus Pflicht‹ gehandelt. Derjenige, der dem Kind hilft, weil er oder sie Mitleid mit ihm hat, handelt pflichtgemäß, allerdings aus Neigung.

Genau hier liegt der Differenzpunkt zwischen Kant und seinem Schüler Friedrich Schiller. Der Weimarer Dichter hielt es für moralisch ebenso relevant, wenn man ›dem

Freunde aus Neigung‹, als wenn man ihm ohne Neigung hilft. Denn man könne ja nicht einfach negieren, dass man den hilfsbedürftigen Freund schätzt und mag. Für Kant war das allerdings gar nicht interessant; es ging in seiner theoretischen Untersuchung lediglich darum, ein Handlungsmotiv analytisch sauber herauszupräparieren.

Wird also dem Kind aus unserem Beispiel geholfen, weil die helfende Person es grundsätzlich für richtig hält, Menschen zu helfen, die in Not sind, dann wird aus Pflicht gehandelt. Die handelnde Person könnte ihre Handlungsmaxime einem Verallgemeinerungstest unterziehen. Dann würde sie zu dem Ergebnis kommen, dass jeder Mensch immer nach der Maxime »Hilf jemandem, der in Not ist« handeln sollte – unabhängig davon, wem, wo und wann. Dies würde auch gelten, wenn kein Mitleid im Spiel ist. Angenommen, im Wasser kämpft kein Kind ums Überleben, sondern ein stadtbekannter Kinderschänder, für den niemand Mitgefühl aufbringen würde. Wird dennoch versucht, den Bösewicht vor dem Ertrinken zu retten, dann hat die Handlung einen moralischen Wert im eigentlichen Sinne. Kant meint damit, dass diese Handlung einzig und allein aus einer moralischen Motivation heraus erfolgen würde: nur aus diesem Grund und aus keinem anderen.

Innerhalb der Handlungen ›aus Neigung‹ unterscheidet Kant wiederum Handlungen, die ›aus Eigennutz‹ erfolgen, und Handlungen ›aus Wohlwollen‹. Gesetzt den Fall, man hilft dem Kind, weil es das Kind des Vorgesetzten ist, an dessen Wohlwollen man interessiert ist, dann hat man aus Eigennutz pflichtgemäß gehandelt. Hilft man dem Kind, weil man weiß, dass man sich andernfalls strafbar macht, handelt man ebenfalls aus Eigennutz pflichtgemäß. Wird dem Kind geholfen, weil die helfende Person es kennt und mag, dann wird aus Wohlwollen pflichtgemäß gehandelt.

Kant lehrt weiterhin, dass es Handlungsregeln gibt, die ein Subjekt nur für sich entwickelt; diese nennt er ›Maximen‹. Es gibt jedoch auch Handlungsregeln, die für alle gelten: Kant nennt sie ›Imperative‹. ›Ich laufe gern‹ ist eine Maxime, ebenso ›Ich rauche nicht‹. ›Wer gesund bleiben will, sollte regelmäßig laufen und nicht rauchen‹, ist ein Imperativ. In dieser Klasse imperativischer Handlungsregeln gelte es wiederum, ›hypothetische‹ und ›kategorische‹ voneinander zu unterscheiden.

Unter einem ›hypothetischen‹ Imperativ versteht Kant einen Satz, der einerseits für alle gilt, dessen Wahrheit indessen von der Wahrheit eines anderen Satzes und dessen Verbindlichkeit von der Verbindlichkeit einer anderen Aussage abhängt. So kann man beispielsweise sagen:

> *Wenn* ich meine Selbstachtung behalten will – als Europäer*in mit relativem Wohlstand, der mittelbar dem Elend von Menschen geschuldet ist, die unter den Folgen von Herrschaft und Ausbeutung leiden, – und wenn ich aus meiner eigen Sicherheit heraus zu mehr globaler sozialer Gerechtigkeit beitragen will, *dann* muss ich Flüchtlinge aus dem Mittelmeer retten oder wenigstens andere unterstützen, die das tun. (Kurzform: ›Rettet Bootsflüchtlinge!‹)

Oder man kann sagen:

> *Wenn* ich die Zuwanderung von Menschen nach Europa verhindern will, *dann* muss ich Politiker wählen, die

Menschen auf der Flucht und ihre Unterstützer kriminalisieren und die dafür sorgen, dass Fremde so rasch wie möglich abgeschoben werden. (Kurzform: ›Macht die Festung Europa dicht!‹)

Ein Verkehrsminister in Deutschland könnte beispielsweise sagen:

Wenn ich dafür sorgen will, dass Unfallrisiken geringer werden, und wenn ich einen kleinen Beitrag zum Klimaschutz leisten will, *dann* muss ich mich für die Einführung eines Tempolimits auf Autobahnen einsetzen.

Oder er könnte sagen:

Wenn ich es mir mit der Automobilindustrie nicht verscherzen möchte und sicherstellen will, dass mich ihre Vertreter nach dem Ende meiner politischen Karriere mit auskömmlichen Posten versorgen, *dann* muss ich alles tun, was in meiner Macht steht, damit kein Tempolimit auf Autobahnen eingeführt wird.

Ein ›kategorischer‹ Imperativ wiederum ist ein Satz, der unabhängig von den Zwecken, Wünschen und Absichten des Subjekts gilt. Seine Verbindlichkeit hängt nicht von der Wahrheit einer anderen Aussage ab. Im Sinne Kants kann man als Beispiel nennen: ›Halte dein Versprechen!‹ Das ist eine allgemeinverbindliche moralische Regel. Eine ›kategorische‹ moralische Forderung gilt unbedingt. Denn das handelnde Subjekt kann ihren Geltungsanspruch nicht aufheben, indem es seine Wünsche, Absichten und Interessen ändert; und es kann nicht über die Interessen der anderen verfügen, die von der Regel betroffen sind. Nur wenn sich die Handlungsmaxime verallgemeinern lässt, ohne dass sie mit sich selbst in Widerspruch gerät, ist sie universalisierbar. Kant zufolge gibt es nur eine einzige Handlungsmaxime, die sich in diesem Sinne strikt verallgemeinern lässt. Er leitet sie ab, indem er von allem konkreten Inhalt abstrahiert und nur die verallgemeinerbare Form übrig lässt: Handle so, dass die Maxime deines Handelns jederzeit zur Grundlage einer allgemeinen Gesetzgebung werden kann. Dieses Gesetz soll aber nicht nur universal verbindlich sein, sondern auch erfüllbar: »Dem kategorischen Gebote der Sittlichkeit Genüge zu leisten, ist in jedes Gewalt zu aller Zeit.« (Kant 1788, 60.)

Bei der formalen Fassung bleibt Kant jedoch nicht stehen. Er formuliert weitere Varianten des kategorischen Imperativs, in denen ethische Inhalte greifbar werden. Die wichtigste lautet: »Handle so, daß du die Menschheit sowohl in deiner Person, als in der Person eines jeden andern jederzeit zugleich als Zweck, niemals bloß als Mittel brauchst.« (Kant 1786, 63.) Hier ist der Doppelsinn im Begriff der Menschheit zu beachten. Er steht zum einen für *humanitas* – die Wesensbestimmung der Menschen überhaupt – und zum anderen für *Humanität*, den Vorgriff auf ein Potential, das erst eine zu sich selbst gekommene Gattung verwirklichen könnte, also für eine Menschheit, die sich von der Vernunft leiten lässt und solidarisch handelt. Letzteres ist die »Idee des Menschseins« und der »Inbegriff […] aller Menschen«, wie Theodor W. Adorno formulierte:

> Das »Princip der Menschheit als Zwecks an sich selbst« […] ist, aller Gesinnungsethik zum Trotz, kein bloß Inwendiges, sondern Anweisung auf die Verwirklichung eines Begriffs vom Menschen, der als soziales, wenngleich verinnerlichtes Prinzip seinen Ort nur in jedem Einzelnen hat. (Adorno 1966, 255.)

Die human-soziale Dimension von Kants Moralprinzip wird deutlicher, wenn man eine weitere Variante des kategorischen Imperativs heranzieht: »[H]andle so, als ob die Maxime deiner Handlung durch deinen Willen zum allgemeinen Naturgesetze werden sollte.« (Kant 1786, 52 f.) Handlungsregeln, die nicht verallgemeinerbar sind, sind demnach auch deshalb unmoralisch, weil sie als Naturgesetz nicht funktionieren könnten. Kant unterscheidet dabei zwischen der logischen Unmöglichkeit, eine Handlung zu denken, und der moralischen Unmöglichkeit, sie zu wollen. Die Vernunft impliziere die Übereinstimmung mit der objektiven Zielsetzung der Natur. Deren *An sich* können wir zwar nicht wahrnehmen oder mit Begriffen bestimmen. Gleichwohl müssen wir voraussetzen, dass es jenes *An sich* gibt (vgl. Türcke 2021, 37 ff.). Die denknotwendige Übereinstimmung mit der vorauszusetzenden Zielsetzung der Natur mache es unmöglich, zu wollen, dass ein Naturgesetz herrscht, das diese Zielsetzung durchstreichen würde. Kant geht also davon aus, dass es Ziele des Handelns gibt, deren allgemeine Vorrangigkeit zwar nicht empirisch zu sehen ist, sich aber über die Vorstellung ableiten lässt, dass diese Ziele der universalen Menschennatur gemäß sind.

Egoismus könnte als »ein allgemeines Naturgesetz wohl

bestehen« (Kant 1786, 55 f.). Dies lasse sich nicht leugnen und sei durchaus denkmöglich. Doch der Wille, der sich diese Naturanalogie zur Maxime macht, wäre dennoch alles andere als ein moralischer Wille. Denn er würde sich selbst widerstreiten, insofern er etwas spezifisch Humanes ausschließt, nämlich Hoffnung und Solidarität, die für ein menschenwürdiges Zusammenleben unverzichtbar sind. Ohne die Erwartung von »Liebe und Teilnehmung« (56) anderer könne auch der selbstgenügsamste bürgerliche Sozialcharakter nicht auskommen.

An dieser Stelle der Argumentation ist Kant offenbar selbst an die Grenzen der Naturgesetzregel gestoßen und hat gesehen, dass die reine, formale Verallgemeinerungsregel zu Maximen führen kann, die ambivalent sind. Einerseits können sie zwar die Allgemeingültigkeit eines Naturgesetzes beanspruchen, denn sie sind in sich konsistent. Dennoch sind diese Maximen nicht so beschaffen, dass wir auch wollen können, dass sie wie ein Naturgesetz gelten (also immer und überall).

An einer anderen Stelle fragt Kant, ob wir ein Zusammenleben wollen könnten, in dem es strukturell egoistisch und ungerecht zugeht. »Wie, wenn ein j e d e r [...] anderer Not mit völliger Gleichgültigkeit ansähe, und du gehörtest mit zu einer solchen Ordnung der Dinge, würdest du darin wohl mit Einstimmung deines Willens sein?« (Kant 1788, 105.) Es wäre demnach unmoralisch und unvernünftig, eine ungerechte Gesellschaftsordnung zu bejahen – auch (und gerade dann), wenn diese Gesellschaft wie ein Naturverhältnis erscheint.

In diesem Licht ist auch das Instrumentalisierungsverbot zu sehen, das aus dem kategorischen Imperativ folgt. Vom

Standpunkt der Moral aus soll man andere Menschen als Selbstzweck behandeln, man darf sie nicht sie zu bloßen Mitteln degradieren. Natürlich dürfen Menschen andere Menschen mitunter *auch* instrumentalisieren, sonst könnte man nicht miteinander leben, aber sie dürfen sie keinesfalls auf ihre Funktion als instrumentelle Objekte reduzieren.

Der kategorische Imperativ, Kants universalistische Norm, hat also in ihrer Formalität erhebliche inhaltliche Folgen. Denn jeder Mensch hat »die Menschheit« in sich und in allen anderen »niemals bloß als Mittel«, sondern »jederzeit zugleich als Zweck« aufzufassen. Damit übt Kants Moralphilosophie implizit Kritik an einer Gesellschaft, »in der alles zum Mittel wird und in der nichts mehr Zweck ist« (Adorno 1957, zit. nach Schweppenhäuser 2016, 111). Kant antizipiert kontrafaktisch, also gegen den realen Befund, ein vernunftbestimmtes Allgemeines. Erst als dessen Teil wären die Individuen frei und selbstbestimmt – und überhaupt dazu imstande, moralisch zu handeln.

Aus dem Verbot, einen anderen auf ein bloßes Mittel für die eigenen Zwecke zu reduzieren, »folgen bei Kant als ein oberstes *Moralprinzip* der universelle Grundsatz der unbedingten Achtung der Menschenwürde und als *Rechtsprinzip* die Forderung eines Menschenrechts der Freiheit für jeden einzelnen Menschen« (Lutz-Bachmann 2013, 93; Hervorh.: G. S.). Geht man noch einen Schritt weiter als Kant und hält ausdrücklich fest, dass moralische Maximen sich dadurch auszeichnen, dass sie die blinde Naturgesetzlichkeit nicht verdoppeln, dann kann man von diesem Punkt aus eine Kritik an Kants Formulierung des kategorischen Imperativs formulieren: Der Quasi-Naturzwang der bürgerlichen Gesellschaft sollte nicht in einem Moralprinzip wiederholt werden, das formale Allgemeinheit und unbedingten Geltungsanspruch auf Kosten aller inhaltlichen und besonderen Bestimmungen verabsolutiert. Denn dann würde man alle humanen – und damit moralischen – Intentionen der Ethik Lügen strafen.

Es ist problematisch, dass Kant diesen Widerspruch nicht ausdrücklich aufgegriffen hat. Doch er hat ihn im Gang seiner Überlegungen indirekt thematisiert. Denn die Begründung eines obersten Moralprinzips verlange die Möglichkeit eines ›absoluten Werts‹, und der wiederum setze voraus, dass es ›objektive Zwecke‹ gibt. Objektiver Zweck ist die allen Menschen gemeinsame ›vernünftige Natur‹. Nur das, »was notwendig für jedermann Zweck ist, weil es Zweck an sich selbst ist« (Kant 1786, 63), kann zur Grundlage einer über-subjektiven moralischen Willensbestimmung werden. Moralphilosophie wird also durch Rückgriff auf das begründet, was allen Menschen als Wesensbestimmung zukommt. Jeder Mensch ist *animal rationale*, vernünftige Natur. Der gesuchte Selbstzweck ist die Menschheit. Die Menschheit »existiert als Zweck an sich selbst, nicht bloß als Mittel zum beliebigen Gebrauche für diesen oder jenen Willen« (62). Die bereits erwähnte Formulierung des kategorischen Imperativs lautet: »Handle so, daß du die Menschheit sowohl in deiner Person, als in der Person eines jeden andern jederzeit zugleich als Zweck, niemals bloß als Mittel brauchst.« (63.) Hier wird der Begriff der Menschheit nicht dogmatisch als Wert gesetzt – er wird aus der Form der moralphilosophischen Reflexion selbst hervorgetrieben, und zwar als Konvergenzpunkt des objektiven Prinzips der Moralbegründung und des subjektiven

Prinzips des Handelns. Darin steckt eine eigenwillige Tendenz zum Inhaltlichen, nämlich die Antizipation einer Welt, in der allgemeines moralisches Handeln keine Utopie mehr sein würde. Die Bestimmung der Menschheit als Zweck an sich selbst (von Kant ausdrücklich nicht aus der Erfahrung entnommen, sondern kontrafaktisch abgeleitet) würde erst dann zu sich selbst kommen, wenn ein Zustand verwirklicht worden wäre, in dem alle so handeln könnten, dass sie die Menschheit in ihrer und aller Personen jederzeit zugleich als Zweck brauchen könnten und niemals bloß als Mittel brauchen müssten.

Diese Verbindung von emanzipatorischem Menschheitsbegriff und formal-pflichtbezogener Moralbegründung weist einige Sprengkraft auf. Die sozialistischen Vertreter des Neukantianismus erkannten ihre gesellschaftskritische Pointe und interpretierten die Zweideutigkeit des Subjekts moralischer Reflexion als ›Person‹ und ›Warenbesitzer‹:

> Der Selbstzweck erzeugt und bestimmt den Begriff der Person, den Grundbegriff der Ethik. Bloßes Mittel ist die Sache, die als Sache des wirtschaftlichen Verkehrs die Ware ist. [...] Der Arbeiter kann daher niemals bloß als Ware zu verrechnen sein [...]; er muß »jederzeit zugleich als Zweck« betrachtet und behandelt werden. (Cohen 1986, 72.)

In der bürgerlichen Ordnung sind Menschen objektiv nur als Verkäufer von Waren von Belang. Die überwiegende Zahl ist vom Eigentum an den Produktionsmitteln abgeschnitten und muss mangels anderer Waren ihre eigene Arbeitskraft, also sich selbst, als Ware feilbieten, um sich am Leben zu erhalten. Das reduziert sie tendenziell darauf, als Mittel für einen ihnen äußerlichen Zweck zu dienen, nämlich für den Zweck der Produktion und Verwertung von Mehrwert, die der Akkumulation von Kapital dient (vgl. Marx 1894, 182 f.). Im zentralen Tauschverhältnis der modernen Gesellschaft, dem Arbeitsvertrag, wird die Menschheit in der Person des Verkäufers der Ware Arbeitskraft nicht ›zugleich als Zweck‹, sondern ›nur als Mittel‹ verstanden, nämlich als Mittel zur Vergrößerung von Profit. Die Person des Verkäufers von Arbeitskraft wird mit Subsistenzmitteln versorgt, weil und insofern sie zur akkumulativen Verwertung des vorgeschossenen Kapitals instrumentalisiert werden kann. Das Überleben der Subjekte ist im herrschaftlich und strukturell gewaltförmig organisierten Vergesellschaftungsverhältnis, welches die kapitalistische Produktionsweise ermöglicht, nicht das oberste Ziel der Vergesellschaftung. Es geschieht nur nebenbei. Die Kritik gesellschaftlicher Heteronomie lässt sich also normativ mit Kants Begründung des moralischen Gesetzes zusammenbringen.

Die moderne Gesellschaft bleibt hinter ihren eigenen Vorgaben zurück. Es stellt sich die Frage, ob eine Praxis, die moralischen Kriterien uneingeschränkt gerecht würde, darin bestehen kann, dass sie die Moralbegriffe der Moderne gleichsam beim Wort nimmt. Gilt es, die Wirklichkeit der bürgerlichen Gesellschaft mit ihren eigenen Leitbegriffen zu konfrontieren (wie der frühe, philosophische Marx meinte)? Können die Prinzipien Freiheit, Gleichheit und Gerechtigkeit konkret verwirklicht werden? Oder sind sie möglicherweise eben so angelegt, damit sie die wirkliche

Grundlage der kapitalistischen Lohnarbeit bilden? Dann können sie aber nicht praktisch eingelöst werden, indem man Lohnarbeiter*innen ›gerechten Lohn‹ zahlt (wie der späte, ökonomiekritische Marx argumentierte). Denn Freiheit, Gleichheit und Gerechtigkeit sind dann bereits verwirklicht, wenn auch in falscher Gestalt. An ihre Stelle müssten ganz andere Begriffe und Arbeitsformen treten. Dies sei sowohl die Voraussetzung einer wirklichen Veränderung, wie es doch wiederum auch erst deren Ergebnis sein könne.

5.3 Moralische Krise

In neueren Darstellungen begegnet man oft der Denkfigur, die Moralphilosophie der Moderne gehe von dem Problem aus, dass überlieferte Werte ihre Verbindlichkeit verloren haben und man sich nicht mehr an Traditionen, Herkommen oder kosmologisch, religiös oder metaphysisch begründeten Prinzipien ausrichten kann, während all das für Antike, Mittelalter und frühe Neuzeit noch gegolten habe.

Hier ist allerdings Vorsicht geboten. Wer mit der Geschichte der Ethik auch nur ein wenig vertraut ist, weiß, dass philosophisches Nachdenken über Fragen der praktischen Vernunft von allem Anfang an stets die Verunsicherung darüber gewesen ist, was gut und richtig sei. Gerade dort, wo besonders nachdrücklich mit Bezug auf eine kosmische Ordnung, auf ewige und unwandelbare Grundsätze (oder »Ideen«) des Guten, argumentiert wird, wie zum Beispiel bei Platon, spürt man bereits den Nachhall schwerster Erschütterungen herkömmlicher Gewissheiten. Nur dort, wo ethische Gewissheiten gerade nicht mehr selbstverständlich gelten, wird über Herkunft, Wahrheitsanspruch und Grundlagen moralischer Regeln und sittlicher Werte nachgedacht. Das ist keineswegs erst die *conditio moderna.* Platons philosophische Ethik bemüht sich ebenso wie die des Christentums, Prinzipien oder Grundbegriffe der Ethik zu finden, die es möglich machen, Unsicherheiten über Normen und Werte zu überwinden, indem auf deren Grundlagen reflektiert wird.

Die griechische Philosophie ging davon aus, dass es eine wohlgeordnete ontologische Totalität gibt, aus deren Strukturen ableitet werden kann, was gutes und gerechtes Handeln ist; die christliche Philosophie des Mittelalters stellte die Möglichkeit in Aussicht, das Handeln des Einzelnen und die Gesetze Gottes könnten miteinander übereinstimmen. Aber schon die metaphysischen Ethiken von Platon und Aristoteles waren immer auch Abwehrbemühungen gegen den um sich greifenden moralischen Relativismus. Die abendländische Philosophie begann ja erst, als umsichtigen Kaufleuten, die viel im Mittelmeerraum herumkamen, klar wurde, dass die ewigen religiösen und ethischen Gesetze in Ionien so ewig wohl nicht sein konnten, wenn anderswo ganz andere, sogar entgegengesetzte Regeln und Werte den gleichen Geltungsanspruch erhoben. Es hieß also herauszufinden, ob es vernünftig begründbare Regeln und Werte gibt, die jedem einleuchten und einklagbar sind. Nur so konnte der konfliktreichen, tendenziell multikulturell werdenden Gesellschaft Athens ein moralischer Orientierungsrahmen gegeben werden, der Aussicht auf Akzeptanz und Verbindlichkeit besitzen würde.

Dass dies in den seltensten Fällen gelang, zeigt das

Schicksal von Sokrates. Er pflegte öffentlich anerkannte »Experten« für Sittlichkeit nach stimmigen Begründungen für ihre Auffassung darüber zu befragen, was Tugend, Tapferkeit oder Gerechtigkeit denn eigentlich seien. Verwickelten sie sich dabei in Widersprüche, dann wurde offensichtlich, dass ihre Definitionen von Konventionen oder vom Interesse an Ruhm und Ehre oder Wohlergehen gesteuert waren und nicht aus vernünftiger, argumentativ stringenter Einsicht in die Sache selbst hervorgingen. Mit der unkonventionellen Suche nach einer rationalen Ethik irritierte Sokrates die Athener Gesellschaft so sehr, dass man sich seiner mit obrigkeitlicher Gewalt entledigte.

Auch das Schicksal, das Platon als gescheiterter politischer Reformer erlitt, zeigt, wie prekär und wie wenig geschlossen die vermeintlich »geschlossenen Ordnungssysteme der Vormoderne« (Hastedt/Martens 1994, 7) in Wirklichkeit gewesen sind. Ebenso können missglückte theoretische Versuche als Beispiel dienen: Aristoteles wollte mit ethisch-ontologischen Argumenten darlegen, dass die Sklaverei legitim sei, weil Sklaven im politischen Sinne nicht Menschen, sondern »beseelter Besitz« seien (Aristoteles, *Politik*, 1254a 30 f.). Das Bemerkenswerte daran ist, dass Aristoteles mit diesem Argument eine naturrechtlich formulierte Kritik abwehren wollte, die in der Sklavenhaltergesellschaft Athens von nonkonformistischen Philosophen vorgebracht wurde. Die Kritik lautete, dass die Aufteilung in Herren und Sklaven, Freie und Unfreie (unter die selbstredend auch alle Frauen fielen), ›gegen die Natur‹ ist.

Überlieferte Normen- und Wertevorstellungen sind also immer dort in Frage gestellt worden, wo philosophiert wurde – nicht erst in der wissenschaftlich-technisch orientierten Moderne. Es kann bereits als Rückzugssymptom angesehen werden, dass Aristoteles an jener Stelle spitzfindig argumentierte, jeder, »der einem anderen zu gehören vermag und ihm darum auch gehört«, sei eben »von Natur« ein Sklave (Aristoteles, *Politik*, 1254b 20 f.). Das hat dieselbe argumentative Qualität wie seine Einsichten über die naturhafte Beschaffenheit des Geschlechterverhältnisses, die er in diesem Zusammenhang ausbreitete: »Desgleichen ist das Verhältnis des Männlichen zum Weiblichen von Natur so, daß das eine besser, das andere geringer ist, und das eine regiert und das andere regiert wird.« (1254b 10 ff.)

Aufklärerisches Philosophieren als Kritik an gesellschaftlichen Herrschaftsverhältnissen begann nicht erst im Vorfeld der Französischen Revolution. Bereits im antiken Athen wurde die Sklaverei mitunter als moralisch anstößig bezeichnet, und zwar von Denkern, die in dieser Hinsicht weniger ›staatstragend‹ waren als Aristoteles. Und die quälenden Ängste und Unsicherheiten der Christen, die stets im Ungewissen darüber gehalten wurden, wie es denn nun wirklich um ihr Seelenheil bestellt sei, können als Zeichen dafür gedeutet werden, dass die ethische Sicherheit des Mittelalters schon eine ganz ähnliche Scheinsicherheit war wie jene, die neochristliche und teleologische Ethiken im 21. Jahrhundert gewähren – und dass sie auch häufig als Scheinsicherheit empfunden worden ist.

Doch die Antworten der Moralphilosophie in der Moderne unterscheiden sich insofern von ihren Vorgängern, als in ihnen nicht mehr der Anschein erweckt wird, als gäbe es Gewissheiten oder transzendente Grundlagen der Moralität (jedenfalls dort, wo im Sinne der *via moderna* philosophiert wird, also fast überall). In der modernen Philosophie der Moral geht es nicht mehr in erster Linie um Tugenden und Werte, sondern um die Frage, wie das normativ ›Richtige‹, das oft auch mit dem ›Gerechten‹ gleichgesetzt wird, beschaffen ist. Natürlich dachte man auch in der Antike über Gerechtigkeitsfragen sowohl in Bezug auf individuelles Handeln als auch auf kollektive Praxis nach. Doch hätte man es nicht für sinnvoll gehalten, dabei von konkreten Situationen und materialen, inhaltlichen Werten abzusehen. Die Vorstellung, dass es eine begrenzte Anzahl von Moralprinzipien (oder sogar nur ein einziges) geben könnte, die so zwingend und einleuchtend sind, dass sie uns ohne Wenn und Aber zum Handeln verpflichten, also unabhängig von Situationen, Eigenschaften der Beteiligten und soziokulturellen Kontexten: Diese Vorstellung kam in der Antike nicht auf.

Dass ethische Regeln Allgemeingültigkeit beanspruchen, wurde freilich schon früh gesehen. In der griechischen Philosophie gab es nicht nur Moralrelativisten wie die berüchtigten Sophisten; es überwogen Versuche, strenge moralische Grundsätze aufzuzeigen und zu begründen. Vereinfachend kann man sagen: In der Philosophie (nicht nur in der abendländischen) herrschte stets die Überzeugung, dass moralische Prinzipien durch das Verbot gekennzeichnet sind, eine Ausnahme zu machen. Auch gab es Formulierungen ethischer Maximen in religiösen Überlieferungen, die auf Allgemeinheit abzielten, wie etwa die goldene Regel. Die Vorstellung von Allgemeinheit war jedoch eine andere. Man suchte nicht nach Moralprinzipien, die immer, überall und für alle Menschen gleichermaßen gültig sind. Man hätte solche Moralprinzipien streng formal definieren müssen, unter Absehung von allen Inhalten, und sah dafür keinen Anlass. Das geschah erst in der Neuzeit, in der strenge Pflichtethiken (die man auch »deontologische« Ethiken nennt, von griechisch *tó déos* ›die Pflicht‹) und die Leitvorstellung des moralischen Universalismus formuliert wurden. Kants Ethik steht geradezu in Perfektion für diese beiden Merkmale. Das Prinzip der Moralität ist bei Kant (und: seit Kant) die Freiheit. Vernunft kann demzufolge nur praktisch werden, wenn sich Menschen in und durch Freiheit selbst bestimmen. Denkbar und realisierbar ist Freiheit nur entlang einer Grundlage des Handelns, die widerspruchsfrei verallgemeinert werden kann.

6. Freiheit

Freiheit ist ein elementares Konzept in der Moralphilosophie – für viele das zentrale überhaupt. Erfahrung im Alltagsleben zeigt: Handlungen werden in der Regel nur dann gelobt oder getadelt, wenn davon auszugehen ist, dass aus freien Stücken gehandelt wurde. Handlungen mit schlimmen Folgen rufen Entsetzen hervor, insofern unklar ist, ob ihnen aufseiten des handelnden Subjekts Handlungsfreiheit zugrunde lag; wenn aber klar ist, dass sie aus freien Stücken und mit voller Absicht erfolgten, wecken sie Empörung. Gesetzt den Fall, dass ein voll besetzter Bus von der Straße abkommt, weil der Fahrer einen Herzinfarkt erleidet, den niemand, auch nicht sein Arzt, den er regelmäßig aufgesucht hat, voraussehen konnte, dann wären moralische Vorhaltungen fehl am Platz. In welchem Grad man sich berechtigt fühlt, Massenmörder moralisch zu verurteilen – wie beispielsweise den jungen Mann, der 2002 im Gebäude seiner ehemaligen Schule in Erfurt 16 Menschen, oder den Rassisten, der 2020 zehn Menschen in seinem Wohnort Hanau ermordete –, das hängt nicht zuletzt davon ab, ob man beurteilen kann, inwieweit sie Herren ihrer selbst waren oder inwieweit psychische, soziale oder physiologische Faktoren im Spiel gewesen sind, die sie in relevantem Ausmaß in jener Kompetenz einschränkten, die Handlungsfreiheit genannt wird. In diesen und ähnlichen Fällen wird das moralische Urteil auch dann negativ ausfallen, wenn etwas dafür sprechen sollte, anzunehmen, dass die Täter aufgrund seelischer Entwicklungsdeformationen oder Wahnvorstellungen nur eingeschränkt als selbstbestimmt handelnde Subjekte bezeichnet werden können. Vor Gericht kann das erhebliche Auswirkungen haben, wenn beispielsweise ein schwerverletztes Amoklauf-Opfer die Eltern des jugendlichen Amokläufers von Erfurt auf Beihilfe zum versuchten Mord verklagt. Im Jahre 2002 wies der Bundesgerichtshof die Klage des Schauspielers Günter Lamprecht zurück, der den Eltern eines Jugendlichen, von dem er und seine Frau während eines Amoklaufs schwer verletzt worden waren, Beihilfe vorgeworfen hatte. Die Richter gingen davon aus, dass der Delinquent seine Tat aus freiem Entschluss ausgeführt hatte. Es sei nicht ausschlaggebend, dass er die Waffe dem Schrank des schießbegeisterten Vaters entnommen hatte und von seinen Eltern nicht am exzessiven Konsum von Gewaltvideos gehindert worden war.

Die Frage nach der Freiheit einer Handlung bzw. des Willens hat also erhebliche juristische Folgen, die hier allerdings nicht erörtert werden sollen. Auf moralphilosophischem Gebiet sind die Folgen nicht weniger weitreichend. Vorweg kann darauf hingewiesen werden, dass die Beantwortung der Frage, ob so etwas wie normative Ethik möglich ist, grundsätzlich von der Annahme abhängt, ob es eine Freiheit des Willens, der Entscheidung und des Handelns gibt oder nicht.

6.1 Determinismus und Indeterminismus

Wenn es um die möglichen Positionen geht, die man zur Frage der Willens- und Handlungsfreiheit einnehmen kann, wird in der Moralphilosophie zwischen Determinismus und Indeterminismus unterschieden. Wer deterministisch argumentiert, leugnet, dass es überhaupt so etwas wie eine Freiheit der Entscheidung und des Handelns gibt. Alles, was auf der Welt geschieht, hat eine Ursache: Gottfried Wilhelm Leibniz und Christian Wolff haben das im frühen 18. Jahrhundert als »Satz vom Grund« formuliert, der sowohl ein logisches als auch ein ontologisches Prinzip darstellt.

Auf dieser Grundannahme bauen Deterministen von der Neuzeit bis in die Gegenwart auf. Alles, was Menschen tun, geht demzufolge kausal aus Bedingungen hervor, die ihrem Handeln zugrunde liegen. Diese Bedingungen sind ihrerseits wieder bedingt. Die Kette der Bedingtheit ist ohne Ende; es gibt auf der Welt keinen Einschnitt, keinen Einsatzpunkt für Freiheit im emphatischen Sinn (im Unterschied zur göttlichen Freiheit, die absolut gedacht wird). Bedingungen können physikalisch, biologisch, psychologisch oder sozial formuliert sein. Unabhängig davon, ob es die ausnahmslose Geltung der Naturgesetze ist, die Steuerung durch unbewusste Triebe, die Prägung und Sozialisation durch das gesellschaftliche Umfeld oder die Programmierung durch Gene und neuronale Vorgänge im Gehirn, die sich der intentionalen Einwirkung entziehen: Immer lautet der Grundgedanke, dass das Handeln eines Menschen stets mit Notwendigkeit aus bestimmenden Faktoren folgt (und prinzipiell im Rückblick aus diesen abgeleitet werden kann). Das subjektive Gefühl eines Menschen, er sei zu einer Handlung nicht genötigt worden, sondern habe sie aus freien Stücken vollzogen, kann aus dieser Perspektive als trügerisch angesehen werden. Dabei wird erklärt, dass das vielfältige Geflecht von kausalen Bedingungsverhältnissen, aus dem Fühlen, Denken und Handeln resultiert, den Handelnden eben nicht immer bewusst ist.

Kein Determinist behauptet, dass der wissenschaftliche Erkenntnisstand hier und heute bereits ausreicht, um wirklich in jedem Fall alles erklären, d. h. die jeweilige Kausalkette empirisch lückenlos zurückverfolgen zu können. Doch die These des Determinismus lautet, dass dies grundsätzlich möglich ist. Demgegenüber berufen sich indeterministische Argumentationen auf die Erfahrung, dass Menschen evidenterweise in einigen Fällen die Freiheit der Wahl haben und durchaus Täter ihrer Taten sein können:

> Wir alle kennen Entscheidungssituationen, in denen wir uns bewußt sind, für alternative Entscheidungsmöglichkeiten gänzlich offen zu sein, Situationen, in denen wir, wenn wir wählen, frei, spontan, ohne äußeres Diktat oder inneren Zwang wählen; dies Bewußtsein einer freien Selbstbestimmung wäre undenkbar, wäre die Willensentscheidung objektiv determiniert. (Birnbacher/Hoerster 1987, 306.)

Selbstverständlich können Deterministen dagegen ins Feld führen, dass sich, wie bereits gesagt, hinter dem Wahlfreiheitsbewusstsein nicht bewusste, determinierende Faktoren verbergen könnten. Damit wäre allerdings noch nicht bewiesen, dass es schlechthin kein spontanes Handeln geben kann.

Moralphilosoph*innen argumentieren häufig, dass es in dem Falle keinen Sinn mehr hätte, moralphilosophische Reflexionen anzustellen, wenn man die Existenz von Freiheit prinzipiell leugnet. Dafür wird dann unter anderem die Verwendung des Begriffs ›Sollen‹ als Beleg angeführt (also jene Verwendung des Begriffs, von der in Kap. 5 die Rede war). Ein ethisches Gebot, dass Wasser bei 100 Grad Celsius kochen ›soll‹, hätte keinen Sinn. Auch die bereits erwähnte Erfahrungstatsache, dass es moralische Urteile gibt, liefert einen weiteren Anhaltspunkt. Hochschätzung, Verachtung, Lob oder Tadel sind keine Gefühlshaltungen, die man Lebewesen entgegenbringt, die einen beißen, wenn man sich zu nahe an der Behausung bewegt, in der sie ihre Jungen aufziehen. Niemand würde einem Schwerbehinderten vorwerfen, dass er keine Anstalten macht, ein kleines Kind aus dem Fluss zu retten oder Hilfe zu holen, wenn er nicht über die kognitiven Mittel verfügt, die Situation zu erfassen. Und niemand könnte ernsthaft argumentieren, die Be- und Verurteilung von Hitlers Untaten müssten wegen seiner schwierigen Kindheit, wegen der dadurch bedingten nekrophilen Neigungen (Fromm 2015, 415 ff.) und wegen der Frustration des jungen Dilettanten nach seiner Ablehnung durch die Wiener Kunstakademie relativiert werden.

Einen harten Deterministen würde freilich das Argument nicht erschrecken, dass es sinnlos wäre, moralphilosophische Reflexionen anzustellen, sollte man leugnen, dass es Freiheit gibt. Denn das wollen Deterministen ja in der Regel zeigen. Sie halten moralphilosophische Probleme für Scheinprobleme. Der Begründer des logischen Positivismus, Moritz Schlick, verkündete stolz, er würde sich schämen, wenn sein Buch *Fragen der Ethik* auch ein Kapitel über Freiheit enthalten hätte. Doch auch er wollte sich nicht den drückenden Schuh des harten Determinismus anziehen. Schlick meinte nämlich, man könne letzten Endes gar nicht wissen, ob »das Kausalprinzip mit absoluter Ausnahmslosigkeit überall gilt« (Schlick 1930, 314). Der Streit zwischen Determinismus und Indeterminismus sei in letzter Instanz nicht entscheidbar. Er folgerte daraus allerdings nicht, dass es also durchaus nicht abwegig wäre, ›Freiheit‹ als moralphilosophischen Grundbegriff ernst zu nehmen – obwohl dies ja eigentlich nahegelegen hätte, war er doch der Meinung, dass in jenem Streit keine Entscheidung möglich sei. Für Schlick war es schlicht »einer der größten Skandale der Philosophie« (313), dass es immer noch zahlreiche Philosoph*innen gibt, die sich das Freiheitsproblem nicht als müßige Spekulation aus dem Kopf geschlagen haben.

Dieser vermeintliche Skandal war und ist ein Glück für die Philosophie. Die kausal-deterministische Beschreibung von Sachverhalten ist das Verfahren der neuzeitlichen mechanistischen Naturwissenschaft, an deren Vorbild Denker wie Schlick die Philosophie neu ausrichten wollen. Wird das Verfahren konsequent auf das Gebiet menschlichen Handelns übertragen, entstehen Theorien der Moral, die deren Möglichkeitsbedingung, die Freiheit, negieren und stattdessen Handeln z. B. ausschließlich nach dem Modell des bedingten Reflexes erklären, den Iwan Petrowitsch Pawlow an seinen Versuchstieren beobachtete – also durch genetische Verhaltensdispositionen, Umweltreize und auf diese folgende Reaktionen. Damit wird das philosophische Konzept des handelnden Subjekts zurückgenommen. Moralphilosophie würde gegenstandslos:

> Wenn die These des Behavioristen B. F. Skinner zutrifft, dass Freiheit und Würde nichts als Illusionen sind, da alles menschliche Verhalten ausschließlich durch die genetische Ausstattung und die »Verstärkung« oder »Schwächung« von angeborenen Verhaltenstendenzen mittels bestimmter Konditionierungsmechanismen (Lohn und

> Strafe) determiniert ist, dann wäre es sinnlos, noch vom moralischen Handeln des Menschen zu sprechen, weil Moralität Freiheit und Verantwortung voraussetzt. Wenn menschliches Verhalten lückenlos durchdeterminiert bzw. determinierbar ist, so tritt an die Stelle der Ethik, die das Verhältnis von Moral und Moralität aus einem Interesse an Freiheit bedenkt, die Verhaltenstechnologie, die die Menschen durch eine perfekte Konditionierung und Kontrolle nach Belieben zu manipulieren und zur »automatischen Tugend« abzurichten sucht. (Pieper 2000, 164.)

Das entscheidende Argument lautet nicht, dass Moralphilosophie ihren Gegenstand verlieren würde, wenn die deterministische Argumentation gelte. Das wäre ja vielleicht nicht das Schlimmste, denn es könnte uns eine Menge Arbeit ersparen. Nein, das entscheidende Argument lautet, dass die deterministische Argumentation falsch ist. Keine Moralphilosophin, kein Moralphilosoph leugnet, dass es große Bereiche menschlichen Handelns gibt, in denen kausale Determination durch natürliche und soziale Faktoren herrscht; geleugnet wird lediglich, dass sie durchgängig herrscht.

Die Theorie der modernen Naturwissenschaften geht maßgeblich auf David Humes empiristische Philosophie zurück, von dessen Argument des naturalistischen Fehlschlusses ja bereits die Rede war. Schon Hume trug im 18. Jahrhundert gute Gründe für die Annahme vor, dass die Position des harten Determinismus nicht schlüssig ist. Deren Inkonsistenz beruht auf der Behauptung, Wirkungen würden a priori ableitbar aus ihren Ursachen folgen. Dafür gibt es jedoch keine Evidenz, hält Hume dagegen. Alles, was wir wissen, wissen wir aus empirischen Beobachtungen. Das gilt, so Hume, auch für das Wissen über Kausalität. Der Satz, dass morgen die Sonne nicht aufgehen wird, ist als Aussage für sich genommen weder inkonsistent noch selbstwidersprüchlich. Deshalb könne man ihn formal nicht als falsche Aussage klassifizieren. Unwahr ist er lediglich insofern, als er aller bisherigen Erfahrung widerspricht. Weitere Beispiele von Hume: Man kann nicht sagen, ob es notwendig zum Wesen eines Körpers gehört, dass er sich in Richtung auf den Erdmittelpunkt zubewegt, wenn er in der Luft keine Stütze hat. Das Wirken des Gravitationsgesetzes kennt man ebenso nur aus Erfahrung wie die Wirkung des ersten Newton'schen Axioms, denn aus dem Begriff der Billardkugel folgt keineswegs von vornherein, dass sie entsprechend der Energiemenge fortbewegt wird, mit der eine andere Billardkugel auf sie prallt.

Während der Rationalismus von Leibniz und Wolff lehrte, Ursache-Wirkungs-Verhältnisse im Bereich natürlicher Erscheinungen seien Verhältnisse strikter wahrnehmungsunabhängiger Notwendigkeit, vertrat Hume die Auffassung, dass Wirkung und Ursache zwei grundverschiedene Ereignisse seien, die vom beobachtenden Subjekt miteinander verknüpft würden. »Mit einem Wort, jede Wirkung ist ein von ihrer Ursache verschiedenes Ereignis.« (Hume 1777, 89.) Notwendigkeit ist demnach kein ontologisches extramentales (sich außerhalb des menschlichen Geistes befindendes) Faktum; sie kann den Denkakten nur insofern zukommen, als sie folgerichtig miteinander verknüpft werden. Deshalb können nur mathematische Gesetze im strengen Sinn notwendige Geltung beanspruchen.

Aber folgerichtiges Verknüpfen setzt Erfahrungswissen voraus. Auf diese Weise würde das moralische Erfahrungswissen in gewisser Hinsicht rehabilitiert, also jenes Wissen, das uns mitteilt, wenn wir nicht aus dem Zwang einer Notwendigkeit heraus, sondern aus freiem Entschluss handeln. Man kann Humes Position als weichen Determinismus bezeichnen. Über einen solchen ging Hume freilich auch nicht hinaus. Er meinte, dass die wahren Ursachen für alles Geschehen letztlich deshalb verborgen blieben, weil Menschen nicht mehr tun können, als das, was geschieht, durch Verknüpfungsleistungen des Verstandes mehr oder weniger plausibel zu erklären.

6.2 Antinomie und Doppelstandpunkt

Eines von Kants großen philosophischen Zielen bestand darin, aus der Sackgasse hinauszukommen, in die sich die Tradition mit ihren antithetischen Bestimmungen metaphysischer Grundfragen (wie der nach Freiheit und Notwendigkeit) hineinmanövriert hatte. In einem Lager wurde die Annahme verfochten, es gebe Willens- und Handlungsfreiheit. Dies lasse sich a priori beweisen – also ohne Rekurs auf Wissen, das aus Beobachtung und Erfahrung stammt. Schließlich gebe es eingeborene Ideen von Gott, Freiheit und Unsterblichkeit, die wir Menschen als endliche, sterbliche Einzelmenschen wohl kaum haben könnten, wenn nicht ein höheres, schlechthin unvergängliches Wesen jene Ideen in uns eingesenkt hätte. In dem anderen Lager wurde argumentiert, die Naturgesetze würden durchgängig gelten, ohne jede Ausnahme, und das bedeute jedenfalls, dass Willens- und Handlungsfreiheit eine menschliche Illusion sind. So weit, daraus Folgerungen über die Existenz Gottes zu ziehen, ging man allerdings nicht.

Kant wollte nun auf dem Gebiet der theoretischen Philosophie beweisen, dass eine Überwindung dieser Antithetik möglich ist – und zugleich deren jeweilige Wahrheitsmomente bewahren kann. Er wollte die Bedingungen klären, unter denen moralisches Handeln überhaupt möglich ist, ohne dogmatisch mit philosophischen Setzungen zu arbeiten, die zwangsläufig den naturgesetzlichen Boden unter den Füßen verlieren. Ganz im Sinne der traditionellen Definition des Menschen als »animal rationale« konnte er demonstrieren, dass Freiheit und Determinismus jeweils verschiedene, gegensätzliche Aspekte menschlichen Handelns auf den Begriff bringen, die gleichwohl beide wesentlich zum Menschen gehören. Als Naturwesen unterliegt er, so Kant, nämlich durchgängig der Herrschaft der mechanischen Naturkausalität. Als vernunftbegabtes Wesen jedoch entsagt er dem Zwangszusammenhang der Naturgesetze immer auch ein Stück. Menschen sind also, meinte Kant, in bestimmter Hinsicht frei, in anderer unfrei.

Beim Versuch, den Determinismus in die Schranken zu weisen, bestimmte er »Spontaneität« nicht als impulsives Handeln, sondern als Handeln aus Freiheit: als Möglichkeit des Subjekts, einen Zustand von selbst zu beginnen. Damit ist gemeint, dass eben nicht alle Handlungen vollständig aus den kausalen Verknüpfungen der faktischen Welt ableitbar sind. Einige Handlungen würden ihrerseits eine neue Kausalkette in die Welt bringen, deren Ursprung nicht lückenlos aus allem vorher Bestehenden hervorgeht.

> Man kann sich nur zweierlei Kausalität in Ansehung dessen, was geschieht, denken, entweder nach der Natur, oder aus Freiheit. Die erste ist die Verknüpfung eines Zustandes mit einem vorigen in der Sinnenwelt, worauf jener nach einer Regel folgt. Da nun die Kausalität der Erscheinungen auf Zeitbedingungen beruht, [...] so ist die Kausalität der Ursache dessen, was geschieht, oder entsteht, auch entstanden, und bedarf [...] selbst wiederum eine Ursache. Dagegen verstehe ich unter Freiheit [...] das Vermögen, einen Zustand von selbst anzufangen, deren Kausalität also nicht nach dem Naturgesetze wiederum unter einer anderen Ursache steht, welche sie der Zeit nach bestimmte. (Kant 1787, 574.)

An dieser Stelle wird deutlich, dass Kant die anti-empiristische Setzung der Freiheit nicht zurückweist. Er will ihr jedoch den Charakter einer dogmatischen Behauptung nehmen und fasst sie zu diesem Zweck nicht als schlichte Tatsache, nicht (in Humes Terminologie) als »matter of fact«, auf. Er weist ihr vielmehr den Status einer Idee zu, die man denken müssen kann, weil anders die Bedingung der Möglichkeit von Freiheit nicht denkbar wäre. Und da es eine Tatsache für die rationale Betrachtung ist, dass Menschen moralisch handeln, muss die Möglichkeit dieser Tatsache begründet werden (d. h. mit Gründen erklärt werden, die rational nachvollziehbar, einleuchtend sind). Gleichzeitig setzt die Annahme der Freiheit als transzendentale Idee die Geltung des Satzes vom Grund nicht außer Kraft, so Kant – jedenfalls nicht auf dem Gebiet, in dem der Satz zuständig ist. »Die Freiheit ist in dieser Bedeutung eine reine transzendentale Idee«, schreibt er,

> die erstlich nichts von der Erfahrung Entlehntes enthält, zweitens deren Gegenstand auch in keiner Erfahrung bestimmt gegeben werden kann, weil es ein allgemeines Gesetz [...] ist, daß alles, was geschieht, eine Ursache, mithin auch die Kausalität der Ursache, die *selbst geschehen* oder entstanden, wiederum eine Ursache haben müsse; wodurch denn das ganze Feld der Erfahrung [...] in einen Inbegriff bloßer Natur verwandelt wird. Da aber auf solche Weise keine absolute Totalität der Bedingungen im Kausalverhältnisse herauszubekommen ist, so schafft sich die Vernunft die Idee von einer Spontaneität, die von selbst anheben könne zu handeln, ohne daß eine andere Ursache vorangeschickt werden dürfte, sie wiederum nach dem Gesetze der Kausalverknüpfung zur Handlung zu bestimmen. (Kant 1787, 574 f.)

Kant konstruiert den Gegensatz zwischen Freiheit und Determinismus als Antinomie, als unauflösbaren Widerspruch. Antinomien sind Widersprüche, in die sich die Vernunft unvermeidlich verwickelt – und zwar nicht etwa deshalb, weil inkonsistent gedacht wird, sondern im Gegenteil dann, wenn bestimmte Fragen konsequent bis zum Ende durchdacht werden. Antinomien sind Streitfälle. Ihre Besonderheit besteht darin, dass beide einander widerstreitenden Seiten zeigen können, dass sich die Gegenpartei in einen Widerspruch verwickelt. Es gibt nach Kant vier Antinomien der Vernunft, nämlich die vier unlösbaren Grundfragen der überlieferten Metaphysik, die sich vorgenommen hatte, die Welt als Totalität zu begreifen. Hat die Welt einen Anfang oder nicht? Lässt sich Materie unbegrenzt teilen oder gibt es eine unteilbare Substanz? Ist die Welt durchgängig nach Naturgesetzen geordnet oder nicht? Können wir von der Existenz der Welt darauf schließen, dass es ein Wesen gibt, das ihre Ursache ist?

Es lag für Kant nicht im epistemisch-wissenschaftlichen, sondern im sittlich-praktischen Vernunftinteresse, herauszufinden, ob die Möglichkeit von Gott, Freiheit und Unsterblichkeit sinnvollerweise angenommen werden kann. Oder, wie der Philosophiehistoriker Kuno Fischer zusammenfasst:

> Wenn wir den Anfang der Welt, die Einfachheit der Substanz, das Vermögen der Freiheit, die Notwendigkeit des Daseins verneinen, so verneinen wir auch die Möglichkeit der Schöpfung, der Unsterblichkeit, des sittlichen Handelns, der göttlichen Existenz, also die Grundlagen der Religion und Moral, während diese Grundlagen im entgegengesetzten Falle bejaht werden. (Fischer 1909, 554.)

Wenn es nach Kant gegangen wäre, sollten diese Streitfragen nicht mehr dogmatisch entschieden, sondern mit den Mitteln der Vernunft geprüft werden, einer Vernunft, die dabei auch auf ihre eigenen Grundlagen kritisch zu reflektieren hat.

Das Thema der dritten Antinomie aus der *Kritik der reinen Vernunft* betrifft den Widerspruch zwischen Freiheit und Determinismus, den beiden Möglichkeiten, wie die Frage nach den ersten Ursachen des menschlichen Handelns in der Welt systematisch beantwortet werden kann, und damit die Möglichkeit moralischen Handelns. Vereinfachend gesprochen behauptet Kant, hier stünden sich Idealismus und Materialismus antinomisch gegenüber. Vom Standpunkt des Materialismus aus könne gezeigt werden, dass sich der Idealismus in einen Selbstwiderspruch verwickelt, und der Idealist könne seinerseits zeigen, dass sich der Materialist in einen Selbstwiderspruch verwickelt.

Eine Antinomie besteht aus einer These und einer Antithese. Die These lautet hier: »Die Kausalität nach Gesetzen der Natur ist nicht die einzige, aus welcher die Erscheinungen der Welt insgesamt abgeleitet werden können. Es ist noch eine Kausalität durch Freiheit zu Erklärung derselben anzunehmen notwendig.« (Kant 1787, 488.) Die Antithese lautet: »Es ist keine Freiheit, sondern alles in der Welt geschieht lediglich nach Gesetzen der Natur.« (489.)

Zum Beweis der These wird angeführt: Wenn die Antithese gilt, gibt es keine erste Ursache eines oder allen Geschehens. Denn jede Ursache ist ihrerseits selbst Folge einer vorherigen Ursache usw. Dann kann es »keine Vollständigkeit der Reihe auf der Seite der von einander abstammenden Ursachen« (488) geben. Doch genau das darf man nicht annehmen, wenn man dem kausalmechanischen Denken der Naturwissenschaft verpflichtet ist. Denn diese Annahme würde dem Universalanspruch des Satzes vom Grund hohnsprechen, auf den die Naturwissenschaft nicht verzichten kann. Es können niemals alle Ursachen gegeben sein, somit die Ursachen des Geschehens niemals hinreichend bestimmt werden – doch ohne (hinreichend bestimmte) Ursache geschieht nichts, wie das »das Gesetz der Natur« lehrt. »Also widerspricht der Satz, als wenn alle Kausalität nur nach Naturgesetzen möglich sei, sich selbst in seiner unbeschränkten Allgemeinheit, und diese kann also nicht als die einzige angenommen werden.« (488.)

Umgekehrt sieht es nicht besser aus. Vom Gegenstandpunkt aus lässt sich nämlich demonstrieren: Ursache und Wirkung stehen immer in einem Verhältnis zeitlicher Aufeinanderfolge zueinander. Wenn es, wie die These behauptet, eine schlechthin erste Ursache gibt, dann müsste sie in ihrem Dasein zwei in der Zeit aufeinander folgende Zustände dergestalt miteinander verbunden haben, dass diese zwar zeitlich aufeinander folgen, jedoch nicht in einem Kausalzusammenhang stehen. Denn der Zustand der ersten Ursache müsste als unabhängig vom vorhergehenden Zeitpunkt und dem durch ihn gekennzeichneten Zustand gedacht werden. Doch das ergibt keinen Sinn. Denn wenn man so denken würde (d. h. annehmen würde, die Folge könne unabhängig vom Grund sein), würde man die Regeln des Denkens aufheben und sich in Selbstwidersprüchen bewegen. Wenn also behauptet wird, dass es eine nicht bedingte, erste Kausalität in der Welt nicht gibt, dann würde der Kausalzusammenhang aller Erscheinungen auf der Welt zerrissen, der zugleich das Regelwerk des Verstandes bildet. Ohne konsistenten Regelzusammenhang der Erkenntnis würde es aber keine Möglichkeit wahrnehmender und erkennender Erfahrung und auch keine Möglichkeit der Erfahrung von Handlungsfreiheit geben.

Für die traditionelle Philosophie, meint Kant, sind diese Streitfragen unlösbar. Nicht hingegen für seine eigene kritische Philosophie, die keine ontologischen oder metaphysischen Aussagen im klassischen Sinne mehr macht. Sie versucht vielmehr, die Bedingungen dafür zu nennen, dass erklärt werden kann, wie zweifelsfrei vorhandene Inhalte der Wahrnehmung und des Bewusstseins überhaupt möglich sind. Im Fall des Widerstreits zwischen intelligibelpraktischer Freiheit und kausalem Naturdeterminismus komme es darauf an, zu begreifen, dass im Falle menschlichen Handelns beides zugleich gilt, wenn auch nicht in derselben Hinsicht.

Kant schlägt als Auflösung des Widerstreits einen Doppelstandpunkt vor. Aus philosophischer Perspektive ist der Mensch demnach immer auch deshalb frei, weil er Geistwesen ist. Gleichwohl ist er nicht reines Geistwesen, sondern Mischwesen: ein Kompositum aus Empirie und reiner Intelligibilität. Daher gelten die Naturgesetze durchgängig auch für ihn – aber lediglich, insofern er Körperwesen ist. Da er indessen immer auch Geistwesen ist, durchbricht die Betätigung intelligibler Spontaneität im freien Handeln nicht die lückenlose Geltung der Naturgesetze (das Kausalitätsprinzip, Newtons Axiome, den Satz vom Grund).

Unter Spontaneität versteht Kant, wie gesagt, das Vermögen, eine Handlung aus freien Stücken zu beginnen. Sein unspektakuläres Beispiel hierfür ist der Entschluss, vom Stuhl aufzustehen, einschließlich dessen Umsetzung. Dramatischer sind die Fälle moralischen Handelns, für die er Beispiele angibt, wie etwa, dass Versprechen gehalten werden; dass jemand geliehenes Geld an die zurückgibt, denen es zusteht, obwohl der Gläubiger inzwischen gestorben ist und kein anderer von dem Darlehen weiß; dass jemand einem anderen hilft, der ohne das Verschulden des Handelnden in Not geraten ist; dass jemand sich nicht umbringt, obwohl seine Lage verzweifelt ist; dass jemand trotz Gefahr für Leib und Leben die Wahrheit sagt, anstatt zu lügen.

Kant löst die Freiheitsantinomie mit dem Dualismus von Natur (Determinismus) und intelligiblem, moralischem

Bereich (Freiheit) auf. Er bestreitet die Richtigkeit der Behauptung, dass »eine jede Wirkung in der Welt entweder aus Natur, oder aus Freiheit entspringen müsse«; die richtige Frage sei, »ob nicht vielmehr beides in verschiedener Beziehung bei einer und derselben Begebenheit zugleich stattfinden könne« (Kant 1787, 577). Mit diesem »zugleich« greift Kant zurück auf die erkenntnistheoretische bzw. epistemologische Unterscheidung zwischen dem, was in der Sinnenwelt wahrnehmbar erscheint, und dem, was dem Erscheinenden zugrunde liegt, also dem, was es zu dem macht, was es ist (mit anderen Worten: das, aufgrund dessen das, was erscheint, das ist, als was es erscheint).

Diese metaphysische Unterscheidung zwischen Wesen und Erscheinung wird bei Kant neu gefasst. Im Gegensatz zur klassischen, aristotelischen Metaphysik beansprucht er nicht mehr, sagen zu können, *was* das Wesen ist. Die klassische Metaphysik suchte »nach dem, was das Einzelseiende zu dem macht, was es ist, was ihm also Grund und Bestand gibt« (Horster 1993, 94). Sie unterschied logisch das allgemeine Wesen vom besonderen, einzelnen Seienden; sie dachte das Wesen als etwas an sich Seiendes, als eine vom vergänglichen Seienden ontologisch unterschiedene Entität. Dadurch wurde es als abstrakt Allgemeines und Absolutes aufgefasst, als Einheit schlechthin, die in der metaphysischen Tradition auf verschiedene Weise mit dem besonderen, bestimmten und konkreten Einzelseienden zu verbinden versucht wurde.

Kant ging anders vor. Ihm zufolge ist es lediglich denknotwendig, ein Substrat der Erscheinung anzunehmen, weil Erscheinungen andernfalls Erscheinungen von nichts wären, und das ist widersinnig. Was das Substrat bzw. das

Wesen ist, können wir nach Kant nicht affirmativ bestimmen. Diesen Ansatz hat der Philosoph Karl Heinz Haag als »negative Metaphysik« (Haag 1983) bezeichnet.

Kants berühmte These, der Mensch als handelndes Subjekt habe sowohl einen »empirischen« als auch einen »intelligiblen Charakter«, bedeutet, dass Menschen als Lebewesen, die einerseits durch Rationalität geleitet sind und andererseits den Naturbedingungen unterstehen, in zwei gesetzliche Zuständigkeitsbereiche gleichzeitig gehören, nämlich in den Bereich des Naturgesetzes und den des Vernunftgesetzes. Den Begriff ›Charakter‹ verwendet Kant nicht im psychologischen Sinn; er definiert »Charakter« als das ›Gesetz der Kausalität einer wirkenden Ursache‹:

> Und da würden wir an einem Subjekte der Sinnenwelt [also an einem Menschen, G. S.] erstlich einen *empirischen Charakter* haben, wodurch seine Handlungen, als Erscheinungen, durch und durch mit anderen Erscheinungen nach beständigen Naturgesetzen im Zusammenhange ständen, und von ihnen, als ihren Bedingungen, abgeleitet werden könnten (Kant 1787, 579).

Insofern würde der geschlossene Zusammenhang der Naturkausalität bewahrt. Dennoch wäre es möglich, das Subjekt auch unter solchen Umständen zu denken, die nicht durchweg den Naturgesetzen und der Zeit unterworfen sind:

> Zweitens würde man ihm noch einen *intelligiblen Charakter* einräumen müssen, dadurch es zwar die Ursache jener Handlungen als Erscheinungen ist, der

> aber selbst unter keinen Bedingungen der Sinnlichkeit steht, und selbst nicht Erscheinung ist. (Kant 1787, 580.)

Das ist Kants legendäre Aufteilung des handelnden Menschen mit Hilfe der erkenntnistheoretischen Begriffe »Erscheinung« und »Ding an sich selbst«. Indem er die metaphysische Unterscheidung zwischen Erscheinung (*phainomenon*) und Wesen (Ding an sich, *noumenon*) wieder aufnimmt, kann er die Antinomie auflösen:

> So würde denn Freiheit und Natur, jedes in seiner vollständigen Bedeutung, bei eben denselben Handlungen, nachdem man sie mit ihrer intelligiblen oder sensiblen Ursache vergleicht, zugleich und ohne allen Widerstreit angetroffen werden. (581 f.)

Wichtig ist: Kant wollte nicht nur beweisen, dass Freiheit als negative Bestimmung denkmöglich ist, nämlich als Freiheit von der Determination durch Naturkausalität. Er wollte auch zeigen, dass Freiheit als positive Bestimmung denkmöglich ist, nämlich als Freiheit zum vernunftgeleiteten Handeln. Als Beispiel führt er an: Ein Mensch, der durch eine gezielte ›boshafte Lüge‹ andere täuscht und Verwicklungen verursacht, die schlimme Folgen haben, mag im Hinblick auf den empirischen Charakter (auf das kausale Wirkungsgeflecht) seines Handelns durch eine Reihe misslicher Umstände, durch falsche Erziehung, ungünstige Sozialisation, Mangel an Ernsthaftigkeit und mangelnde Sensibilität für moralische Scham geprägt sein. All das mag eine Rolle gespielt haben, als die Beweggründe (Motive) seines Handelns zustande kamen. Und doch könnte man nicht mit guten Gründen argumentieren, dass dieser Mensch keinen moralischen Tadel verdient hätte, denn er hätte die Lüge unterlassen können – sofern er seine Vernunft gebraucht hätte. Wenn er gemäß seinem intelligiblen Charakter gehandelt hätte, also reflektiert und vernunftgeleitet, hätte er einsehen können, dass sein Handeln nicht gerechtfertigt werden kann, weil es die Freiheit anderer einschränkt und ihren Anspruch verleugnet, menschenwürdig behandelt zu werden.

Freiheit als Willkür, alles zu tun, was einem beliebt, ohne Rücksicht auf die Folgen für andere, ist aber das Gegenteil moralischer Freiheit. Dieser Gedanke findet sich nicht im Kontext der theoretischen Philosophie Kants. Er wird in seiner praktischen Philosophie entfaltet, wenn es um die Begründung der Ethik geht. Freiheit im moralischen Sinn wird dort als Autonomie definiert, also als Vermögen des Willens, sich ein vernunftgeleitetes Gesetz zu geben. Nur diesem sei er verpflichtet, und zwar unbedingt.

Kants genialer Gedanke war folgender: Wo die Naturgesetze gelten, gelten sie streng allgemein verbindlich und notwendig; gleichzeitig ist eine Ebene anzunehmen, auf der eine Notwendigkeit gilt, die anderer Art, aber gleichermaßen verbindlich ist. Diese andere Ebene heißt bei Kant »Reich der Zwecke«. Hier sind Menschen nicht Mittel zur Erreichung von Handlungszielen, sondern Zwecke an sich selbst. Davon war im vorangegangenen Kapitel die Rede; auch davon, dass Kant nicht darauf hinauswollte, dass Menschen immer und in jeder Hinsicht nur als Zwecke an sich selbst zu betrachten seien. Menschliche Gemeinschaften und Gesellschaften sind Interaktionszusammenhänge, in denen wir stets füreinander auch instrumentellen Charakter haben können. Kant kommt es in seiner Ethik darauf an, dass es dem Begriff und der Würde des Menschen nicht gemäß sei, wenn Menschen so behandelt würden, als wären sie nichts anderes als Mittel zum Zweck. Daher ist es für Kant ein praktischer Imperativ, die Humanität als absolutes Ziel anzusehen: »Handle so, daß du die Menschheit sowohl in deiner Person, als in der Person eines jeden andern jederzeit zugleich als Zweck, niemals bloß als Mittel brauchst.« (Kant 1786, 63.)

Die Zielvorstellung von Kants Ethik ist oft bewundernd eine konkrete Utopie genannt worden, weil sie von der Überzeugung durchdrungen ist, dass menschliches Handeln eine humane Zielsetzung besitzt, die sich zwar nicht immer (und auch nicht notwendigerweise) in Wirklichkeit umsetzt, dem Handeln aber eine – durchaus auch kontrafaktische – Regel zu geben vermag.

> Moralität besteht also in der Beziehung aller Handlung auf die Gesetzgebung, dadurch allein ein Reich der Zwecke möglich ist. Diese Gesetzgebung muß aber in jedem vernünftigen Wesen selbst angetroffen werden, und aus seinem Willen entspringen können. (Kant 1786, 70.)

Daher müsse das allgemeine Prinzip der moralischen Willensbestimmung darin bestehen,

> keine Handlung nach einer andern Maxime zu tun, als so, daß es auch mit ihr bestehen könne, daß sie ein allgemeines Gesetz sei, und also nur so, daß der Wille durch seine Maxime sich selbst zugleich als

allgemein gesetzgebend betrachten könne. (70.)

Kants »kategorischer Imperativ«, auf den an dieser Stelle angespielt wird, ist eine Universalisierungsregel (wie bereits erwähnt wurde). Wenn das subjektive Prinzip des Handelns – die Maxime, die den Willen leitet – widerspruchsfrei verallgemeinerbar ist und daher jederzeit, für jede und jeden sowie an jedem Ort Geltung beanspruchen könnte, dann kann die Handlung als moralisch bezeichnet werden. Es kommt also nicht auf die Folgen der Handlung an, sondern auf ihren Grundsatz. Der muss imperativisch, also: gebietend sein, und zwar unbedingt gebietend.

Noch einmal: Imperative, die an Handlungszwecke gebunden sind, die außer ihnen selbst liegen (was der häufigste Fall ist), nennt Kant hypothetische Imperative. Um abzunehmen, sollte man weniger essen; um als Pfadfinder Anerkennung zu finden, sollte man jeden Tag eine gute Tat tun. Anders moralische Maximen. Die Imperative, durch die sie den Willen bestimmen, sind nicht auf Ziele ausgerichtet, die man durch die Handlung erreichen möchte. Es würde also nicht heißen: Versuche, das Kind aus dem Fluss zu retten, damit du in die Zeitung kommst (nicht wegen unterlassener Hilfeleistung angezeigt werden kannst oder damit du für deine Moralität gelobt wirst). Es würde heißen: Rette das Kind, weil es richtig ist, einem Menschen in Gefahr das Leben zu retten. Diese Regel lässt sich ohne Abstriche strikt verallgemeinern. Dabei ist für Kant entscheidend, dass sie sich unter Absehung von jedem konkreten Inhalt verallgemeinern lässt. Kant argumentiert eben nicht auf der Basis des humanen Inhalts, sondern von der moralischen Form aus. Er sagt nicht: Eine Handlungsmaxime ist dann moralisch, wenn sie die Rettung von Menschenleben beinhaltet. Er sagt: Eine Handlungsmaxime ist dann moralisch, wenn sie vernünftigerweise Geltung beanspruchen kann, und zwar ohne Ausnahme und ohne Berücksichtigung kontextueller Besonderheiten. Eine Regel wie »Treibe jeden Tag Sport, damit du fit bleibst und jeden Tag Kinder aus dem Fluss ziehen kannst« ließe sich nicht ohne Berücksichtigung kontextueller Besonderheiten verallgemeinern. Es wäre vermutlich klug, ihr zu folgen, doch es ist nicht moralisch geboten, solches zu tun. Moral verlangt viel, aber zu viel darf sie nicht verlangen. In diesem Fall bedeutet dies: nicht mehr und nicht weniger als alles das zu tun, was man kann, um einen Menschen in Not zu retten. Jemanden, der alles getan hat, was in seiner Kraft stand, würde man nicht deshalb moralisch verurteilen, weil seine Kräfte nicht ausreichen.

Nun kann man sich fragen, ob die Auflösung der dritten Antinomie nicht eigentlich nur eine Wiederholung und Entfaltung ihrer Thesis ist. Denn diese besagt ja bereits: Die durchgängige Geltung der Naturgesetze und menschliche Spontaneität/Freiheit können zusammen bestehen. Das Einerseits-Andererseits ist der Gehalt der Thesis. Die Antithesis leugnet das. Sie sagt: Als Materialist muss man darauf bestehen, dass alle Spontaneität bzw. alle Freiheit nichts anderes sein kann als Illusion; was uns wie Spontaneität oder Freiheit vorkommt, ist zurückzuführen auf mechanische Ursache-Wirkungs-Verhältnisse. Hier lässt Kant sozusagen den klassischen mechanischen Materialisten à la Thomas Hobbes oder Julien Offray de La Mettrie auftreten. Deren Standpunkt lautet: Wenn es nur Determiniertheit und keine Freiheit gibt, stellen sich moralische Fragen grundsätzlich anders, als sie es unter dem verklärenden Schleier idealistischer Theologie und Philosophie tun. Kant will diesen Standpunkt als widersprüchlich entlarven, ihn aber nicht abstrakt negieren. Deshalb ist er in seiner Doppelperspektive auf den Menschen als Bürger zweier Welten mit enthalten, jedenfalls der Intention des Autors nach. Dass die Auflösung der dritten Antinomie letztlich nur eine sehr wohlwollende Auslegung der Thesis ist, hat Kant offenbar nicht als Problem empfunden.

6.3 Willensfreiheit kontra Handlungsfreiheit

Andere Philosophen, allen voran Arthur Schopenhauer, haben behauptet, dass es überhaupt nur einen Freiheitsbegriff gebe, nämlich den negativen: »Wir denken ihn«, so Schopenhauer, »nur durch die Abwesenheit alles Hindernden und Hemmenden.« (Schopenhauer 1839, 43.) Freiheit wird hier lediglich durch das Fehlen entgegenwirkender Kräfte bestimmt, und zwar auf körperlichem, geistigem und moralischem Gebiet.

Körperliche Freiheit ist Bewegungsfreiheit. Schopenhauer macht auf die Umkehrung im Denken aufmerksam, die darin besteht, dass wir die bloße Abwesenheit von materiellen Hindernissen (Zwängen, die uns hindern, zu tun, was wir wollen) in eine positive Bestimmung wenden und behaupten, dass ein Zustand, in dem nichts unserem Willen entgegensteht, ein Zustand sei, in dem Freiheit herrscht. Soweit der ›empirische‹ Freiheitsbegriff. Freiheit wird dort als gleichbedeutend mit ›dem eigenen Willen gemäß‹ definiert.

Schopenhauer weist nun darauf hin, dass es hier ausschließlich um *Handlungs*freiheit geht: Kann ich tun, was ich will, oder werde ich durch äußere Faktoren daran gehindert? Der philosophische Freiheitsbegriff fragt, so Schopenhauer, hingegen nach Willensfreiheit. Im Bereich des Wollens selbst geht es nicht um äußere Hindernisse und ihr Fehlen, sondern um Motive (Beweggründe). Der Wille wird durch Motive geleitet, und diese können mit subjektivem Zwang verbunden sein (während die äußeren Zwänge objektiv sind). Die Frage, ob der Wille frei sei, läuft aber auf die Frage hinaus, ob er sich selbst gemäß ist. Deshalb gerät philosophisches Nachdenken über Willensfreiheit in einen unendlichen Regress, weil immer wieder nach den Motiven gefragt werden muss, die die Motive des Handelns motivieren. Es scheine dann so,

> als ob das Wollen noch von einem andern, hinter ihm liegenden Wollen abhienge. Und gesetzt, diese Frage würde bejaht; so entstände alsbald die zweite: »Kannst du auch wollen, was du wollen willst?« und so würde es bis ins Unendliche hinaufgeschoben werden. (Schopenhauer 1839, 46.)

Bei seiner Behandlung des Problems von Ursache und Wirkung, das der Freiheitsfrage zugrunde liegt, verwendet Schopenhauer die Begriffe »Grund und Folge«. Sein Argument: Kants Annahme, dass es die Freiheit der Willensentscheidung und das Vermögen gibt, einen Zustand und die Reihe der aus ihm hervorgehenden Folgezustände aus freiem Willen von selbst zu beginnen, beruht auf einem Denkfehler. Denn dann wird der freie Wille als bestimmungslos gedacht. Wenn der Satz vom Grund gilt, ist alles, was geschieht, die Folge eines zureichenden Grundes. Alles, was geschieht, geschieht also mit Notwendigkeit. Das kantische ›von selbst‹ bedeutet demnach so viel wie ›ohne vorhergegangene Ursache‹, was identisch ist mit ›ohne Notwendigkeit‹. »Ein freier Wille«, folgert Schopenhauer, wäre »ein solcher, der nicht durch Gründe« bestimmt würde, »und da Jedes ein Anderes Bestimmendes ein Grund, bei realen Dingen ein Real-Grund, d. i. Ursache, seyn muß«, wäre also der freie Wille

> ein solcher, der durch gar nichts bestimmt würde; dessen einzelne Aeußerungen (Willensakte) also schlechthin und ganz ursprünglich aus ihm selbst hervorgiengen, ohne durch vorhergängige Bedingungen nothwendig herbeigeführt, also auch ohne durch irgend etwas, einer Regel gemäß, bestimmt zu seyn (Schopenhauer 1839, 48).

Das aber sei widersinnig und könne nicht gedacht werden.

Für Schopenhauer ist jeder Versuch, geistige und insofern vom Naturzwang virtuell freie Willensbestimmungen zu denken, ein Unding, weil sein Begriff des Willens naturalistisch ist. Der »Inhalt« des Willens sind »Begehrnisse, Strebungen und Affekte«. Alle Handlungen sowie alles »Begehren, Streben, Wünschen, Verlangen, Sehnen, Hoffen, Lieben, Freuen, Jubeln u. dgl.«, aber auch die Kehrseite, nämlich »Nichtwollen oder Widerstreben, […] Verabscheuen, Fliehen, Fürchten, Zürnen, Hassen, Trauern, Schmerzleiden, kurz alle Affekte und Leidenschaften«, hätten als »Aeußerungen des Wollens« (51) zu gelten. Sie sind sämtlich auf Objekte in der äußeren Welt gerichtet, durch sie motiviert. Daher reduziere sich die Frage nach der Willensfreiheit auf die Frage, ob der Wille auch dann noch durch seine Motive determiniert bleibt, wenn er in den Reflexionszusammenhang des Bewusstseins eintritt. Herrscht hier weiterhin durchgängige Notwendigkeit der Motivation? Oder gibt es Spielräume für freie Willensbestimmung (die freilich bei Schopenhauer anders als die vermeintlich abstrakt-absolute Freiheit des kantischen intelligiblen Menschen gedacht wird)?

Schopenhauers Horizont ist lebensphilosophisch. Wille ist für ihn Wille zum Leben – unabhängig von jeder konkreten, besonderen Betätigung des Willens, die ihn in seinen Äußerungen der Naturnotwendigkeit unterwirft. Zunächst ist der Wille für Schopenhauer jedoch frei, aber in einem anderen Sinn als bei Kant, nämlich im Sinne eines zeitlos-unveränderlichen vitalistischen Grundprinzips. Dem Dasein liege reines Wollen zugrunde, der Wille zum Leben schlechthin. Die einzige Freiheit, die Menschen auf moralischem Gebiet haben, ist die Freiheit, ihren Lebenswillen zu bejahen oder zu verneinen. Wie sie handeln, liegt notwendig in ihrem angeborenen, unveränderlichen Charakter begründet. Dieser tritt im Laufe des Lebens allmählich klar hervor und wird für das Individuum dann erst als dessen eigener Charakter erkenntlich (Schopenhauer 1844, 361 ff.). Alles das, was ein Mensch ist, wird durch ihn disponiert; aber deswegen sei er keineswegs von Verantwortung für sein Tun freizusprechen.

Schopenhauers Determinismus will also nicht beweisen, dass Moral überflüssig ist. Es gibt Reue, Schuldgefühle, Gewissensbisse und Gewissensangst; wenn man sie hat, rührt das daher, dass man erkennt, wie man ist und wie man handeln müsse. Die absolute Freiheit des Willens (als Lebensprinzip) reflektiert sich also in der Freiheit, das eigene Tun moralisch zu beurteilen (und das ist etwas anderes als die Freiheit, die eigene Handlungsweise zu wählen).

Hier kehrt Kants Dualismus wieder: Menschen sind als Naturwesen unfrei, als geistige Wesen jedoch insofern frei, als sie sich von ihrer Naturhaftigkeit reflexiv distanzieren können. Alles Leben ist wesentlich Leiden, sagt Schopenhauer (1844, 385 ff.). Die Verneinung des Willens zum Leben ist insofern eine Gestalt des moralischen Impulses, Leiden zu vermindern.

Schopenhauer war einer der wenigen Philosophen, die den Suizid nicht als moralisch verwerflich bewertet haben. Man könnte daher meinen, dass ihm der Suizid als praktizierter Beweis dafür gelten könnte, dass sich die einzige Freiheit derart manifestiert, die es auf dem Gebiet des moralischen Handelns gibt, indem der blinde, rastlose und absolut freie (weil schlechthin unbestimmte) Wille des Lebens in Grenzen gesetzt, negiert wird. Doch das ist nicht der Fall. Schopenhauer unterscheidet zwischen Suizid und Verneinung des Willens zum Leben. Seine Argumentation hat eine psychologische und eine metaphysische Seite. Das psychologische Argument lautet, dass Menschen, die sich selbst töten, in Wahrheit aufs Leben fixiert sind, wenngleich negativ gewendet. Mit dem Tötungsakt bringen sie nur zum Ausdruck, dass sie am Leben hängen und lediglich die Gestalt, die es für sie hat, nicht ertragen. Sie artikulieren negativ, dass sie einen außerordentlich starken Lebenswillen besitzen, dem allerdings die Möglichkeiten verwehrt bleiben, sich in befriedigendem Maße zu betätigen. Der Suizidant

> will das Leben, will des Leibes ungehindertes Daseyn und Bejahung; aber die Verflechtung der Umstände läßt diese nicht zu, und ihm entsteht großes Leiden. Der Wille zum Leben selbst findet sich in dieser einzelnen Erscheinung so sehr gehemmt, daß er sein Streben nicht entfalten kann. [...] Eben weil der Selbstmörder nicht aufhören kann zu wollen, hört er auf zu leben, und der Wille bejaht sich hier eben durch die Aufhebung seiner Erscheinung, weil er sich anders nicht mehr bejahen kann. (Schopenhauer 1844, 492 ff.)

Eine metaphysische Dimension klingt bereits an, wenn Schopenhauer die individuelle Existenz eine »Erscheinung« des Lebenswillens nennt, der dann als das Wesen aufgefasst wird, das allem Erscheinenden zugrunde liegt bzw. in ihm zur Erscheinung kommt. Das Argument lautet, dass der Wille zum Leben ein Seinsprinzip schlechthin ist, das durch einen individuellen Akt der Selbsttötung nicht außer Kraft gesetzt wird. Bei Schopenhauer steht der Wille, wie gesagt, außerhalb von Raum und Zeit. Die einzig wahre Verneinung des Willens zum Leben ist für ihn die Askese, die nicht nur das Leiden des Leibes negiert, sondern (gerade) auch seine Genüsse und sein Wohlergehen.

6.4 Vermittlungen

Voltaire hat das moralphilosophische Problem der Willensfreiheit im 18. Jahrhundert unkomplizierter formuliert:

> Wirklich frei sein heißt etwas tun können. Wenn ich tun kann, was ich will, dann bin ich frei. Aber ich will ja notwendigerweise das, was ich wollen kann, sonst hätte mein Wollen keinen Grund, keine Ursache, was wiederum unmöglich ist. […] Es ist seltsam, daß die Menschen mit diesem Maß an Freiheit nicht zufrieden sind, d. h. mit diesem ihnen von der Natur gegebenen Vermögen, in verschiedenen Fällen tun zu können, was sie wollen; die Gestirne haben es nicht, wir aber besitzen es, und unser Hochmut spiegelt uns zuweilen vor, daß wir noch mehr von ihr besitzen. Wir bilden uns ein, wir hätten die unbegreifliche und widersinnige Gabe zu wollen, und zwar ohne anderen Grund, ohne anderen Anlaß als eben zu wollen. […] Zunächst einmal habe ich Ihnen nicht gesagt, daß der Mensch nicht frei sei; ich habe gesagt, daß seine Freiheit in seiner Möglichkeit zu handeln besteht und nicht in jenem eingebildeten Vermögen, *wollen zu wollen.* (Voltaire 1766, 291, 336.)

Interessanter als eine Ahnengalerie der Vertreter des reinen bzw. harten Determinismus oder Indeterminismus sind, aus heutiger Sicht, philosophische Reflexionen über die Grauzone zwischen beiden Modellen. Viele Philosophen vertreten wie Kant die Ansicht, dass Determinismus und Indeterminismus einander nicht ausschließen müssen, weil es sowohl unfreies als auch freies Handeln gibt – doch sie tun es, ohne dabei wie Kant eine transzendental philosophische Doppelbestimmung des Menschen zu konstruieren. Wenn man meint, Determinismus und Indeterminismus würden sich nicht ausschließen, dann meint dies zwar, dass man Determinismus und Indeterminismus als das ablehnt, was sie eigentlich sind, nämlich einander strikt entgegengesetzte und disjunkte Positionen; doch es heißt auch, dass man beide als Grenzwerte in einen Reflexionszusammenhang aufnimmt, in dem sie als Grenzwerte vieles erklären können.

Schon Aristoteles unterschied sehr genau zwischen determinierten und indeterminierten Handlungen sowie Mischformen dazwischen:

> Da sich also die Tugend auf Affekte und Handlungen bezieht und es Lob und Tadel nur bei dem gibt, was man freiwillig tut, Verzeihung hingegen, mitunter auch Mitleid bei dem, was man unfreiwillig tut, muss man bei der Untersuchung der Tugend wohl definieren, was freiwillig und was unfreiwillig ist. […] Unfreiwillig ist nach gängiger Meinung das, was unter Zwang oder aus Unwissenheit geschieht. (Aristoteles, *Nikomachische Ethik*, 1109b 30–1110a 1.)

Sehen wir uns zunächst an, wie Aristoteles den Aspekt des Handelns unter Gewalteinwirkung behandelt: »Erzwungen ist, was seinen Ursprung außerhalb hat, wo der Handelnde oder Erleidende nichts dazu beiträgt« (1110a 2). Die Beispiele, die er anführt, belegen, dass Fremdbestimmung des Handelns sowohl natürliche als auch gesellschaftliche Gründe haben kann: »wenn etwa der Wind jemanden irgendwo hin entführt oder Menschen, die jemanden in ihrer Gewalt haben« (1110a 3). Moralische Urteile wie Lob und Tadel, sagt Aristoteles, haben nur Sinn bei Handlungen, die aus freiem Willen erfolgt sind, während unfreiwillige Handlungen mit schlechten Folgen Verzeihung (oder, unter Umständen, auch Mitleid) beanspruchen können. Unfreiwilliges Handeln ist solches, zu dem wir gezwungen wurden, oder solches, was aus Unkenntnis geschah. Zwang kann durch Natur oder durch Gesellschaft ausgeübt werden; Schiffe werden vom Sturm an Orte getrieben, die sich niemand als Ziel ausgesucht hat; Menschen werden durch Befehle zu Handlungen veranlasst, für deren Folgen man sie nicht zur Verantwortung ziehen kann.

Weniger eindeutig verhält es sich bei den sogenannten ›gemischten‹ Handlungen, bei denen es auf den ersten Blick schwerfällt, freiwilliges von erzwungenem Handeln zu unterscheiden. Hier verursachen zwar die Handelnden das, was geschieht, doch haben sie sich das Handlungsziel nicht selbst gesetzt – etwa dann, wenn der Kapitän seine Ladung über Bord wirft, um Schiff und Mannschaft zu retten, was er im Hinblick auf die gewünschte Rettung selbst entscheidet, unter anderen Umständen jedoch nicht tun würde. Insofern handelt er sowohl unter Zwang als auch aus freier Entscheidung.

Macht und Herrschaft sind auch hier ausschlaggebende Faktoren, wenn es um das Handeln unter Bedingungen politischer Unfreiheit im weitesten Sinne geht. Ein beeindruckendes Beispiel ist die Erpressung. Wenn ein Tyrann meine Familie als Geisel nimmt und mich zwingt, etwas Schändliches zu tun, dann bin ich in einer Hinsicht unfrei und hätte Anspruch auf Verständnis für das aufgenötigte

Handeln; doch in einer anderen Hinsicht bin ich frei, weil ich ja die Möglichkeit gehabt hatte, meine Familie zu opfern und die geforderte Untat zu verweigern.

> Wenn aber etwas aus Angst vor größerem Übel oder im Hinblick auf etwas Gutes getan wird – wenn zum Beispiel ein Tyrann jemandem, dessen Eltern und Kinder in seiner Gewalt sind, eine schändliche Tat befiehlt, und diese gerettet würden, wenn er die Tat ausführt, wenn aber nicht, so müssten sie sterben –, dann kann man zweifeln, ob diese Tat unfreiwillig oder freiwillig ist. (1110a 4–6.)

Das gilt für Geiselnahme und Erpressung, ebenso für die Übermacht der Naturgewalten:

> Ähnlich ist es auch, wenn in einem Seesturm Güter über Bord geworfen werden. Denn so gut wie niemand wirft freiwillig Güter weg, wenn dagegen die eigene Rettung und die der anderen auf dem Spiel steht, tut es jeder, der bei Verstand ist. Solche Handlungen sind also gemischt, gleichen aber eher den freiwilligen. Denn dann, wenn man sie ausführt, entscheidet man sich für sie, das Ziel der Handlung aber entspricht der jeweiligen Situation. Also muss man, wenn man von freiwillig und unfreiwillig spricht, Rücksicht nehmen auf den Zeitpunkt der Handlung. Dann handelt man also freiwillig. Denn der Ursprung für die Bewegung der Körperteile liegt bei solchen Handlungen im Menschen selbst; bei Handlungen, deren Ursprung im Handelnden liegt, liegt es auch an ihm, sie zu tun oder nicht. Solche Handlungen sind also freiwillig, aber vielleicht doch eigentlich unfreiwillig,

> denn niemand würde eine derartige Handlung an sich wählen. (1110a 7–19.)
> Es scheint also das Erzwungene das zu sein, dessen Ursprung außerhalb liegt, ohne dass der, der den Zwang erleidet, etwas dazu beiträgt. (1110b 15.)

Der zweite Faktor, der unfreiwilliges Handeln nach sich ziehen kann, ist nach Aristoteles die Ignoranz. Bei der moralischen Bewertung des ignoranten (Fehl-)Handelns spielt das Kriterium der Reue eine Rolle, das hier freilich vor allem unter dem Aspekt des Eigeninteresses von Belang ist:

> Was aus Unwissenheit geschieht, ist nicht alles freiwillig, unfreiwillig ist es aber erst, wenn es mit Unlust und Bedauern geschieht. Denn wer etwas aus Unwissenheit getan hat und kein Unbehagen über seine Tat empfindet, der hat zwar nicht freiwillig das getan, was er ja nicht wusste, aber auch nicht unfreiwillig, weil ihn die Tat hinterher nicht betrübt. Beim Handeln aus Unwissenheit scheint der eine, der seine Tat bereut, unfreiwillig zu handeln, der andere aber, der sie nicht bereut, soll, weil er sich ja von Ersterem unterscheidet, als jemand, der »nicht freiwillig« gehandelt hat, bezeichnet werden. (1110b 18–23.)

Hier zeigt sich das Vermächtnis des sokratisch-platonischen moralischen Intellektualismus, von dem oben die Rede war:

> Unwissend über das, was er tun und lassen muss, ist jeder schlechte Mensch, und durch diesen Fehler werden

> die Menschen ungerecht und überhaupt schlecht. Der Begriff »unfreiwillig« will aber nicht sagen, dass jemand das Nützliche nicht kennt. Denn nicht die Unwissenheit bei der Entscheidung ist die Ursache der Unfreiwilligkeit, sondern sie ist die Ursache der Schlechtigkeit, und auch nicht die Unwissenheit allgemein (denn ihretwegen wird man ja getadelt), sondern die Unwissenheit in den einzelnen konkreten Dingen, in denen und in Bezug auf die das Handeln ja stattfindet. In diesen Dingen gibt es auch Mitleid und Verzeihung. Wer etwas davon nicht weiß, handelt also unfreiwillig. (1110b 28–1111a 3.)

Soll heißen: Wer im besonderen Fall etwas verursacht, was er nicht beabsichtigt hat, kann moralische Verzeihung beanspruchen, sofern er die Folgen seiner Handlung bereut, etwa, wenn er in Notwehr zuschlägt und den Angreifer dabei unabsichtlich tötet. Aristoteles' Beispiel: Ein Soldat demonstriert eine Waffe; er konnte nicht wissen, dass der vorige Benutzer sie nicht im korrekten Zustand übergeben hat. Bei Vorführung geschieht ein Unfall, bei dem ein anderer zu Schaden kommt.

Die Frage ist hier die nach Absicht, ›Willenswahl‹ oder ›Vorsatz‹ (1139b), also nach der Entscheidung – der aristotelischen *prohaireis*, mit der eine bewusste Selbstverursachung gemeint ist. Entscheidungen, die durch Überlegung und Zwecksetzung des Handelns gekennzeichnet sind, sind ein wesentliches Merkmal der menschlichen Lebensform. Deren Grundlage ist, so Hannah Arendt, »the faculty of choice« (Arendt 1978, 55) – die Vorläuferin des neuzeitlichen Konzepts der Willensfreiheit. Hans-Ernst Schiller hat es so formuliert:

> Freiheit ist ein sozialer Begriff. Seine Gesellschaftlichkeit erschöpft sich nicht in äußeren Bedingungen, ist keine Sache der bloßen Handlungsfreiheit, sondern bestimmt die innere Struktur des freien Willens selbst. Freiheit ist Selbstbestimmung, die aber keine bloße Wahl zwischen vorgegebenen Alternativen bleiben kann, sondern sich auf den Inhalt oder den Zweck selbst beziehen muss. (Schiller 2011, 221)

Mit Blick auf die Covid-19-Pandemie, die Menschen in Situationen brachte, die ihren Erfahrungs- und Entscheidungshorizont überstiegen, kann man sich leicht klarmachen, dass das heikle Verhältnis zwischen Freiwilligkeit und Unfreiwilligkeit auch bei politischen Vorgaben und Entscheidungen waltete: bei der Stilllegung des öffentlichen Lebens, der Schließung von Kultur- und Bildungseinrichtungen, den Maßnahmen zum finanziellen Schadensausgleich und was dergleichen mehr war.

6.5 Moralisches Koma und innere Freiheit

Beispiele wie die zuvor genannten wurden schon zu Aristoteles' Zeiten nicht im philosophischen Kolloquium ausgedacht, sondern stammten aus der gesellschaftlichen und politischen Wirklichkeit. Im Angesicht der Zwangslagen, in die antike und moderne Tyrannei- und Willkürherrschaft Menschen bringen, wird spürbar, wie es um Freiheit bestellt ist: Sie ist prekär. Während der Herrschaft des Nationalsozialismus in Deutschland und in den von ihm unterworfenen Teilen Europas sind Beispiele wie das der Erpressung durch den Tyrannen im 20. Jahrhundert noch einmal zu empörender Aktualität gekommen. Das kann man etwa anhand der moralischen Tragödie des polnischen Juden Calel Perechodnik studieren, der zum Mittäter beim Judenmord wurde, um seine Familie zu retten – ein »Opfer, das als Täter Zeuge wurde« (Brumlik 1997, 9).

Ein anderes Zeugnis stammt ebenfalls aus jener Epoche der deutschen Herrschaft über Europa, als Menschen in einen Zustand gebracht wurden, den der Literatur- und Kultursoziologe Leo Löwenthal als »einen Zustand der Erstarrung« bezeichnet hat, »der einem moralischen Koma gleichkommt« (Löwenthal 1946, 163). Löwenthal, einer der Mitbegründer der Kritischen Theorie, hat im Jahre 1945 Berichte von Überlebenden aus nationalsozialistischen Konzentrationslagern untersucht. Wie kommt die Demoralisierung zustande, fragt er, die Zerstörung des Charakters, die Menschen unter dem Terror der Lager erleiden? Dies wird vor allem durch folgende Faktoren bewirkt: durch die offenkundige »Allmacht« der Herrschaftsinstanzen, durch den »Zusammenbruch kontinuierlicher Erfahrung« der Gefangenen, durch den daraus resultierenden »Zusammenbruch der Persönlichkeit« im permanenten, alles andere verdrängenden »Kampf ums Überleben«, durch die Verwandlung der Gefangenen »in ›Rohmaterial‹« und durch den psychischen Mechanismus der erzwungenen »Assimilation an die Verfolger« (164–169). Löwenthal beschreibt, wie das Terrorsystem die Individuen liquidiert und damit die moralische Krise der Moderne ratifiziert:

> Die Diskrepanz zwischen den moralischen Traditionen des Individualismus und den Massenverbrechen des

> modernen Kollektivismus hat den modernen Menschen in ein moralisches Niemandsland verbannt. Noch scheint er an den moralischen Konzepten der bürgerlichen Gesellschaft wie Gewissen, Anständigkeit, Selbstachtung, menschliche Würde festzuhalten, aber die gesellschaftlichen Grundlagen dieser Konzepte sind ins Wanken geraten. (173.)

Daraus schließt Löwenthal: »Dem zeitgenössischen Menschen ist mehr oder weniger bewußt, daß seine moralischen Werte einflußlos geworden sind, da weder materiell noch geistig etwas von seinen Entscheidungen abhängt.« (Ebd.) Das gelte nicht nur für Gefangene, sondern, mutatis mutandis, auch für alle anderen. Löwenthal konstatiert, dass in der totalitären Gesellschaft der Nationalsozialisten »die gesamte Struktur traditioneller moralischer und emotionaler Bezugssysteme, mit denen die Menschen bisher persönliche Katastrophen und Prüfungen zu überstehen versucht hatten, ausgerottet wurde« (ebd). Er deutet dies als einen Bruch mit den modernen Werten der westlichen Zivilisation, der nicht nur einzelne Exzesse moralischer Regression und Niedertracht auslöst, sondern das Gesamtprojekt aufklärerischer Humanität in höchste Gefahr bringt. Denn die Erfahrung moralischer und praktischer Ohnmacht vermittelt Gefühle von Isoliertheit, Entwurzelung und Desorientiertheit. Menschen reagieren darauf mit »Wut und Aggression«, werden zu potentiellen Paranoikern und sind unter Umständen »bereit, auch die wahnsinnigsten Ideologien zu akzeptieren« (ebd.).

Eine andere Sichtweise auf dieses Problem der Gefährdung des Moralischen formuliert der Psychoanalytiker Viktor E. Frankl, der eher auf das Moment der Kontinuität als auf einen Bruch hinweist. Frankl hat sich, kurz nachdem er seine Gefangenschaft in deutschen Konzentrationslagern überlebt hatte, Gedanken über das philosophische Theorem der »inneren Freiheit« und einige seiner psychologischen Implikationen gemacht. Er schildert die fremdbestimmte, kreatürlich regredierte, gereizte und gleichzeitig apathische Verfassung, in die alle Insassen der Lager mit der Zeit gerieten. Das quälende, zermürbend-stumpfsinnige Lagerleben werde zum determinierenden Faktor, der »das Verhalten des Menschen scheinbar zwangsläufig gestaltet« (Frankl 1997, 107). Damit stellt sich, so Frankl, die Frage nach der menschlichen Freiheit. »Gibt es denn da keine geistige Freiheit des Sichverhaltens, der Einstellung zu den gegebenen Umweltbedingungen?« (Ebd.) Frankl gönnt den Deterministen den Triumph nicht. Aufgrund eigener Erfahrung, Anschauung und Reflexion will er den Beweis antreten, dass auch im Extrem jener Lebensbedingungen, die dem Begriff des Lebens hohnsprechen, menschenwürdiges Verhalten und Handeln aus freier Selbstbestimmung möglich war.

> Es gäbe Beispiele genug, oft heroische, welche beweisen, daß man etwa die Apathie eben überwinden und die Gereiztheit eben unterdrücken kann; daß also ein Rest von geistiger Freiheit, von freier Einstellung des Ich zur Umwelt auch noch in dieser scheinbar absoluten Zwangslage, äußeren wie inneren, fortbesteht. Wer von denen, die das Konzentrationslager erlebt haben, wüßte nicht von jenen Menschengestalten zu erzählen, die da über die Appellplätze oder durch die Baracken des Lagers gewandelt sind, hier ein gutes Wort, dort den letzten

> Bissen Brot spendend? Und mögen es auch nur wenige gewesen sein – sie haben Beweiskraft dafür, *daß man dem Menschen im Konzentrationslager alles nehmen kann, nur nicht: die letzte menschliche Freiheit, sich zu den gegebenen Verhältnissen so oder so einzustellen.* (107 f.)

Die innere Einstellung ist nach Frankl das letzte, im Prinzip nicht zu zerstörende Refugium selbstbestimmter Entscheidungen. Faktisch ist dieses Refugium natürlich zerstörbar, weil man Menschen nicht nur physisch, sondern auch psychisch vernichten kann. Doch Frankl zufolge entbindet Leid und Destruktion nicht von der Verantwortung dafür, wie ich mich zur Welt stelle: »In letzter Sicht erweist sich das, was mit dem Menschen innerlich geschieht, was das Lager aus ihm als Menschen scheinbar ›macht‹, als das Ergebnis einer inneren Entscheidung.« (108 f.) Ob er zum »KZler« wird oder »auch hier noch Mensch bleibt und die Menschenwürde bewahrt« (109), entscheide er selbst mit. »Die geistige Freiheit des Menschen, die man ihm bis zum letzten Atemzug nicht nehmen kann, läßt ihn auch noch bis zum letzten Atemzug Gelegenheit finden, sein Leben sinnvoll zu gestalten.« (Ebd.) Nicht nur das schöpferische und das kontemplative Leben haben Sinn, sondern auch das leidende, denn »wenn Leben überhaupt einen Sinn hat, dann muß auch Leiden einen Sinn haben. […] Not und Tod machen das menschliche Dasein erst zu einem Ganzen.« (110.) Für Frankl kann man dem Leiden einen Sinn geben, indem man es als Teil des Lebens annimmt, etwa eine menschenwürdige Einstellung zu einem menschenunwürdigen Dasein zu finden oder darin seine Freiheit gegen den determinierenden Zwang der äußeren Unfreiheit zu bewähren.

Haben wir es hier mit dem Problem subjektiv-existenzphilosophischer Sinngebung in einer Situation zu tun, in der sich die objektive Sinnlosigkeit dessen manifestiert, was Individuen in einem irrationalen und ›teuflischen‹ Ganzen tun? Durch die heroische Arbeit an einer inneren Einstellung kann sich das Individuum retten, indem es seine innere Freiheit der Einstellung rettet. Doch schließt dies nicht auch die Verklärung sinnloser Qualen ein, die dann wie Manifestationen eines würdevoll ertragenen, sinnhaft erlebten Leidens erscheinen?

Eines muss allerdings klar gesagt werden: Mit Frankls Theorie innerer Freiheit geht nicht die Apologie jener Bedingungen einher, die sinnloses oder sinnhaft erlebbares Leiden produzieren. Denn es sind nicht die Täter, die dem Leiden Sinn geben können; nur die Leidenden selbst können das – falls sie es noch können. Man denke etwa an die Memoiren der Literaturwissenschaftlerin Ruth Klüger, die berichtet, wie sie als junges Mädchen Auschwitz unter anderem deshalb überleben konnte, weil sie sich Balladen des idealistischen Freiheitsdichters Friedrich Schiller aus dem Gedächtnis aufsagte.

Dennoch ist mit Theodor W. Adorno zu fragen, ob das System der Konzentrationslager, das den Massenmord als Verwaltungsakt und industrielle Produktion von Leichnamen betrieb, den Menschen nicht gerade auch noch die letzte Möglichkeit nahm, Leiden und Tod als Teile eines sinnhaften Ganzen des Lebens zu erfahren.

> Mit dem Mord an Millionen durch Verwaltung ist der Tod zu etwas geworden, was so noch nie zu fürchten war. Keine Möglichkeit mehr, daß er in das erfahrene Leben

> der Einzelnen als ein irgend mit dessen Verlauf Übereinstimmendes eintrete. Enteignet wird das Individuum des Letzten und Ärmsten, was ihm geblieben war. Daß in den Lagern nicht mehr das Individuum starb, sondern das Exemplar, muß das Sterben auch derer affizieren, die der Maßnahme entgingen. Der Völkermord ist absolute Integration […]. Auschwitz bestätigt das Philosophem von der reinen Identität als dem Tod. (Adorno 1984, 355.)

Adorno lehnte die Denkfigur der existenzphilosophischen Demonstration innerer Freiheit im Angesicht äußerer Zwänge ab. Er versuchte, den Freiheitsbegriff ex negativo, als Folie der Utopie einer befreiten Gesellschaft, zu rekonstruieren (211 ff.). Doch er wechselte nicht zu den Deterministen über. Die Bankrotterklärung der Moral in Auschwitz bot für ihn keinen Anlass, mit der Abwicklung der moralphilosophischen Konkursmasse zu beginnen. Im Gegenteil: »Hitler hat den Menschen im Stande ihrer Unfreiheit einen neuen kategorischen Imperativ aufgezwungen: ihr Denken und Handeln so einzurichten, daß Auschwitz nicht sich wiederhole, nichts Ähnliches geschehe.« (358.) Die bewusst reflektierte Paradoxie einer gesellschaftstheoretischen Moralbegründung aus der Erfahrung geschichtlicher Unfreiheit heraus ist Adornos negativ-geschichtsphilosophisches Gegenstück zur existenzphilosophischen These, dass sich die innere Freiheit des Individuums gerade dann bewähren kann (und muss), wenn seine äußere Freiheit negiert wird.

Auch außerhalb jener Extremsituation, die der Alltag in Konzentrationslagern darstellt, hat sich die Auffassung, dass Freiheit einen Doppelcharakter habe, im 20. Jahrhundert als erklärungskräftig erwiesen. Insbesondere dann, wenn es darum geht, zu begreifen, wieso Menschen seelische und soziale Abhängigkeitsverhältnisse bevorzugen und sich autoritärer Herrschaft unterwerfen (wenn es also um eine Problematik geht, die in den 2020er Jahren von neuem, auf der ganzen Welt, drängend zutage tritt). Der Sozialpsychologe Erich Fromm, ein Kollege von Adorno und Löwenthal im Frankfurter Institut für Sozialforschung, hat die Grundlagen dessen (gleichsam aus der mentalitätsgeschichtlichen Vogelperspektive) folgendermaßen zusammengefasst:

> [D]er moderne Mensch [hat], nachdem er sich von den Fesseln der vor-individualistischen Gesellschaft befreite, die ihm gleichzeitig Sicherheit gab und ihm Grenzen setzte, sich noch nicht die Freiheit – verstanden als positive Verwirklichung seines individuellen Selbst – errungen […]; das heißt, daß er noch nicht gelernt hat, seine intellektuellen, emotionalen und sinnlichen Möglichkeiten voll zum Ausdruck zu bringen. (Fromm 1991, 7 f.)

Fromm rekonstruiert die neuzeitliche Gesellschaftsgeschichte des Individuums als historisches Pendant zur Entwicklungsgeschichte des einzelnen Menschen. Das Kind löst sich allmählich aus der Bindung an die primäre Bezugsperson und erlebt diese Ablösung zugleich als Souveränitätsgewinn und beängstigendes Auf-sich-allein-gestellt-Sein. Ähnlich ist die Emanzipation des neuzeitlichen Individuums aus den Banden der Ständegesellschaft nicht nur als Befreiung, sondern zugleich auch als Verlust von Sicherheit erlebt worden. Fromm konkretisiert vor diesem Hintergrund gesellschaftlicher Fremdbestimmtheit und politisch-nationaler Diktatur die philosophisch-abstrakte Unterscheidung von negativer und positiver Freiheit, die Isaiah Berlin (1995) herausgearbeitet hat:

> [Das] Mißverhältnis zwischen Freiheit *von* jeder Bindung und dem Mangel an Möglichkeiten *zu* einer positiven Verwirklichung der Freiheit und Individualität hat in Europa zu einer panikartigen Flucht vor der Freiheit in neue Bindungen oder zum mindesten in eine völlige Gleichgültigkeit geführt. (Fromm 1991, 33.)

6.6 Neuronaler Determinismus kontra Willens- und Handlungsfreiheit

Zur Schwächung des philosophischen Freiheitskonzepts hat in den letzten Jahren die neurobiologische Hirnforschung beigetragen. Sie kann immer genauer zeigen, in welchen Regionen des Gehirns sich neuronale Prozesse abspielen, wenn Menschen fühlen, wollen, denken und handeln. So lassen sich Muster nachweisen, die durch diese Prozesse gebildet werden, und es lässt sich immer genauer nachweisen, welche chemischen Botenstoffe (Serotonin, Dopamin usw.) dabei jeweils im Spiel sind. Davon ausgehend, behauptet die neurobiologische Hirnforschung, die Entscheidungen der Menschen und ihr Handeln ließen sich ohne Rest auf Ursachen zurückführen, welche mit den Mitteln naturwissenschaftlicher Beschreibung – weitgehend lückenlos – rekonstruiert werden könnten. Auf dieser Grundlage meinen prominente Hirnforscher wie Wolf

Singer und Gerhard Roth (der außerdem Philosoph ist), dass es keine Willensfreiheit gibt.

Dabei wird ein Willensbegriff mit nietzscheanischen Zügen zugrunde gelegt. »Der Wille ist ein energetisierender, das Spektrum möglicher Handlungen einschränkender und fokussierender psychischer Zustand«, schreibt Roth (2004, 15).

> Man nimmt an, dass im motorischen Cortex zusammen mit der Erstellung von »Kommandos« an die Muskeln, die für die Ausführung von Willkürhandlungen notwendig sind, ein Modell derjenigen Rückmeldungen von der Haut, den Muskeln, Sehnen und Gelenken entworfen wird, die zu erwarten sind, wenn die Bewegung so wie geplant ausgeführt wird. (Roth 2004, 18.)

Nietzsche hatte den Leib als »Gesellschaftsbau vieler Seelen« (Nietzsche 1886, 25) bezeichnet. Dort herrsche nicht rationale Erwägung aus Gründen, sondern es liege ein Gemenge aus Irrationalem und daraus abgeleiteten rationalen Spurenelementen vor. »[S]obald wir ›wollen‹«, heißt es bei Nietzsche, setze sich ein »Affekt des Commando's« durch, in Verbindung mit einem »begleitende[n] Muskelgefühl«, das »eine Art Gewohnheit« sei (23 f.). Zwar gebe es außerdem noch »in jedem Willensakte [...] einen commandirenden Gedanken« (ebd.), doch was den idealistischen Philosophen fälschlich als Freiheit erscheine, ist nach Nietzsche in Wahrheit das Gegenteil von Freiheit, nämlich Herrschaft.

> Das, was »Freiheit des Willens« genannt wird, ist wesentlich der Überlegenheits-Affekt in Hinsicht auf Den,

der gehorchen muss: »ich bin frei, ›er‹ muss gehorchen« – dies Bewusstsein steckt in jedem Willen, und ebenso jene Spannung der Aufmerksamkeit, jener gerade Blick, der ausschliesslich Eins fixirt, jene unbedingte Werthschätzung »jetzt thut dies und nichts Anderes Noth«, jene innere Gewissheit darüber, dass gehorcht werden wird, und was Alles noch zum Zustande des Befehlenden gehört. Ein Mensch der will –, befiehlt einem Etwas in sich, das gehorcht oder von dem er glaubt, dass es gehorcht. (24.)

Das »Wunderlichste am Willen« war für Nietzsche erstens, dass wir »zugleich die Befehlenden und Gehorchenden sind« (ebd.), und zweitens, dass wir Gefühle wie Druck, Bewegung und Widerstehen irrtümlich zu jenem identischen *Ich* synthetisieren, das in Wahrheit eine Fiktion sei. Er wollte zeigen, dass es schlechterdings keine Freiheit gibt. Andererseits seien aber auch unsere Begriffe von Notwendigkeit und Kausaldetermination nur Schein, weil das Phänomen des Willens als Herrschaft jenseits dieser Dualitäten liegt. »›Freiheit des Willens‹ – das ist das Wort für jenen vielfachen Lust-Zustand des Wollenden, der befiehlt und sich zugleich mit dem Ausführenden als Eins setzt« (25).

Auch Roth zufolge kann dem Subjekt keine Autorschaft für sein Handeln zugesprochen werden. Alle menschlichen Handlungen seien streng deterministisch zu erklären:

Das Gefühl, bei der Willensbildung und der Handlungsentscheidung frei zu sein (d. h. nicht aus Ursachen, sondern aus Gründen zu handeln und im Prinzip auch anders entscheiden zu können), ist eine Illusion. [...] Be-

> wusste Prozesse spielen eine wichtige Rolle beim Abwägen von Alternativen und deren Konsequenzen, aber sie entscheiden nichts. Die Ausformung des Willens und die Handlungsentscheidung werden im Wesentlichen durch unbewusste Prozesse bestimmt, die unter der Kontrolle des limbischen Erfahrungssystems stehen. […] Allerdings entwickelt sich das limbische Erfahrungsgedächtnis vom Mutterleib an in höchst individueller […] Weise. (Roth 2004, 20 f.)

Wie weit die Behauptung der Neurologen reicht, kann man sich an einem simplen Beispiel verdeutlichen.

> »Ich war ein freier Mensch, bis der Kellner mir die Dessertkarte überreichte« […]. Als der Schokoladen-Nachtisch kam, [dachte ich an mein] Vorhaben […], auf bessere Ernährung zu achten – und [fiel] in ein Loch der Verunsicherung […]: Wer hat entschieden? Ich oder mein Magen? Ich, der freie Bürger, der sein kardiales Risiko senken will, oder ein paar aufständische Nervenzellen? Mein Wille? Oder wer? (Jiménez 2011.)

Für Deterministen ist der Fall klar: Wenn Menschen nicht sicher sind, warum sie eine Entscheidung getroffen haben, zumal wenn ein Wertkonflikt vorliegt, liefert das einen Beweis dafür, dass sie sich eben nicht aus innerer Freiheit heraus bewusst entscheiden können. Wenn nicht das »Ich« die Entscheidung trifft, sondern »mein Magen«, dann ist meine Handlung determiniert. »Freiheit wird zum Ergebnis der biologischen Evolution und des komplexen Teamworks eines intelligenten Organismus.« (Ebd.) Die philosophische

Frage, die hier zu stellen ist, lautet aber: Wer ist ›Ich‹? Nur mein Gehirn, mein Magen aber nicht?

Roth gesteht zu, dass Menschen überlegen und Gründe abwägen, bevor sie sich entscheiden und handeln. Doch das sei kein Beweis für Willens- und Handlungsfreiheit:

> Manchen Entscheidungen gehen lange […] bewusste Erwägungsprozesse voraus. Diese sind aber ebenso wenig frei wie schnelle Entscheidungen. Welche Argumente und Gegenargumente uns in welchem Augenblick in den Sinn kommen, kann nicht von uns willentlich kontrolliert werden. Wir können nur durch Erziehung oder Versuch und Irrtum lernen, dass es gut ist, bei wichtigen Entscheidungen sorgfältig abzuwägen. (Roth 2004, 21.)

Weil dies so sei, plädiert er unter anderem dafür, das Konzept moralischer Schuld – und die Vorstellung, Strafe habe die Funktion der Sühne – aus dem Strafgesetzbuch zu entfernen. Sie soll durch die Konstruktion ersetzt werden, dass eine Gesellschaft das Recht hat, Normverletzungen zu bestrafen, um sich durch Wegsperren von Tätern, die von geltenden Verhaltensnormen abweichen, zu schützen und jene, sofern möglich, zu erziehen bzw. zu therapieren. Ähnlich wie bei Schopenhauer wird hier angenommen, dass Menschen zwar nicht frei im Wollen und Handeln sind, wohl aber verantwortlich für ihre Handlungen und deren Folgen.

Zur Begründung ihrer Thesen ziehen Roth und Singer die Experimente des Neurobiologen Benjamin Libet heran. Dieser hatte Versuchspersonen aufgefordert, zu einem Zeitpunkt ihrer freien Wahl auf einen von zwei Schaltern zu drücken. Jede Versuchsperson hatte

> ferner die Aufgabe, sich den Zeitpunkt zu merken, an dem ihr die Entscheidung, den Finger zu krümmen, bewußt wird. Zu diesem Zweck beobachtet sie eine Uhr, deren Zeiger aus einem schnell rotierenden Punkt besteht. Was sich die Versuchsperson merken soll, ist die Position des Punktes zu dem Zeitpunkt, an dem sie ihre Intention, die Finger zu bewegen, zum ersten Mal spürt (Beckermann 2006, 290).

Es stellte sich heraus, dass im Gehirn der Probanden neuronale Vorgänge gemessen werden konnten, die stets um Sekundenbruchteile dem Moment vorausgingen, in dem den Probanden die Entscheidung für den einen oder den anderen Schalter bewusst wurde.

> Die Versuchspersonen verspüren ihren Wunsch oder ihren Drang, den Finger zu bewegen, im Mittel 0,2 Sekunden bevor sie die Bewegung ausführen. 0,05 Sekunden vor dem Beginn der Bewegung läßt sich aber schon ein Bereitschaftspotential ableiten. Mit anderen Worten: Offenbar beginnt das Gehirn schon ca. 0,5 Sekunden, bevor der Versuchsperson ihre Entscheidung bewußt wird, mit der Vorbereitung der Fingerbewegung. Dies scheint jedoch nur verständlich, wenn man annimmt, daß die Entscheidung zu diesem Zeitpunkt schon getroffen ist. (Ebd.)

Daraus wurde gefolgert, dass jedem menschlichen Willensentschluss bzw. jeder Entscheidung und jeder Körperbewegung ein ›Bereitschaftspotential‹ vorausgeht, das sich als neuronales Ereignis genau verorten lässt.

Auf der Grundlage des Libet-Experiments sieht Roth die inkompatibilistische Annahme der Willensfreiheit als unhaltbar an. Inkompatibilismus nennt man in der Philosophie eine (dualistische) Position, die einen unvereinbaren Gegensatz zwischen den beiden Annahmen sieht, die Kants Freiheitsantinomie zugrunde liegen: zwischen der Annahme also, es sei möglich, sich frei zwischen alternativen Handlungsmöglichkeiten zu entscheiden, und der Annahme, alles, was geschieht, sei nach Naturgesetzen kausal determiniert.

Doch wer oder was ist ›mein Selbst‹? Ein innerer Kern? Oder das Gefüge aus Wahrnehmungen, Empfindungen, Handlungen und Reflexionen? Ist bewusstes Denken Schein, weil die Entscheidungen in Wirklichkeit schon feststehen, bevor jemand einen bewussten Entschluss fasst? Der Philosoph Ansgar Beckermann hat auf den cartesianischen Kurzschluss dieser Argumentation aufmerksam gemacht.

> Neuere neurobiologische Befunde zeigen nach Ansicht einiger Naturwissenschaftler, dass unsere Entscheidungen nicht durch uns selbst, sondern durch neuronale Prozesse bestimmt werden [...]. Nicht wir entscheiden, unser Gehirn entscheidet. [...] Dies folgt allerdings nur bei der Annahme, dass es eine Konkurrenz zwischen mir und meinem Gehirn gibt. Was ich entscheide, wird nicht von meinem Gehirn entschieden, und was mein Gehirn entscheidet, wird nicht von mir entschieden. Diese Konkurrenzannahme beruht jedoch auf einem unplausiblen Cartesianischen Menschenbild (Beckermann 2019, 346).

Descartes' Bild des Menschen war Bestandteil eines mechanistischen Bildes der Welt. Er unterschied zwei Seinsbereiche voneinander, die von jeweils ganz eigener Art sind, nämlich den körperlichen Bereich (*res extensa*, Ausdehnung) und den geistigen (*res cogitans*). Letzterer, mit physischem Sitz im Gehirn, steuere die Aktionen des Ersteren. Roths Argumentation, dass Subjekte nicht autonom sein können (d. h., dass sie nicht aus Gründen handeln können, weil die neuronalen Ereignisse im Gehirn das Handeln bestimmen), impliziert zweierlei: zum einen eine cartesianische Trennung von Person und Körper sowie zum anderen einen epiphänomenalistischen Reduktionismus der Person-Sphäre. Die Person wird als illusionärer Überbau neuronaler Ereignisse im Gehirn angesehen. Das ›Ich‹ ist dann nur der Cortex (Roth 2004, 18), und alles andere (das limbische System) ist ›Nicht-Ich‹ (sozusagen eine unterkomplex gedachte, mechanistische Variante des psychoanalytischen ›Es‹).

Die Streichung des Autonomie-Gedankens läuft folgendermaßen: Entscheidungen und Handlungen erfolgen nicht aufgrund der Abwägung von Gründen, weil Wille, Entscheidungen und Handlungen durch neuronale Ereignisse im Gehirn determiniert werden. Doch auch dann, wenn man annimmt, dass Wille, Entscheidungen und Handlungen durch Vorgänge im Gehirn determiniert werden, spricht philosophisch nichts gegen die weitere Annahme, dass die Vorgänge im Gehirn neuronale Realisationen dessen sind, was man alltagssprachlich als Überlegungen und Abwägen von Gründen bezeichnet. Wann immer sich die Versuchspersonen entscheiden, hat sich zuvor bereits ein neuronaler Vorgang abgespielt, den Libet und seine

Nachfolger als die eigentliche Determination auffassen. Die ›freie Entscheidung‹ der Person sei deshalb illusionär, weil ihr Gehirn bereits die Entscheidung getroffen habe, und dadurch die Entscheidung und Handlung determiniert seien. Roth begründet diese Schlussfolgerung mit einer Hypothese, nämlich mit der erwähnten Annahme des kortikalen Handlungsgedächtnisses. Die Schlussfolgerung setzt freilich voraus, dass Person und Gehirn substantiell voneinander getrennt sind, was aber keineswegs zwingend ist. Aus der Tatsache, dass sich im Gehirn einer Person neuronale Vorgänge abspielen, die zeitlich jenem Punkt vorausgehen, an dem sie sich bewusst entscheidet, wird gefolgert, die Entscheidung sei nicht das Ergebnis des freien Willens der Person, sondern kausal determiniertes Ergebnis der neuronalen Ereignisse in ihrem Gehirn. Offenbar wird übersehen, dass die Vorgänge im Gehirn der Person plausiblerweise als neuronale Realisationen des Entscheidungsprozesses dieser Person beschrieben werden können; ein Prozess, welcher keineswegs durchgängig bewusst sein muss.

> Wenn wir vor einer Entscheidung überlegen, was wir tun sollen […], dann ist auch dieser Überlegungsprozess neuronal realisiert, d. h., dann gibt es einen neuronalen Prozess, der in einem bestimmten Sinne dieser Überlegungsprozess ist. (Beckermann 2005, 62.)

Und daraus folgt

> keinesfalls, dass nicht wir diese Entscheidung treffen. Dass ich eine Entscheidung treffe, kann doch nichts ande-

res heißen, als dass diese Entscheidung auf meinen Wünschen, meinen Präferenzen und meinen Überlegungen beruht. Und dass diese Wünsche, Präferenzen und Überlegungen neuronal realisiert sind, ändert überhaupt nichts daran, dass es sich dabei um meine Wünsche, meine Präferenzen und meine Überlegungen handelt. (Ebd.)

Die neuronalen Vorgänge, die sich abspielen, bevor man eine Entscheidung trifft, sind demzufolge

> zugleich mentale Prozesse der Entscheidungsfindung [...] – Prozesse des Überlegens und des Abwägens von Gründen oder andere Prozesse ähnlicher Art [...]. [W]enn freie Entscheidungen die Entscheidungen sind, bei denen man innehalten und überlegen kann, was für und was gegen die verschiedenen Handlungsoptionen spricht, und bei denen die Entscheidung danach durch das Ergebnis dieser Überlegung bestimmt wird, dann schließen sich neuronale Determiniertheit und Freiheit keineswegs aus. (Beckermann 2006, 303.)

Das ist eine kompatibilistische Position: Kausale Determination im Sinne der Naturgesetze und Willens-, Entscheidungs- und Handlungsfreiheit sind nicht miteinander unverträglich (auch und gerade nicht im Subjekt selbst). Die Hirnforschung trifft mit ihrer Kritik lediglich einen Begriff der Willensfreiheit, der für die meisten Philosoph*innen heute ohnehin als unhaltbar gilt, nämlich die metaphysische Behauptung, es gebe eine von den Naturgesetzen losgelöste Sphäre schlechterdings freier Willensakte, in denen jene keine Geltung hätten. Das ist letztlich die Annahme, das Subjekt könne *causa sui* sein, Ursache seiner selbst; und das wäre eine säkularisierte Übertragung dessen, was man einst Gott oder dem Absoluten zuschrieb, auf das Individuum. Wenn man ohne diese Annahme argumentiert, dann ist die Unterscheidung zwischen Ursachen und Gründen keineswegs mit einer Depotenzierung der Gründe verbunden, und das Konzept ›Freiheit‹ muss nicht durch das Konzept ›Zufall‹ ersetzt werden.

Willensfreiheit ist aus dieser Sicht zu verstehen als »selbstverantwortliches Handeln aus Gründen« (Beckermann/Seebaß/Tetens/Vollmer 2005, 64): Ein Raucher kann zum Beispiel die Entscheidung treffen, mit dem Rauchen aufzuhören, oder weiterhin rauchen. Die Auskunft seines Arztes, es sei lebensgefährlich für ihn, weiterhin zu rauchen, wird in seine Überlegungen und in seine Entscheidung eingehen. Sein Entschluss wird mit neuronalen Ereignissen einhergehen, man wird ihn als etwas beschreiben können, das gleichzeitig ein neuronaler Prozess und ein Prozess der rationalen Erwägung ist (Beckermann 2005, 17 f.). Ein Alkoholkranker oder ein Drogensüchtiger haben diese Art der Freiheit nicht. Sie können zwar Gründe erwägen und den begründeten Wunsch haben, auf die Einnahme der begehrten Substanz zu verzichten, doch solange sie krank bzw. süchtig sind, können sie sich nicht aus freien Stücken dafür entscheiden.

Freiheit als »selbstverantwortliches Handeln aus Gründen« muss noch nicht einmal in einem strikt kausalen Sinn gemeint sein. Es kann auch bedeuten, dass man lediglich einen temporalen Zusammenhang annimmt: »Man handelt, nachdem man entsprechende Gründe für sein Handeln gefunden und akzeptiert hat.« (Ebd.) Aber selbst dann, wenn man mit dieser Argumentation den neurobiologischen Deterministen noch ein Stück weiter entgegenkommt, hat man die Eigengesetzlichkeit der Reflexion auf Gründe nicht ohne Rest auf die Eigengesetzlichkeit neuronaler Geschehnisse in den Bahnen des Hirns reduziert.

Hirnforscher haben seriöse Argumente gegen inkompatibilistische Theorien der Willensfreiheit vorgebracht, doch keine überzeugenden Einwände gegen die kompatibilistische Argumentation. Roth unterscheidet zu Recht zwischen Gründen und Ursachen, doch er geht zu Unrecht davon aus, dass rationale Gründe nicht zu Ursachen für Wollen, Entscheidungen und Handlungen werden können. Denn er fasst neuronale Ereignisse ausschließlich als für das Subjekt unverfügbare Vorgänge auf, nicht aber als physische Vergegenständlichungen von psychischen Prozessen.

Man kann sich anhand dieser Argumentationen gut den Unterschied zwischen naturalistischem und materialistischem Philosophieren klarmachen. Naturalisten gehen von dem (unbestreitbaren) Sachverhalt aus, dass Menschen biologische Wesen sind, die über spezielle kognitive Kompetenzen verfügen. Sie folgern daraus, dass die kognitiven Prozesse deterministisch aus den experimentell nachweisbaren (neuro-)biologischen Abläufen abgeleitet werden können oder müssen, die ihnen jeweils entsprechen. Materialisten nehmen an, dass es keine Seinsebene mit eigenen Gesetzen gibt, die außerhalb, neben oder oberhalb der Seinsebene der naturwissenschaftlich beschreibbaren und nachweisbaren Realität liegt. Das tun auch Naturalisten (vgl. Roth 1996, 250 ff.), doch Materialisten beschreiben die

Beziehungen zwischen biologischen und kognitiven Vorgängen grundsätzlich anders. Ein materialistischer Begriff der Person impliziert, dass kognitive Vorgänge, Willensimpulse, Entscheidungen und Handlungen der Person nicht getrennt von ihrer Physis stattfinden (und sich zweifellos als neuronale Realisationen und Repräsentationen nachweisen lassen). Der Begriff schließt nicht ein, dass sie durch neuronale Vorgänge in dem Sinne kausal determiniert sind, dass die Person nicht aus Gründen handeln könnte.

Meines Wissens hat die philosophisch reflektierende Hirnforschung noch keinen zwingenden Beweis für solch eine kausale Determination erbringen können. Stattdessen hat sie in der Auseinandersetzung mit der moralphilosophischen Position des Dualismus der Willensfreiheit die Wahl zwischen drei Optionen (die rein oder gemischt auftreten): einem cartesianischen Substanzendualismus von Körper und Person, einem physiologischen Monismus auf den Spuren von Nietzsche oder einem reduktionistischen Monismus im Stile des Behaviorismus. Alle drei machen das kantische Konzept der Person, die aus Gründen verantwortlich handelt, zum Epiphänomen. Sie negieren es abstrakt; vernünftige Selbstbestimmung ist demnach nicht nur praktisch unmöglich, sondern auch undenkbar.

7. Autonomie

Im Zentrum der modernen politischen Philosophie steht der Gedanke, dass Individuen und Gesellschaften ausschließlich verpflichtet sind, Gesetzen zu gehorchen, die sie sich selbst gegeben haben (oder sich selbst gegeben haben könnten). Seit der europäischen Aufklärung setzte sich allmählich das kritische Bewusstsein durch, dass Herrschaft nur dann legitimiert werden kann, wenn sie sich vor der Instanz der kritisch prüfenden Vernunft (die ebenso im Expertenwissen wie im gemeinen Menschenverstand waltet) als vernünftig begründet ausweisen kann.

7.1 Der Autonomiebegriff in der politischen Philosophie

Soziales und politisches Zusammenleben setzt demnach die Geltung von Gesetzen voraus. Diese Gesetze müssen jedoch kodifizierter Ausdruck des gemeinschaftlichen Willens sein, in dem, so jedenfalls die Konstruktion, die individuellen Einzelwillen aufgehoben sind. Niemand darf dazu verpflichtet werden, einem Gesetz oder einer Verfassung zu gehorchen, dem/der er als vernünftiges Wesen und potentieller Diskursteilnehmer nicht mit guten Gründen zustimmen könnte. Diese guten Gründe sind einerseits verallgemeinerbare Gründe und andererseits solche, die das wohlverstandene Eigeninteresse nicht verleugnen. Ohne gesellschaftliche und rechtlich-politische Ordnung, darin waren sich alle Philosophen der Aufklärung einig, herrscht Unfreiheit, und zwar im Sinne nackter, brutaler Gewalt; eine gesetzlose Vereinigung von Menschen wäre die Fortsetzung des Hobbes'schen »Naturzustands« mit seinen Zwängen und tödlichen Gefahren. Freiheit könne nur als regelgeleiteter Vergesellschaftungszustand verwirklicht werden. Hierin bestehe die allgemeinste *notwendige* Bedingung realer Freiheit. Die *hinreichende* Bedingung dafür sei, wie gesagt, das Kriterium, dass potentiell jedes Mitglied der Gesellschaft, aus freien Stücken und aus rationaler Überlegung heraus, den Gesetzen des Gemeinwesens seine Zustimmung geben könnte.

Diese Konstruktion war nicht als historische Theorie gedacht, daher erübrigt sich der Einwand, dass ein Übergang per Verfassungswahl aus einem anomischen ›Urzustand‹ des vorbürgerlichen ›Bürgerkriegs‹ in einen gesetzlich geordneten Zustand bislang nirgendwo faktisch stattgefunden hat. Die Konstruktion der Selbstgesetzgebung bzw. der Zustimmung zu den Gesetzen wurde als Prüfungsverfahren formuliert, mit dessen Hilfe festgestellt werden kann, ob die Gesetze eines Gemeinwesens authentischer Ausdruck des freien Willens des einzig legitimen Souveräns sind, und das heißt: des freien Willens des Volkes.

Den Paradigmenwechsel in der Vorstellung von Freiheit und Gesetz, der für das moderne Freiheitsverständnis charakteristisch ist, kann man sich leicht vergegenwärtigen, wenn man den Begriff der politischen Freiheit in der materialistischen Philosophie der französischen Aufklärung mit dem von Montesquieu und Rousseau vergleicht.

Das zentrale Motiv der französischen Materialisten Julien Offray de La Mettrie, Paul-Henri Thiry d'Holbach und Claude Adrien Helvétius war die Kritik von Herrschaft. Ihre »Intention«, resümiert Günther Mensching, bestand darin, »Herrschaft zu liquidieren, um die Autonomie aller Individuen zu ermöglichen« (Mensching 1971, 8). Dabei war das Denken der radikalen französischen Aufklärer in einem Widerspruch befangen: Ihre Kritik der feudalen Herrschaft wurde zum Medium der Etablierung bürgerlicher Herrschaft. Als Bürger sollten alle Menschen zu Subjekten sozialer und politischer Selbstbestimmung werden. Voraussetzung solcher Subjektivität war das rechtlich geschützte Eigentum, das als »Garantie der individuellen Freiheit« (227) und als Grundlage des Menschenrechts galt.

In der *Allgemeinen Erklärung der Menschenrechte* von 1948 wird der Schutz des Privateigentums zwar erst in Artikel 17 ausdrücklich angeführt; doch logisch liegt der liberale Eigentumsgedanke der bürgerlichen Emanzipation zugrunde, und historisch steht er an ihrem Beginn.

> Die liberalen Menschenrechte wurden vom Bürgertum erkämpft, und das Bürgertum war auch ihr hauptsächlicher Nutznießer. Denn die Aufhebung aller ständischen Schranken, die Bauernbefreiung und die Einführung der Gewerbefreiheit förderten in erster Linie die wirtschaftlichen Interessen des Bürgertums. Die bürgerliche Revolution verhalf der industriellen Revolution zu einem durchschlagenden Erfolg. Der Staat wurde aus dem Wirtschaftsleben zurückgedrängt; er hatte lediglich für günstige Rahmenbedingungen (Beseitigung von Handelshemmnissen, Garantie der Rechtssicherheit, Ausbau der Verkehrswege usw.) zu sorgen. (Herrmann 2008.)

Erst als wirtschaftliches Subjekt des freien Tauschs darf der Mensch demnach politisches Subjekt werden. Aus dem partikularen, doch mit universaler Perspektive begründeten Interesse am Eigentum sollte eine allgemeine Wohlordnung entstehen. Sie sollte mehr sein als ein Zweckbündnis von Besitzenden gegen Besitzlose, weil sie impliziere, dass eine Verständigung aller Eigentümerinnen und Eigentümer miteinander gewährleistet ist.

Doch die moralischen und politischen Überlegungen der Aufklärungsphilosophie waren nicht zureichend mit den »objektiven Interessenkonflikten in der Gesellschaft« (Mensching 1971, 231) ihrer Zeit und der sich anschließenden bürgerlichen Epoche vermittelt. Formalrechtlicher Schutz des Eigentums mit staatlichen Zwangsmitteln konnte im Denken der Aufklärer wohl noch als Voraussetzung und Grundlage für »die Entfaltung aller Individuen zu autonomen Subjekten« (226) gedacht werden, doch als ihr zureichender Grund konnte sie sich nicht erweisen. Das sollte sich in den späteren Konstruktionen von Selbstbestimmung als richtigem Verhältnis von Gesetz und Freiheit zeigen, in denen die Kritik von Herrschaft deren Rechtfertigung gewichen ist.

Charles de Secondat, Baron de Montesquieu, unterschied zwischen einem philosophischen und einem politischen Freiheitsbegriff. 1748 schrieb er:

> Die philosophische Freiheit besteht in der Betätigung des eigenen Willens oder zumindest, um es allen Systemen recht zu machen, in der Überzeugung, daß man seinen eigenen Willen betätige. Die politische Freiheit steht in der Sicherheit oder der Überzeugung, man habe seine Sicherheit. Am stärksten wird in diese Sicherheit bei öffentlicher und privater Klage eingegriffen. Deshalb hängt die Freiheit des Bürgers hauptsächlich von der Trefflichkeit der Strafgesetze ab. (Montesquieu 1748, 250.)

Hier wird noch in erster Linie die Funktion des Staates als Garant für persönliche Sicherheit der Individuen betont. Im Vordergrund steht der Schutz vor Eingriffen innerer und äußerer Willkür. Bei Jean-Jacques Rousseau wird dann zum ersten Mal stringent die neue Verbindung von Freiheit und Selbstgesetzgebung postuliert. Wichtig ist dabei, dass Rousseau nicht der Auffassung war, der Naturzustand sei der Zustand der Unfreiheit schlechthin.

»Der Mensch ist frei geboren, und überall liegt er in Ketten.« (Rousseau 1762a, 5.) Mit diesem Satz beginnt Rousseaus berühmte Schrift *Vom Gesellschaftsvertrag*, der Grundtext der modernen politischen und Sozialphilosophie aus dem Jahre 1762. Das klingt wie ein sozialistischer Kampfruf, der zum Umsturz aufruft. Die Angelegenheit ist freilich komplexer: Nicht nur die Untertanen sind unfrei, sondern auch ihre Herrscher. »Einer hält sich für den Herrn der andern und bleibt doch mehr Sklave als sie.« (Ebd.) Allesamt sind sie nämlich Gesetzen unterworfen. Menschen leben immer in gesellschaftlichen Verbänden, und dort herrschen Regeln, die verbindliche Geltung beanspruchen und mit institutionalisierter Zwangsgewalt durchgesetzt werden. Wie hat die Verwandlung stattgefunden, die aus einer naturhaften Freiheit von jeglichen Institutionen des Rechts in eine mehr oder weniger stark strukturierte Ordnung führte? Das lässt sich, Rousseau zufolge, historisch nicht mehr rekonstruieren. Wohl aber lässt sich untersuchen, wie gesellschaftliche Herrschaftsverhältnisse zu legitimieren sind, und genau das beabsichtigt Rousseau in seiner Schrift. Er fragt nach den allgemeinen rechtlichen Grundlagen gesellschaftlicher Herrschaft, die zwar nicht historisch hergeleitet, aber rational begründet werden können. Allgemein gesprochen, ist es die »gesellschaftliche Ordnung«, die dem Übergang von natürlicher Freiheit in soziale Unfreiheit »Rechtmäßigkeit« verleiht; dieser Ordnung liegt ein »geheiligtes Recht« zugrunde, das »nicht von der Natur« stammt, sondern »auf Vereinbarungen« (Rousseau 1762a, 5 f.) beruht.

Wie kann Freiheitsberaubung, also die Unterwerfung und Beherrschung von Menschen durch Menschen, rechtmäßig sein? »Jeder Mensch hat das Recht auf Leben, Freiheit und Sicherheit der Person«, heißt es im dritten Artikel der UN-Menschenrechtsresolution von 1948. Nun, Rousseau macht klar, dass es ohne allgemeine gesetzliche Ordnung, also Zwang, keine Freiheit des Einzelnen geben kann. Darin folgt er Hobbes. Nur strukturierte Gemeinwesen können Freiheitsspielräume für Individuen eröffnen. Rousseau will aber darauf hinaus, dass Zwang und Freiheit nicht nur äußerlich zusammengebracht, sondern immanent miteinander vermittelt sein sollten. Das bedeutet, dass vernünftige Wesen sich nur dem Gesetz unterwerfen müssen, das sie sich selbst gegeben haben. Nur einem selbstgegebenen Gesetz gegenüber sind sie zum Gehorsam verpflichtet. Das ist die kategoriale Struktur republikanischer Freiheit. Allgemeiner formuliert: Als Bürger eines freien Staates ist man nur solchen Gesetzen gegenüber zum Gehorsam verpflichtet, die man sich selbst gegeben haben könnte. Das Verfahren, mit dem man testet, ob die fraglichen Gesetze dieses Kriterium erfüllen, ist die vernünftige Prüfung. Rousseau gibt ein Modell politischer Autonomie, in dem Selbstgesetzgebung, kritische Vernunft und Gesetze der Volkssouveränität wechselseitig aufeinander verweisen.

7.2 Moralische und sittliche Autonomie

Der Freiheitsbegriff der politischen Philosophie Rousseaus bildete das Vorbild für Kants Autonomiebegriff. Freiheit und Ordnung (Regelgeleitetheit) sollen vermittelt werden. Der philosophische Freiheitsbegriff unterscheidet sich vom alltagssprachlichen; Kant stellt fest, dass Freiheit nicht einfach bloß ein Zustand ist, in dem man alles tun könne, was man will. Im Zentrum seiner Ethik steht der Gedanke, dass Freiheit identisch ist mit moralischer Autonomie. Unter »Autonomie« versteht er das freie »Handeln nach allgemeinen, selbstgegebenen und universalisierbaren Gesetzen« (Forst 1996, 29). Für Kant bilden das Moralprinzip des kategorischen Imperativs und die Autonomie, d. h. die moralische Selbstbestimmung des Willens, zwei Seiten einer Medaille. »Die Autonomie des Willens«, schreibt er in der *Kritik der praktischen Vernunft*, »ist das alleinige Prinzip aller moralischen Gesetze und der ihnen gemäßen Pflichten.« (Kant 1788, 54.) Immer dann hingegen, wenn der Wille von externen Zielen geleitet wird, ist er fremdbestimmt. Seine Maximen haben dann keine verpflichtende Geltung.

> In der Unabhängigkeit nämlich von aller Materie des Gesetzes (nämlich einem begehrten Objekte) und zugleich doch Bestimmung der Willkür durch die bloße allgemeine gesetzgebende Form, deren eine Maxime fähig sein muß, besteht das alleinige Prinzip der Sittlichkeit. (Ebd.)

Wenn der Wille unabhängig von einer sozusagen externen Zielbestimmung ist, spricht Kant von negativer Freiheit, während er unter Freiheit im positiven Sinn die Selbstgesetzgebung »der reinen […] praktischen Vernunft« (ebd.) versteht.

In der heutigen, zumeist an Kant anknüpfenden Ethik ist der Bezug auf diesen Autonomiebegriff der Grundkonsens.

> Freiheit als Fundament menschlicher Praxis ist keine regellose Willkürfreiheit, der gemäß jeder tun und lassen kann, was ihm beliebt. Der Mensch ist auch nicht wie das Tier schon von Natur aus durch Instinkt und Triebe so optimal eingerichtet, dass Freiheit überflüssig würde. Vielmehr besteht die menschliche Freiheit als moralische Freiheit darin, sich selber Regeln im Hinblick auf das, was man als von Bedürfnissen und Trieben abhängiges, durch diese aber nicht schlechthin determiniertes Sinnenwesen ist, zu geben und diese Regeln aus Freiheit und zur Erhaltung der Freiheit zu befolgen. Erst durch die *Selbstbindung* an solche Regeln der Freiheit entsteht Verbindlichkeit und damit eine Moral. (Pieper 2000, 31 f.)

Anhand eines Urteils des Obersten Gerichtshofs der Bundesrepublik Deutschland lässt sich gleichwohl zeigen, dass von einem ungebrochen kantianischen Ethik-Konsens hierzulande nicht die Rede sein kann. Zu Beginn des Jahres 2020 entschieden die Richter*innen des Bundesverfassungsgerichts, dass Beihilfe zum Suizid nicht mehr unter Strafe gestellt werden dürfe. Dabei gingen sie von einem Tatbestand der »Freiheit« aus, »sich das Leben zu nehmen« (Bundesverfassungsgericht 2020). Zur Begründung wurde angeführt: Die freie, auf Überlegung und Abwägung basierende Selbsttötung von Menschen, deren Urteilsfähigkeit nicht durch eine psychische Erkrankung oder Behinderung eingeschränkt ist, sei als »Ausdruck persönlicher Autonomie« (ebd.) anzusehen. Es gehöre essentiell zum Persönlichkeitsrecht, dass jeder Mensch im Prinzip das Recht hat, »selbstbestimmt die Entscheidung zu treffen, sein Leben eigenhändig bewusst und gewollt zu beenden« (ebd.).

Das steht im Gegensatz zu Kant: Dieser hielt die Maxime, die einer Selbsttötung aus freien Stücken zugrunde liegt, ausdrücklich nicht nur ungeeignet dafür, zu einem verallgemeinerbaren Handlungsgrundsatz gemacht zu werden. Er sah sie darüber hinaus seinem Verständnis von moralischer Universalisierung als geradezu entgegengesetzt an. Denn sie kollidiert mit der Pflicht eines jeden zur »Beförderung des Lebens« (Kant 1786, 53). Ein Selbsttötungsvorsatz, wie verständlich er subjektiv auch sein mag, kann niemals »ein allgemeines Naturgesetz werden« (53). Natur würde damit nämlich gegen die eigene Zielbestimmung verstoßen, in einen Selbstwiderspruch geraten und nicht mehr als konsistentes Ganzes denkbar sein. Menschen sind Mischwesen aus Natur und Geist, und daher dürfen und können sie nicht aus dem Ganzen der Natur herausfallen. Das würde geschehen, wenn sich Geist und Natur im menschlichen Subjekt nicht mehr konsistent zueinander verhielten. Daher (und nicht etwa aus Gründen, die von kirchlicher Seite vorgetragen werden) laufe die Suizid-Maxime »dem obersten Prinzip aller Pflicht« (54) zuwider.

Der Karlsruher Verfassungsgerichtshof sieht in dieser konsistenzlogischen Begründung der obersten Pflicht zur Selbsterhaltung (und zur logischen Erhaltung des Naturganzen) offenbar keine verbindliche ethische Grundlage mehr. Er betont vielmehr, es gelte »die Entscheidung des Einzelnen, entsprechend seinem Verständnis von der Sinnhaftigkeit der eigenen Existenz dem Leben ein Ende zu setzen, […] als Akt autonomer Selbstbestimmung anzuerkennen« (Bundesverfassungsgericht 2020). Nicht nur Kantianer*innen dürften sich an dieser Stelle über die verdoppelnde Rede von einer selbstbestimmten Selbstbestimmung wundern. Der Pleonasmus mag ein Anzeichen inhaltlichen Schwankens sein, das durch überhöhten Nachdruck der sprachlichen Darstellung übertönt werden soll. So wurde denn auch im Feuilleton zu Recht auf die »adverbiale Kaskade« (Seibt 2020) hingewiesen, die mittels klarer Kriterien für freiheitliche Selbsttötung juristische Eindeutigkeit schaffen soll: ›selbstbestimmt, eigenhändig bewusst und gewollt‹ (Bundesverfassungsgericht 2020).

Die rechtliche Klarstellung, dass der Staat es nicht unter Strafe stellen darf, wenn Menschen anderen Menschen dabei helfen, ihren wohlerwogenen und begründeten Suizidvorsatz in die Tat umzusetzen, ist als freiheitliche Errungenschaft keineswegs geringzuschätzen. Doch die Gegenargumente, die in der anschließenden öffentlichen Debatte vorgetragen wurden, sind nicht zu vernachlässigen. Sie weisen auf die Problematik hin, mit der jene rechtliche Klarstellung in einer Gesellschaft, die immer mehr unter marktradikalen Vorzeichen steht, einhergehen kann, sofern es sich als kostengünstig und zeitsparend erweisen könnte, kranken und einsamen Menschen den finalen Rückzug aus der Volks- und Betriebswirtschaft nicht mehr durch rechtliche Hürden zu erschweren. Im Urteil des Bundesverfassungsgerichts, kommentiert der Jurist Oliver Tolmein,

> ist viel von Autonomie, Selbstbestimmungsrecht und Freiheit die Rede, wenig davon, was die Bedingungen

> sind, die aus einer Entscheidung eine freie Entscheidung machen. […] Der Patient mit unerträglichen Cluster-Kopfschmerzen, dem die Krankenkasse das ärztlich verordnete Cannabis nicht genehmigt, […] will sich, wenn er es nicht mehr aushält, nicht »autonom bestimmen«, er erträgt die Schmerzen nicht mehr – so wie die vereinsamte psychisch Kranke es irgendwann nicht mehr aushält, sich mit sich selbst unterhalten zu müssen, keinen Arbeitsplatz haben und wegen ihres Leidens gemieden zu werden. (Tolmein 2020.)

Ohne darauf weiter im Einzelnen einzugehen, sei doch angemerkt, wie unverzichtbar es ist, auf die Problematik individueller Autonomie unter Bedingungen gesellschaftlicher Heteronomie hinzuweisen.

Die Diskrepanz zwischen juristischen und sozialethischen Aspekten gibt erneut Anlass zu historischer Reflexion. Nachdem die revolutionären Intentionen der französischen Aufklärung historisch gescheitert waren, wurde ihr oben angedeuteter Widerspruch in der kritischen Gesellschaftstheorie des historischen Materialismus im 19. Jahrhundert zur Grundlage einer solidarischen Kritik. Marx machte sich den Anspruch der Aufklärung aufs Neue zu eigen. Sein Ansatz einer (Selbst-)Kritik der philosophischen Aufklärung unterschied sich von der vernichtenden Kritik, die das Denken jener Epoche als Selbstentfremdung des Geistes verurteilte: Für Hegel bestand der Irrtum der Aufklärung darin, dass sie absolute Freiheit verwirklichen wolle; daraus habe gar nichts anderes folgen können als das Grauen des jakobinischen Terrors.

Hegel legte den Akzent auf den vernünftigen Kern dessen, was er als »daseiende Sittlichkeit« verstand. Die bestehenden Sitten und Gebräuche eines Gemeinwesens seien zwar keineswegs unverrückbar sakrosankt, doch sie sollten nicht für eine Kritik zum Abschuss freigegeben werden, die sich aus einer moralischen, womöglich rigorosen Gesinnung speist. Daher hat Hegel eine etwas andere Geschichte über Autonomie erzählt. Er war wie Kant der Ansicht, dass sich Freiheit (politisch und ethisch) nur als Selbstbestimmung (vernünftiger Wesen) verwirklichen lasse. Doch er stimmte Kant nicht zu, was die Definition moralischer Autonomie im engeren Sinn betrifft. Denn er meinte, Kant würde die Autonomie der Moral zu selbstgenügsam definieren. Dabei komme jedoch das Gegenteil dessen heraus, was beabsichtigt war. Moralische Autonomie, die nur auf sich selbst bezogen bleibt, so Hegel, ist abstrakte Autonomie. Es kommt jedoch darauf an, dass man aus dem engen Kreis des Moralischen heraus- und wirkend in die Sphäre des Gesellschaftlichen, der realen Praxis, hinübertritt. Erst dort kann Autonomie konkret, real, und das heißt: wirksam sein. Damit ist sie allerdings auch nicht mehr rein autonom. Sie lässt sich auf das Andere ein, sie bleibt nicht in der Reinheit des guten (d. h. vernunftgeleiteten und freien) Willens stehen.

Hegels Polemik gegen die Verabsolutierung des Gewissens nimmt vieles von Max Webers Debatte über Gesinnungs- und Verantwortungsethik vorweg. Nach Weber wird der Typus des ›wertrationalen Handelns‹ von demjenigen verkörpert, der

> ohne Rücksicht auf die vorauszusehenden Folgen handelt im Dienst seiner Überzeugung von dem, was Pflicht, Würde, Schönheit, religiöse Weisung, Pietät, oder die

> Wichtigkeit einer »Sache« gleichviel welcher Art, ihm zu gebieten scheinen. (Weber 1922, 34.)

Anders der Typus des ›zweckrationalen‹ Handelns: Er werde von jenem verkörpert, der

> sein Handeln nach Zweck, Mitteln und Nebenfolgen orientiert und dabei sowohl die Mittel gegen die Zwecke, wie die Zwecke gegen die Nebenfolgen, wie endlich auch die verschiedenen möglichen Zwecke gegeneinander rational abwägt (ebd.).

Hegels *Vorlesungen über die Philosophie der Geschichte* stellen dar, wie sich die universale Vernunftnatur des Menschen entfaltet und zu sich selbst kommt. Im griechischen Geist, also in der antiken Philosophie, schreibt Hegel, erkannte sich nicht der einzelne partikulare Mensch, sondern der Mensch überhaupt. Da geschichtlicher Fortschritt für Hegel der Fortschritt im Bewusstsein der Freiheit ist, kann er sagen: Der griechische Geist hatte zwar bereits einen philosophischen Begriff von der Universalität der vernünftigen Natur der Menschen, aber erst die Moderne ist dazu übergegangen, die schrittweise begriffene Universalität der Freiheit auch politisch zu verwirklichen. Denn für Hegel gilt, »daß die Orientalen nur gewußt haben, daß *Einer* frei, die griechische und römische Welt aber, daß *einige* frei sind, daß *wir* aber wissen, *alle* Menschen an sich, d. h. der Mensch als Mensch sei frei« (Hegel 1840, 272). Hegel hat deutlich gemacht, dass der universalistische Begriff menschlicher Freiheit, der dem normativen Geltungsanspruch der modernen *universalistischen* Moralphilosophie zugrunde liegt (vermittelt durch den neuzeitlichen juristisch-politischen Begriff der Person), selbst einen historischen, *partikularen* Ursprung hat:

> Es ist wohl an die anderthalbtausend Jahre, daß die *Freiheit der Person* durch das Christentum zu erblühen angefangen hat und unter einem übrigens kleinen Teile des Menschengeschlechts allgemeines Prinzip geworden ist. (Hegel 1821, 133.)

In der Tat: Die universale Idee einer Menschheitsmoral entsprang dem partikularen Lebensinteresse eines »auserwählten« Volkes, des alttestamentarischen Judentums, und wurde zur Leitidee einer religiösen Sekte, des Christentums. Dieses erhob bis zur Renaissance einen Ganzheitsanspruch (und zwar im wörtlichen Sinn, bedeutet doch das griechische Wort *katholikós* ›das Ganze betreffend‹ oder ›allgemein‹), bevor es dann selbst in zwei verfeindete Sekten zerfiel. Bei Hegel wird die partikulare Genesis und der universale Geltungsanspruch jedoch nicht als systematisches Widerspruchsverhältnis konstruiert. Seiner Darstellung des historischen Fortschritts liegt der Gedanke zugrunde, dass sich das Vernünftig-Allgemeine nur durch die partikularen Interessen bedürftig-besonderer Individuen hindurch realisieren könne und dies auch wirklich tun würde. (Hegel 1840, 34.)

Hegel meinte, weil Kant die konkreten, material-besonderen Manifestationen des Moralprinzips vernachlässigt, würde die abstrakt-formale Besonderheit des gesinnungsgeleiteten Handelns verabsolutiert, wenn man ihm moralphilosophisch folgt. Der

> unbedingte, reine Moralbegriff Kants [...] muß letztlich die Bestimmung des Guten, seine Konkretion zu Pflichten und zu besonderen guten Handlungen, der Willkür des besonderen Subjekts preisgeben und dadurch die Grenzen zwischen gut und böse, moralisch und amoralisch aufheben (Siep 1982, 82 f.).

Hegel nahm den Universalitätsanspruch der Gewissensentscheidung, die sich auf ein Moralprinzip stützt, ernst; sie bildet die Grundlage seiner immanenten Kritik, die zeigen sollte, dass Kants ethische Prinzipien in Widerspruch zu dessen eigentlichen Absichten geraten. Das Gewissen, darf nach Hegel »nicht allen intersubjektiv überprüfbaren Maßstäben entzogen sein« (95), schreibt der Philosoph Ludwig Siep, wenn es mit Recht einen Geltungsanspruch erheben wolle. Dieser Aspekt der moralphilosophischen Bestimmung des Gewissens sollte bei Hegel dadurch gesichert werden, dass die Moralität der Gewissensmaximen in gesellschaftlicher, konkret-daseiender Sittlichkeit aufgehoben wird. Das moralisch Gute war in Hegels Sicht zwar »das substantiell Allgemeine der Freiheit« (Hegel 1821, 286), aber noch in abstrakter Gestalt. Das Gewissen sei »das nur abstrakte Prinzip des Bestimmens« (ebd.). Erst in der Sittlichkeit werde die Identität beider konkret.

Kant hatte Freiheit als vernunftgeleitete Selbstgesetzgebung des Willens bestimmt. Rationale Autonomie des Subjekts war für ihn die Basis des moralphilosophischen Universalismus. Hegel wollte Freiheit und Autonomie des Subjekts mit dem über- bzw. metasubjektiv gedachten Ganzen der Sittlichkeit verbinden. Diesen Versuch kann man als Transformation des moralphilosophischen Universalismus in einen rechtsphilosophischen Universalismus bezeichnen. »Moralität ist die Innerlichkeit des Willens« (171); doch bei der Innerlichkeit darf es nicht bleiben, damit der Wille frei werden kann. Erst als »die sich selbst bestimmende Allgemeinheit« ist der Wille »die Freiheit« (71 f.).

Hegel zielt also auf die Universalisierung von Autonomie. Diese ist bei ihm geistmetaphysisch fundiert: Freiheit ist nur im Denken, und Denken ist Aufhebung der Partikularität, die durch die Reflexion der unmittelbaren Natürlichkeit entsteht. Sie wird »ins Allgemeine aufgehoben« (72). Vernunft und Freiheit, meint Hegel, sind das Göttliche des Menschen, aufgrund dessen er als Selbstzweck gedacht werden kann. Und die Universalisierung von Autonomie wird rechtsphilosophisch ausgeführt. Grundlage ist der Begriff der Person, der an die Stelle des Konzepts des freien, autonomen Subjekts tritt, das im Geiste des Sittengesetzes handelt. Der kategorische Imperativ wird bei Hegel durch das universalistische Rechtsgebot ersetzt: »Sei eine Person und respektiere die anderen als Personen.« (95.) Als Personen, deren Handeln dem Rechtsgebot gemäß ist, sind alle Menschen gleich. Am Begriff der Gleichheit und des Eigentums der Person entfaltet Hegel die Dialektik von Allgemeinem und Besonderem. Die Individuen sind als Naturwesen unendlich ungleich, aber als Personen, d. h. als Vernunftwesen, sind sie gleich, nämlich gleichermaßen rechtsfähige Vertragspartner und potentielle Eigentümer. Unbedingten Geltungsanspruch haben bei Hegel nicht moralische Normen, sondern die Bestimmungen des Rechts. Er spricht der Moralphilosophie die Fähigkeit zur Universalisierung von Moralprinzipien grundsätzlich ab, weil sie auf die Verabsolutierung der Subjektivität hinauslaufe. Das Problem der

Geltung wird aufs engste mit der Faktizität zusammengeschlossen.

»Was in der Welt gilt, ist Recht, [...] Moralität ist fest für sich gegen dieses Gelten; oder macht den einzelnen Fall nicht zu einem geltenden, d. i. allgemein seienden, sondern auf dieses Individuum beschränkt.« (185.) Geltung kann nur das beanspruchen, was auch tatsächlich *schon gilt*. Doch erst im System der Sittlichkeit, das sich politisch verwirklicht, soll Moralphilosophie und ebenfalls die Sphäre des positiven Rechts aufgehoben sein. Hegels Konzept der Sittlichkeit ist daher mit der Hypothek belastet, dass der Staat, in dem die »Aufhebung« stattfindet, nicht bloß an Kriterien der Legalität zu messen ist, sondern moralischen Maßstäben genügen muss. Der Staat wird sozusagen moralisch aufgeladen. Gleichwohl ist er in Hegels Konzeption keine per se moralische Instanz. Im Gegenteil, der Staat geht ihm zufolge aus der Negation der Antagonismen jener arbeitsteiligen bürgerlichen Konkurrenzgesellschaft hervor, in der der Kampf aller gegen alle herrscht. Weil »die bürgerliche Gesellschaft der Kampfplatz des individuellen Privatinteresses aller gegen alle ist« (458) und weil Hegel diesen Zustand eben nicht (wie der Liberalismus) gutheißt, konstruiert er den Staat als sittliche Instanz, die den bloßen »Not- und Verstandesstaat«, zu dem es die bürgerliche Gesellschaft lediglich gebracht hat, überwunden haben soll. Indem der Staat als etwas »in sich Vernünftiges«, als »das sittliche Universum« (26) gedacht wird, erhält seine vernünftige Allgemeinheit aber einen ethischen Aspekt, der mehr als nur untergründig ist. Mit den Worten des Politikwissenschaftlers Iring Fetscher:

> Gegen die liberale Auffassung, die im Staat lediglich ein Instrument zur Gewährleistung des Schutzes des Eigentums erblickt, hat Hegel betont, daß das Individuum »selbst nur Objektivität, Wahrheit und Sittlichkeit habe« *insofern, »als es Glied des Staates ist«* [...]. Die Bestimmung der Individuen sei es nämlich, »ein allgemeines Leben zu führen«, weil sie nur in der sittlichen Gemeinschaft wahrhaft frei sein können. (Fetscher 1971, 24.)

Hegel zufolge ist Autonomie nur im dialektischen Verhältnis zu den Vorgaben der Sittlichkeit zu verwirklichen. Seine immanente Kritik des moralphilosophischen Universalismus und dessen abstrakten Autonomiebegriffs schlägt jedoch in eine universale Versittlichung des Staates mit apologetischen Zügen um. Denn der Staat soll nichts Geringeres als »das sittliche Ganze« sein, in dem die »Vereinigung des subjektiven und des vernünftigen Willens« (Hegel 1840, 55) stattfindet: Er ist »die *selbstbewußte* sittliche Substanz« (Hegel 1830, 330). Wenn die Substanz des Sittlichen aber gar nichts anderes sein kann als »das allgemein Anerkannte und Geltende« (Hegel 1821, 14), dann wird daseiende Sittlichkeit zum Einfallstor für Heteronomie. Die Konzeption des Staates als Verwirklichung substantieller Sittlichkeit führt dazu, dass moralisches Bewusstsein als regulative Idee und als kritisches Korrektiv der bestehenden Welt tendenziell aufgelöst wird, während die Wirklichkeit unangetastet bleibt, die doch jenes Korrektivs bedürfte: als einer Instanz, ohne die sie sich nicht praktisch verändern ließe.

Die Sittlichkeit des Staates setzt die ›unsittliche‹ Basis der bürgerlichen Gesellschaft, setzt das antagonistische Produktionsverhältnis fort. Diese Perpetuierung ist nicht bloß äußerlich, denn der Staat geht nach Hegel aus der bürgerlichen Gesellschaft ja folgerichtig hervor. Was aber im Begründeten zu sich selbst kommt, kann seinem Grund nicht äußerlich sein. Also muss die bürgerliche Gesellschaft in ihrer Unsittlichkeit selbst auch schon sittlich sein. Doch die Unsittlichkeit der bürgerlichen Gesellschaft – ihr ökonomisches Bewegungsgesetz der Verwertung des investierten Werts in der industriekapitalistischen Warenproduktion – ist die Grundlage der »universalen Verstrickung« (Adorno 1984, 306), als die man mit Marx und Adorno die falsche Aufhebung des Freiheits- und Glücksanspruchs der Individuen in der abstrakten Allgemeinheit des Staates bezeichnen kann.

In Hegels Sittlichkeitskonzept ist die Faktizität der Normativität allerdings nicht bloß abstrakt entgegengesetzt. In der »bürgerlichen Gesellschaft« rekonstruiert Hegel Sittlichkeit auch in Gestalt der Liebe. Sie ist Träger allen geschichtlichen Werdens von Moralität, denn im Eltern-Kind-Verhältnis wird Moralität aufgebaut. Man sollte daher Hegel nicht auf seine problematische Staatslehre reduzieren. Nicht zuletzt deshalb, weil er den klassischen, humanistischen Begriff des Politischen wiederbelebt, der auf anderes, auf mehr aus ist als auf einen starken Staat. Die Zerrissenheit der bürgerlichen Gesellschaft braucht substantielle Realisierungen von Moralität im gemeinschaftlichen Zusammenhang der Polis. Das »Politische« bezeichnet Hegel als »den Standpunkt der ›*höchsten konkreten Allgemeinheit*‹« (Hegel 1821, 474) eines Gemeinwesens. Er kritisiert die liberalistische politische Theorie, die diesen Allgemeinheitsstandpunkt preisgibt, indem sie die politische und die bürgerliche Sphäre trennt und das Gemeinwesen begrifflich atomisiert, nämlich »wieder in eine Menge von Individuen auflöst« (ebd.).

Die Philosophin Seyla Benhabib hat es daher als »die wahre Herausforderung« von Hegels Rechtsphilosophie bezeichnet, »einen universalistischen moralischen Gesichtspunkt *innerhalb* einer ethischen Gemeinschaft zu erarbeiten«; diesen nennt sie die »Vision einer ›postkonventionellen Sittlichkeit‹« (Benhabib 1995, 20). Man würde mit Hegels Programm eines dialektischen Universalismusbegriffs erst richtig Ernst machen, wenn die partikulare Sittlichkeit im Universalismus rationaler normativer Geltungsansprüche aufgehoben wird, statt umgekehrt. Doch man darf darüber Hegels Depotenzierung des Individuums nicht vergessen, die weit über seine Liberalismuskritik hinausschießt – und systematische Gründe hat, weil dem Individuum in der Totalität des sich entfaltenden Geistes keine Substantialität zukomme. Das steht Benhabibs Lesart entgegen. Es gibt auch eine ›falsche Herausforderung‹ von Hegels *Rechtsphilosophie*: die Behauptung, der Graben zwischen Sollen und Sein könne zugeschüttet werden.

Der aufklärerisch-universale Begriff der Autonomie hatte soziale Gesetzmäßigkeiten und politischen Fortschritt miteinander verknüpft; der Theorie gemäß sollten sie einander bedingen. Was Vernunft als wahr erkannte, sollte auch politisch und gesellschaftlich realisiert werden. Der natürliche und soziale Lebenszusammenhang war rational zu begreifen und zu beherrschen. Dass sich die bürgerliche Gesellschaft mit ihren autonomen Produktions- und Eigentumsverhältnissen etablierte, war ein Erkenntnisgrund für die Erörterung der Bedingungen der Möglichkeit universaler Emanzipation und gesellschaftlicher Selbstbestimmung.

Sie öffnete einen Möglichkeitsraum für die Emanzipation der gesamten Menschheit durch bewusste Koordination des selbstbestimmten Handelns – und damit die Perspektive eines Zustands nach der bürgerlichen Gesellschaft: einer *menschlichen* Gesellschaft. Die Etablierung jenes Gesellschaftstyps war auch ein Realgrund für die bloß teilweise Emanzipation aller (siehe Schweppenhäuser 1986).

Doch schon bald verfiel mit dem politischen Siegeszug des Bürgertums der aufklärerisch-universale Begriff der Autonomie. Die revolutionäre Perspektive, soziales Handeln vernünftig und planvoll (nicht allein im fortschrittlichen, sondern auch im solidarischen Sinne) zu gestalten, kam allmählich abhanden. In den faschistischen Gesellschaften des 20. Jahrhunderts wurde modernisiert und geplant, aber nicht solidarisch; in den sozialistischen wurde zwar solidarisch zu planen versucht, jedoch nicht im Sinne einer Manifestation spontaner und freier Praxis von Kollektiven, sondern herrschaftlich verfügt von Machteliten. Die im 21. Jahrhundert gern beschworenen ›westlichen Werte‹ (siehe Kap. 2.1.1) sind die des liberalen Kapitalismus der frühen Moderne und des neoliberalen Kapitalismus der Spätmoderne. Die Idealnorm der freien Marktgesellschaften ist die Autonomie im Sinne einer freien, d. h. in diesem Falle: uneingeschränkten Herstellung von verwertbaren Tauschwaren. Gegen die universale Austauschbarkeit von allem und jedem, die sich daraus ergibt, ist freilich mit Kant daran zu erinnern, dass die moralische Unaustauschbarkeit alles Einzelnen zu respektieren wäre. Das markiert eine ethische Grenze der produzierenden und werbetreibenden Wirtschaft. Ein weiter gefasster, philosophischer Begriff von Autonomie, der dagegen stark zu machen wäre, würde auf die »Fähigkeit zu selbstbestimmtem Handeln gegen Widerstände« zielen (Pauen/Welzer 2015, 25). Dabei wird zwischen Freiheit als »Eigenschaft von einzelnen Handlungen« und Autonomie als »Eigenschaft von Personen« (33) unterschieden. Selbstbestimmung in Freiheit wäre mit einem politischen Konzept von Solidarität zusammenzudenken: verstanden als Transformation der »bürgerlichen Demokratie« (Lessenich 2019, 120), deren Grundlage die kapitalistische Produktionsweise ist. Solidarische Praxis besteht insofern im »Überschreiten von Klassengrenzen« (118), das auch die »Exklusionsstrukturen der Staatsbürgergesellschaft« (122) aufzubrechen hätte.

7.3 Selbstbestimmung und Verantwortung im Zeichen des Transhumanismus

Das Konzept von Subjektivität im Menschen wird heute durch Gentechnologie verändert, und das führt zu erheblichen moralischen Konsequenzen (7.3.2), die der zuletzt genannten Auffassung von personaler Autonomie zuwiderlaufen. Mitunter knüpft der Transhumanismus an die nietzscheanische Idee eines Übermenschen an (7.3.1). Das Konzept von moralischer Subjektivität wird durch digitale Akteure *neben den Menschen* verändert (7.3.3). Beide Veränderungen stellen die ethischen Grundbegriffe, die im vorliegenden Buch diskutiert werden, in Frage und auf den Prüfstand – oder gleich in Gänze zur Disposition.

7.3.1 »Übermensch« und »Überwindung« des Subjekts

Gegen Ende der 1960er Jahre sprach Michel Foucault vom »Tod des Subjekts«; damit meinte er, dass die Leitvorstellung »des Subjekts als Ursprung und Grundlage des Wissens, der Freiheit, der Sprache und der Geschichte« (Foucault 2001, 1002) nicht mehr haltbar sei. In seinen moralhistorischen Untersuchungen ging Foucault der Frage nach, welchen Stilisierungen, also: welchen disziplinierenden Selbsttechniken und domestizierenden Körperpraktiken Menschen sich unterwerfen, um sich im Geflecht gesellschaftlicher Machtbeziehungen als moralisches Subjekt zu konstituieren und sich Freiheitspielräume zu gewinnen. »Subjektivität ist dann das Selbstverhältnis von und zu Kräften. Und dieses Selbstverhältnis ist die Macht, etwas durch eigene Kräfte tun zu können.« (Menke 2003, 287.)

Im Verlauf des poststrukturalistischen Diskurses ist die Diagnose, das Subjekt sei tot, weit über das hinausgegangen, was Foucault vorgeschwebt haben dürfte. Jean Baudrillard vertrat eine vernunftskeptische, resignative Diagnose, die insbesondere auch gegen die marxistische Frage nach dem Subjekt gesellschaftlicher Befreiung gerichtet war. »Heute ist niemand mehr in der Lage, sich zum Subjekt der Macht, des Wissens oder der Geschichte zu machen« (Baudrillard 1985, 140). Dies sei eine schlechthin »unerfüllbare Aufgabe«, und daher sei es geradezu »lächerlich«, die Koordinaten der »letzten Zuckungen« jener »bürgerlichen Subjektivität« (ebd.) zum Ausgangspunkt für Kritik zu nehmen.

Poststrukturalist*innen knüpfen mit Vorliebe an Nietzsches Hinweis auf die Konstruktion von Subjektivität an, der eine (grammatische) Fiktion zugrunde liege. Nietzsches Dekonstruktion der abendländischen Metaphysik zeigt, wie fragwürdig eine Rechtfertigung von Naturbeherrschung und Herrschaft über Menschen aufgrund des Prinzips rationaler Subjektivität ist. Den Gedanken, dass die fiktionale Form des Subjekts gesellschaftliche Realität werden könnte, wenn eine solidarische Menschheit selbstbestimmtes Subjekt ihrer Praxis wäre, ließ Nietzsche indessen nicht zu. Mit seiner literarischen Gegen-Figur des Übermenschen entwarf er ein unklar bleibendes, utopisches Programm des Lebens in radikaler Autonomie. Dieses würde in einem repressionsfreien, bejahenden Verhältnis zur Leiblichkeit stehen (Stephan 2020, 76–79); hier könnten freie Individuen überhaupt erst zu sich selbst kommen.

Damit kritisierte Nietzsche, dass die christlich geprägte Moral Selbstaufgabe und Selbstlosigkeit als höchste Tugenden ausgebe (Stegmaier 1994, 18). Aber *Selbstlosigkeit auf Gegenseitigkeit* ist paradox: Moral – für die christlich-kantische Tradition gewissermaßen Medium des Selbstzwecks – würde dann auf den gemeinsamen Vorteil hinauslaufen. Dieser Selbstwiderspruch werde jedoch nicht reflektiert, sondern tabuisiert. Als Folgen des Tabus diagnostizierte Nietzsche Selbstverleugnung bei den Einzelnen und Nivellierung der Unterschiede zwischen den Lebensformen im Ganzen. Tabuisiert werde dabei auch, dass Moral etwas Naturhaftes ist. Moral ist für Nietzsche nur im Hinblick auf das Leben zu erklären, und ›Leben‹ bedeutet für ihn zweierlei: biologischer Naturzusammenhang und geschichtliche Entfaltung von Kultur und Zivilisation. Als solches sei es ›jenseits von Gut und Böse‹; es gebe keine »moralischen

Phänomene« im Leben, »sondern nur eine moralische Ausdeutung von Phänomenen« (Nietzsche 1886, 78). Als Zentrum aller Lebensregungen – vom animalischen Körpergeschehen bis hin zu feinsten, sublimierten kulturellen Gestaltungen und Praxisformen – könnte man dann das Bedürfnis nach Erhaltung und Steigerung des eigenen Daseins erkennen, also: den *Willen zur Macht*.

Dieses heikle Motiv ist eigentlich im Plural zu verstehen, argumentiert der Philosoph Werner Stegmaier: In der Welt seien viele »Willen zur Macht«, die miteinander konkurrieren. »Macht [...] ist für Nietzsche stets Macht gegen andere Macht, eine Macht im Spiel mit anderen Mächten.« (Stegmaier 1994, 83.) Macht sei demnach nur Macht, »sofern sie sich gegen andere Macht behaupten und sie übermächtigen will« (84).

Der Philosoph Christoph Menke hat darauf hingewiesen, dass Foucaults Vorstellung von der Konstitution moralischer Subjektivität eine (nietzeanisch inspirierte) Kritik der Vorstellung von Willensfreiheit beinhaltet, sofern diese Freiheit absolut gesetzt wird. Denn nach Foucault gilt:

> Ich kann nur wollen, was ich kann – was auszuführen und wozu oder wobei mich zu führen ich die Macht, die Fähigkeit, das Vermögen habe. Haben-Können, also Macht kommt nicht nur vor Wissen, Handeln-Können, also Macht kommt auch vor Freiheit. (Menke 2003, 288.)

Von hier aus lassen sich die subjektkritischen Interventionen von Nietzsche und Foucault mit dem aufklärerischen Konzept von Bildung verknüpfen, das als individuelle Aneignung kollektiver kultureller Errungenschaften des Wissens und des Könnens mit dem Ziel gesellschaftlicher Mündigkeit in Freiheit zu verstehen ist.

Auch wenn Poststrukturalist*innen und postmoderne Philosoph*innen mit einem kritisch revidierten Konzept von Subjektivität – einem erweiterten Subjektkonzept im Horizont gesellschaftlicher Selbstbestimmung – nichts im Sinn hatten: Nietzsches radikale Kritik der Subjekt-Konstruktion ist für die Erneuerung der Perspektive gesellschaftlicher Subjektivität relevant. Max Horkheimer hat in den 1930er Jahren betont, dass Nietzsche nicht Marx, sondern nur die Sozialdemokratie gekannt habe und daher den Schritt von der utopistischen Kritik der bürgerlichen Gesellschaft zu ihrer historisch-konkreten Überwindung zwar nicht habe vollziehen können (Horkheimer 1988, 227 f.). Aber der »Übermensch« sei als Allegorie der sozialen Revolution zu deuten. Nietzsches Ungereimtheiten seien Zeugnisse objektiver Widersprüche, die andere Philosophen übersahen oder überspielen wollten. Im Theoriemodell der Kritischen Theorie sollte Nietzsches Kritik der Moral in eine Gesellschafts- und Ideologiekritik eingehen, die er selbst nicht formulieren konnte. Dabei gilt es freilich zu beachten, dass Nietzsches Moralkritik häufig in eine abstrakte Negation von deren vernünftigen Geltungsansprüchen umschlägt und ideologische Züge annimmt, wie Adorno gezeigt hat (Adorno 1996, 255–260; Schweppenhäuser 2016, 190–200; 1988).

7.3.2 *Gentechnologie*

In den letzten Jahren ist der Handlungsspielraum gentechnologischer Eingriffsmöglichkeiten durch neue Verfahren erheblich erweitert worden. So kann man beispielsweise seit 2012 mit dem molekularbiologischen »CRISPR-Cas«-Verfahren menschliche DNS zielgenau beschneiden und manipulieren (CRISPR: Clustered Regularly Interspaced Short Palindromic Repeats). Hinzu kommen biochemische Wirkstoffe zum sogenannten *Enhancement*, der Optimierung körperlicher und geistiger Leistungsfähigkeit im weitesten Sinne. All das führte zu Debatten, die weit über die fachwissenschaftlichen Communities hinausreichen. Im Verlauf des kontroversen Diskurses stellten Naturwissenschaftler, Theologen und Philosophen in vielen Ländern Überlegungen zu den ethischen Aspekten der Biotechnologie (und deren politischen Konsequenzen) an. Der Philosoph Peter Singer »sieht in der Steuerung der Evolution des Menschen einen Akt der Befreiung und den Menschen als einen Sklaven seiner Gene« (Matlok 2019, 30, mit Bezug auf Wiebicke 2013). Die Philosophen Julian Săvulescu und Nick Bostrom behaupten in ihrem Sammelband *Human Enhancement* aus dem Jahre 2009 gar, Menschen hätten

> die moralische Pflicht zur ständigen Selbstoptimierung […]. Der Mensch sei nicht gut genug und unsere angeborene Moralität reiche nicht aus, um mit der technologischen Welt, die wir selbst geschaffen haben, klarzukommen. Das human enhancement stelle somit eine unumgängliche Notwendigkeit dar, um den Menschen angesichts globaler Probleme zu retten (ebd.).

Jürgen Habermas' Interventionen haben in der kontroversen Debatte über moralische Aspekte der gegenwärtigen Biotechnologie viel Gehör gefunden. Ihm geht es nicht um wertkonservative Tabuisierungen neuer gentechnischer Möglichkeiten. Seine Unterscheidung zwischen den Perspektiven von negativer und positiver Eugenik macht das unmissverständlich klar. Habermas betont, dass es moralisch geboten sein könne, Gentechnik bei der Bekämpfung von Erbkrankheiten und anderen Übeln einzusetzen.

Slavoj Žižek hat Habermas vorgehalten, seine moralphilosophische Kritik der Gentechnologie plädiere mit dem Hinweis auf die Gefährdung der Freiheit des Menschen dafür, dass man besser ganz die Finger davon lassen sollte (Žižek 2002). Žižek hielt dagegen: Die neuronale und genetische Determinierung menschlichen Handelns würde zeigen, dass die praktische Freiheit des Menschen eingeschränkt sei. Es sei also besser, dieses Faktum nicht zu leugnen; moralphilosophische Argumente zur Beschränkung der Gentechnologie ließen sich hieraus nicht ableiten. Žižek sagte nicht einfach, dass man den Dingen ihren Lauf lassen soll; aber er meint, dass konservative moralphilosophische Argumentationen veraltet und überflüssig sind. Habermas hatte allerdings gar nicht so argumentiert, wie Žižek suggeriert. Žižeks Darstellung ist darüber hinaus in einer weiteren Hinsicht nicht ganz korrekt. Habermas war nämlich noch weitergegangen: Sein erklärtes Ziel war es, den Regelungsbedarf, der schon vor der Entwicklung der Gen-Schere durch neue wissenschaftlich-technologische Möglichkeiten entstanden war, auf eine normative Grundlage zu stellen. Außerdem wollte er die intuitiven Aversionen erklären, die die meisten Menschen angesichts der neuen

Möglichkeiten auf diesem Gebiet haben. Habermas fragte gewissermaßen nach deren rationalem Kern.

Die entscheidende Fragestellung lautet: Darf man die Weitentwicklung und den Einsatz der Gentechnologie dem Kräftespiel des Marktes und den strategischen Interessen wirtschaftlicher Akteure überlassen? Besteht in demokratischen Gesellschaften nicht vielmehr die Verpflichtung zur gemeinsamen Suche nach einem normativen Konsens in diesen Fragen, der verbindliche Geltung als Grundlage der verfassungsgemäßen gesetzlichen Regelungen von Handlungsspielräumen und Handlungsgrenzen beanspruchen kann? Habermas' Gegner ist die ›liberale‹ Auffassung, die dies verneint und den Mechanismen marktförmiger Vergesellschaftung den Vorrang vor politischer Willensbildung gibt. Er versteht Autonomie in erster Linie als moralische Kategorie (Selbstverpflichtung und -bindung), nicht als Freibrief zur Grenzverschiebung bei Fragen, die das zukünftige Selbstverhältnis der Menschengattung betreffen. Die Zentralbegriffe in Habermas' Erörterung sind »Natur«, »Unverfügbarkeit«, »Selbstinstrumentalisierung«, »Person« und »Sprache«.

Die politisch und wirtschaftlich subventionierten internationalen Forschungen in der Biotechnologie lassen die Möglichkeit in greifbare Nähe rücken, durch Eingriffe ins Erbgut künftiger Subjekte deren physische und psychische Eigenschaften gezielt programmieren zu können. Diese wissenschaftliche Tatsache lässt es möglich werden, dass die Autonomie der Gattung auf Kosten der Autonomie der Individuen verwirklicht werden könnte. Autonomie der Gattung hieße in diesem Fall: Wir könnten die Regeln unserer biologischen Evolution sozusagen in eigene Regie nehmen, wie der Philosoph Hans Jonas es Ende der 1970er Jahre formulierte (Jonas 1984, 52). Dabei könnten gentechnisch vorab bearbeitete Individuen zu Produkten mit geplanten Eigenschaften werden. Ihr Personsein würde also nicht mehr als unantastbar verstanden, sofern ihre Anlagen und deren Entfaltung nicht mehr nur durch Kontingenz (also natürlichen Zufall) und nicht determinierbare Sozialisation bestimmt würden. Wenn die Anlagen nämlich von bewusst getroffenen Entscheidungen ihrer Urheber*innen abhängen, dann könnten sich die solcherart gleichsam programmierten Menschen nicht mehr in gleicher Weise als selbstbestimmte Autor*innen ihrer eigenen Lebensgeschichte verstehen, so wie Menschen es heute noch können, da ihre Anlagen in erster Linie das Resultat nicht determinierbarer, kontingenter Naturfaktoren sind. Gentechnisch programmierte Menschen würden demgegenüber in einer ganz neuen Beziehung zu ihren Urhebern stehen.

Habermas meint, nicht programmierte Menschen könnten sich grundsätzlich kritisch zu dem verhalten, was sie (geworden) sind, und dies auch revidieren. Im virtuellen Dialog mit ihren natürlichen Urhebern herrscht keine prinzipielle Asymmetrie. Sie können die natürlichen und sozialen Faktoren, die sie bestimmt haben, kritisieren und nach Kräften verändern; jene Faktoren, an denen sie sich im Prozess der Herausbildung einer selbstbestimmten Persönlichkeit abgearbeitet haben. Anders verhält es sich beim Klon oder beim genetisch programmierten Menschen: In dem Moment, in dem deren Urheber*innen ihre Entscheidungen über die Beschaffenheit und Eigenschaften ihres Produkts treffen, nehmen sie zu ihm nicht die verständigungsorientierte Haltung ein, die man in einer grundsätzlich gleichberechtigten Kommunikationssituation zum Kommunikationspartner einzunehmen habe.

Im Zentrum von Habermas' universalistischer Moralkonzeption steht die Vorstellung intersubjektiver Anerkennung: einerseits wechselseitige Anerkennung rationaler Subjekte als gleichberechtigte Partner*innen in normativen Diskursen, andererseits intersubjektiv geteilte Anerkennung moralischer Basiswerte, hinter die man nicht zurückgehen könne, ohne den Anspruch auf Humanität zu verspielen.

> Die Überzeugung, dass alle Personen den gleichen normativen Status einnehmen und einander reziprok-symmetrische Anerkennung schulden, geht von einer grundsätzlichen Reversibilität zwischenmenschlicher Beziehungen aus. Keiner darf vom anderen in einer prinzipiell unumkehrbaren Weise abhängig sein. Mit der genetischen Programmierung entsteht jedoch eine in mehreren Hinsichten asymmetrische Beziehung (Habermas 2001, 110).

Indem Habermas diese Form der Abhängigkeit ins Zentrum stellt, macht er klar, dass er vor dem Hintergrund der klassisch-aufklärerischen Emanzipationstheorie argumentiert. Auch das macht deutlich, dass es ihm nicht um Selbstbeschränkung, sondern *Selbstreflexion* der Naturwissenschaft geht. Nur wenn wissenschaftliche Aufklärung kritisch auf ihre eigenen gesellschaftlichen Grundlagen reflektiert, kann sie der Gefahr entgehen, dass der Prozess der Aufklärung, den man mit Max Weber als Rationalisierungsprozess verstehen kann – als fortschreitende Entzauberung der

Welt – einen Lauf nimmt, der seinen befreienden aufklärerischen Zwecken entgegengesetzt ist.

Für Horkheimer und Adorno hat dieser Umschlag bereits stattgefunden. In ihrem berühmten Buch *Dialektik der Aufklärung* konstatierten sie in den 1940er Jahren, dass die instrumentelle Vernunft der Naturwissenschaften ihre humane Zweckbestimmung aus den Augen verloren hat und (als Rationalität der Herrschaft über äußere und innere Natur, als Rationalität des Profits und der Ausbeutung) in Irrationalität umgeschlagen ist. Nicht unähnlich der Befund von Hans Jonas, der bereits in den späten 1970er Jahren die Frage der ethischen Verantwortung als Schlüsselproblem des gentechnischen Klonens bezeichnete. Für den Heidegger-Schüler Jonas stellte die Möglichkeit dieses Verfahrens eine umfassende herrschaftliche Verfügung über Natur dar, die nun den Menschen freilich wieder einschließt, denn der Mensch als Naturwesen ist hier, im buchstäblich biotechnischen Sinn, Subjekt und Objekt der Naturbeherrschung zugleich.

Habermas will das Problem indessen auf andere Weise angehen als Horkheimer und Adorno oder Jonas. Die Frankfurter Moralkritiker haben die Dialektik der modernen Naturbeherrschung rekonstruiert und dabei die Aporien der Gattungsvernunft offengelegt, die als Instrument von Macht in ihrer eigenen Selbstzerstörung paradox triumphiert. Nur konsequente Selbstreflexion der Vernunftaporien kann ihnen zufolge das Projekt der Aufklärung retten (Horkheimer/Adorno 1987, 60–66; Schweppenhäuser 2000). Der Verantwortungsethiker Jonas setzt auf eine neu zu installierende Ehrfurcht vor der Heiligkeit der Natur als einem Unverfügbaren, dem es sich wieder zu unterwerfen gelte. Er plädiert für freiwillige ökologische Selbstbeschränkung des Homo Faber, die politisch auch autoritär zuwege gebracht werden könne (Kodalle 1994, 181 ff., 192). Habermas dagegen setzt auf die Sprache, genauer gesagt: auf ihr immanentes Potential zu verständigungsorientiertem Handeln, von dem ja bereits ausführlich die Rede war (siehe Kap. 2.6). Intersubjektives soziales Handeln ist, so Habermas, stets auf Verständigung angelegt. Wenn es gelingt, die Zugangschancen und Durchführungsbedingungen normativer Diskurse von strategischen Verzerrungen durch die systemischen Imperative der Macht und der Ökonomie freizuhalten, dann ist freies und selbstbestimmtes kommunikatives Handeln möglich.

Habermas sieht den Unterschied zwischen einer therapeutischen Gentechnologie und einer, die auf Verbesserung der Ausstattung des gentechnisch programmierten Individuums aus ist, in der asymmetrischen Beziehung zwischen Urheber*in und Produkt beim gentechnischen Programmieren. Erstere ist dadurch gekennzeichnet, dass jede Entscheidung den zu Heilenden als virtuellen Kommunikationspartner ansieht. Selbst wenn dieser ein Embryo ist, wird so gehandelt, als würde die oder der Heilende dessen virtuelle Zustimmung antizipieren. Sollte es um die Verhütung von Erbkrankheiten gehen, kann das vernünftigerweise getan werden; bei der Ausstattung mit bestimmten Eigenschaften, die andere Eigenschaften ausschließen, aber nicht.

Wo liegt die Grenze der Gattungsautonomie? Das moderne Verständnis des Instrumentalisierungsverbots, das in Kants kategorischem Imperativ zum Ausdruck kommt (die Menschheit als Zweck an sich selbst), steht nun vor der

Frage, ob es mit der Würde des Menschen irgendwie vereinbar sein kann, dass menschliche Lebewesen vorbehaltlich gezeugt und gegebenenfalls wieder verworfen werden.

Heikel ist die Angelegenheit Habermas zufolge, weil keine verbürgte Wertgrundlage metaphysischer, religiöser oder anderweitig verbindlicher Art, die für eindeutige normative Orientierung auf diesem Gebiet sorgen könnte, mehr zur Verfügung steht, und ebenso wenig ein eindeutiger Naturbegriff. Hier ist die Grenze zwischen dem, was von selbst da ist, und dem, was von Menschen gemacht wird, schon seit langem verschwommen; dort herrscht – in einer Gesellschaft, die nach Habermas mit guten Gründen weltanschaulich pluralistisch ist – ständiger normativer Dissens. Daher biete auch der ontologische Person-Begriff keine wahre Stütze, der das frische Zellbündel vom Augenblick der Zeugung an kategorisch als menschliches Lebewesen interpretiert, dem per se der Anspruch auf Würde und Rechte zugesprochen wird. Personen werden Menschen erst durch den Prozess des beständigen intersubjektiven Handelns, das verständigungsorientiert ist.

Es überrascht nicht, dass Habermas die Grenze, an der dieser Prozess beginnt, da ansetzt, wo das menschliche Lebewesen ein potentieller Teilnehmer an sprachlich-diskursiv vermittelter Kommunikation zu werden beginnt. Entsprechend versucht er darzulegen, dass die einzig vernünftig legitimierbare normative Basis für Entscheidungen über die Moralität des Handelns auf dem Gebiet der Gentechnik die diskursmoralische Grundlage ist. Dabei zeigt sich jedoch die Achillesferse seiner Kritik: ihr Logozentrismus. Wie willkürlich die Demarkationslinie gezogen ist, die erst da »Personen« anerkennt, wo Individuation im Sinne von virtueller Integration in die Sprachgemeinschaft beginnt, macht ein Blick auf den ontologischen Prozess klar, in dem sich ein gezeugtes menschliches Lebewesen befindet, dem nicht erst von dem Zeitpunkt an Würde zuerkannt werden sollte, da es aus dem Leib der Mutter entbunden und in die Gemeinschaft der Sprechenden hineingeworfen worden ist. Beginnt das »genetisch individuierte Wesen im Mutterleib« erst ab dem Augenblick Person zu werden, da es der Privatheit des Mutterleibs entschlüpft und in die »Öffentlichkeit einer Sprachgemeinschaft« eintritt? Verhält es sich nicht vielmehr so, dass das »Exemplar« zwar in der Tat nicht »immer schon« gewordene Person ist, aber auch nicht einfach nur ein Lebewesen, das zum Menschen wird, sondern – mit den Worten des katholischen Philosophen Matthias Lutz-Bachmann – ein »*Mensch im Werden*«? Lutz-Bachmann (2001, 18 f.) hat mit Nachdruck daran erinnert, dass der Begriff der Person in der praktischen Philosophie, den Boethius im 6. Jahrhundert nach unserer Zeitrechnung als »die individuelle Substanz einer vernunftbegabten Natur« bestimmt hatte, nicht reduktionistisch verwendet werden darf. Person sein heißt demzufolge nicht, Bewusstsein oder sprachlich reflektierte Identität zu haben; es bezeichnet auch nicht bloß einen Abschnitt im Verlauf des ganzen Lebens eines Menschen. Person sein heißt: ein Wesen sein, dem Freiheit und Würde zukommen, heißt: Mensch sein – nicht erst nach der Geburt.

Die Potentialität des Personseins wird in Habermas' sprachreduktionistischer Theorie von der Aktualität des Personseins getrennt. Damit befindet er sich zwar im Einklang mit der geltenden Rechtsauffassung, entsprechend der ungeborenen menschlichen Lebewesen nicht jener Person-Status eingeräumt werden kann, der geborenen zukommt, doch die umstrittene juristische Definition kann ebenso wenig ein abschließendes Argument in einer ontologischen Debatte über den Person-Status des Menschen im Werden sein wie der Hinweis auf die Prozesse sprachvermittelter Individuation und Sozialisation.

Habermas will freilich auch gar keine ontologische Debatte führen, weil er hier Wertkonflikte fürchtet, die rational nicht lösbar sind. Deswegen hatte er sich ja von Jonas sowie von Horkheimer und Adorno abgegrenzt. Doch seine sprach- und öffentlichkeitsfixierte Theorie der Person wird nur einem Aspekt des Gegenstands gerecht. Gleichwohl enthält sie eine Reihe präziser Argumente, die die Debatte darüber, für welche Selbstverwandlungen die menschliche Gattung die Verantwortung übernehmen kann und will, entscheidend weiterbringen – jedenfalls so lange weiterbringen, als die Debatte autonom geführt wird und nicht zum bloßen Echo ökonomischer Aufbruchssignale wird. Und es sollte nicht in Frage stehen, dass es aus ethischer Sicht durchaus viele gute Gründe dafür gibt, Gentechnologie nicht als prometheisches Aufbegehren gegen die Grenzen der Schöpfung zu dämonisieren, sondern darin eine Chance für mehr humane Selbstbestimmung zu erkennen.

7.3.3 Digitalisierte Autonomie

2019 wurde auf dem deutschen Verkehrsgerichtstag in Goslar über ein Lieblingsthema an Stammtischen und in Expert*innen-Runden diskutiert, nämlich über »Fragen der Haftung beim autonomen Fahren« (*Süddeutsche Zeitung*,

24. 1. 2019). Philosophisch betrachtet, ist die Rede von ›autonom fahrenden‹ Automobilen unsinnig. Wenn ein Fahrzeug unabhängig von einem Menschen am Steuerrad den Weg von Punkt A nach Punkt B zurücklegen kann, weil es durch ein Computerprogramm gesteuert wird, dessen Algorithmus in der Lage ist, Daten aus Kameras auszuwerten, die Umgebung und Innenraum des Gefährts überwachen, dann gibt sich das Gefährt nicht selbst das Gesetz seiner Fahrt. Robotische Personenkraftfahrzeuge arbeiten in Funktion ihrer Programmierung. Dass dies (trotz terminologischer Verwirrung in der Alltagssprache) juristisch völlig unstrittig ist, wird deutlich, wenn es darum geht, wer im Schadensfall zur Verantwortung zu ziehen ist. Vor Gericht, erläuterte der Jurist und Rechtsphilosoph Eric Hilgendorf, »wird geklärt, ob der Fahrer durch Fehlverhalten den Unfall verursacht hat oder ein Fehler am Fahrzeug« (ebd.). Fahrer*innen können sich nicht mit dem Hinweis auf das Funktionsversprechen des gekauften Produkts aus ihrer Verantwortung ziehen. Der Hersteller »kann zwar garantieren, dass sein Auto auch im Autopilot-Modus sicher ist und einwandfrei funktioniert. Aber das heißt für mich als Fahrer nicht, dass ich machen kann, was ich will.« (Ebd.) Wenn die Fahrerin oder der Fahrer keinen Fehler gemacht hat, sei freilich »der Fahrzeughersteller in der Verantwortung«, denn evidenterweise könne »ein Auto nicht vor Gericht angeklagt werden« (ebd.). Hier greift nach wie vor das Argument, das seinerzeit Aristoteles anlässlich des Beispiels einer Kampfmaschine vorgebracht hatte, deren unerkannter Defekt einen Unbeteiligten tötet: Verantwortlich ist in diesem Falle nicht der Benutzer, der von dem Fehler nichts wissen konnte, sondern derjenige, der ihn verursacht hat.

Juristisch relevant und interessant sind auf diesem Terrain die situationsbedingten Faktoren, also uneindeutige Einzelereignisse, die es im Hinblick auf ein allgemeines Gesetz zu beurteilen gilt. »Ein Gericht wird immer auch die Umstände bewerten«, betont Hilgendorf: »Wenn ich zum Beispiel auf ein Hindernis zufahre und klar erkennbar ist, dass das Auto nicht bremst oder ausweicht, dann kann die Bewertung vor Gericht sein, dass ich selbst hätte eingreifen können oder sogar müssen.« (Ebd.) Die Möglichkeit des externen Zugriffs auf ein digital programmiertes Fahrzeug, auf die der Rechtsphilosoph hinweist, macht die Sache noch komplizierter: »Ein anderes Beispiel wäre, wenn mein Auto möglicherweise gehackt wurde, ich das hätte erkennen können und deshalb nicht damit hätte fahren dürfen.« (Ebd.)

Angesichts so schwieriger Verhältnisse überrascht es nicht, dass die Begeisterung für das Projekt des sogenannten autonomen Fahrens sich hierzulande, trotz lautstarker Propaganda, in Grenzen hält. Der ADAC musste mit Bedauern feststellen, dass »laut Umfragen 45 Prozent der Autofahrer nicht an die Verlässlichkeit der Fahrzeugtechnologie glauben oder Angst vor Hackern haben« (Rudschies/Kroher 2019).

Während sich die Dinge auf dem Gebiet der Erkundung von Handlungs- und Autonomiespielräumen maschineller Rationalität für Juristen also recht eindeutig darstellen, werden in der philosophischen Debatte über künstliche Intelligenz mitunter stark übertourige Vermutungen angestellt. Nicht nur PR-Leute aus dem Silicon Valley wie Raymond Kurzweil, sondern auch seriöse, unabhängige Philosoph*innen diskutieren in vollem Ernst darüber, ob man KI-Robotern nicht den Status von Personen zusprechen müsste, weil sie nicht nur denken und unabhängig handeln könnten, sondern auch Pflichten erfüllen würden. Und wer Pflichten hat, müsse auch Rechte haben. KI-Apparaturen, die auf sich selbst reflektieren können, davon auszunehmen: Das wäre doch nur eine weitere Variante des perfiden Speziesismus. Bislang verstand man unter Speziesismus mit Peter Singer jede Form der moralischen Diskriminierung von Lebewesen aufgrund ihrer Artzugehörigkeit, und zwar von der vermeintlich höheren Warte der Menschengattung aus. Das forderte Tierschützer*innen heraus, die gegen die Ausbeutung von nicht-menschlichen Lebewesen kämpfen. »Diskriminierung, Unterdrückung und Gewalt betreffen unterschiedlichste Menschen – aber eben nicht nur sie«, heißt es auf der Website der Organisation PETA:

> Es ist eine bestimmte Denkweise, die zur Unterdrückung von Menschen führt – seien es Muslime und Musliminnen, Frauen, ältere Menschen, Mitglieder der LGBTQ-Community oder Menschen, denen keine »weiße« Hautfarbe zugeschrieben wird. Die gleiche Denkweise ermöglicht die Ausbeutung von Tieren. (PETA 2019.)

Für Tierschützer*innen sind die Bewertungs- und Unterscheidungskriterien in der Regel zum einen die Leidensfähigkeit von Lebewesen, die schon der Philosoph John Stuart Mill hervorhob, zum andern deren unterschiedliche Bedürfnisse. »Streifenhörnchen brauchen zum Beispiel kein Wahlrecht« (ebd.), heißt es völlig zu Recht auf der PETA-Webseite.

Einigen radikalen Transhumanisten geht das allerdings nicht weit genug. Sie fordern Menschenrechte für intelligente Roboter. (Wird dann irgendwann auch über ein Wahlrecht für Androiden diskutiert werden?) Um hier mehr Klarheit zu schaffen, hat »der Rechtsausschuss des Europäischen Parlaments [...] über eine Resolution verhandelt, die die Klärung ethischer Fragen beim Einsatz intelligenter Maschinen verlangt« (Praschl 2017). Dabei wurde beispielsweise gefordert, dass KI-Apparate »einen obligatorischen ›Kill-Schalter‹« haben müssten, »einen Mechanismus also, durch den sich die Maschine wieder abschalten lässt« (ebd.). Das ist für radikale Transhumanisten freilich ein Schlag – und aus philosophischer Sicht ein zweischneidiges Schwert. Denn mit der Forderung der Pflicht, einen »Kill-Schalter« einzubauen, bestätigt man im Umkehrschluss ja, dass Maschinen, solange man sie gewähren lässt, eigene Intentionen verfolgen (können). Die Rede vom ›Töten‹ verrät zudem, dass die Grenze des Metaphorischen offenbar bereits überschritten ist.

Solange man sich Roboter und Szenarien aus Science-Fiction-Narrationen vorstellt, fällt die Abgrenzung womöglich einigermaßen leicht. Doch der Schein trügt, denn »auch wenn sie ganz anders aussehen als die Humanoiden in Science-Fiction-Filmen, sind selbst Smartphones Roboter« (ebd.). Die kommenden Debatten über die Probleme einer »Maschinenethik« werden um die Frage nicht herumkommen, »wie moralisch Maschinen sein müssen (etwa im Straßenverkehr)«, aber auch um die Frage, »wie moralisch wir zu den Maschinen sein wollen« (ebd.). Die Philosophin Catrin Misselhorn (2018) sieht das allerdings anders. Ihr zufolge geht es um die Kluft zwischen direkter Zuschreibung von Verantwortung bei menschlichen Fahrer*innen und automatischen Systemen: Wer wäre für deren Arbeitsweise zur Verantwortung zu ziehen? Die Programmierer*innen? Die Hersteller*innen?

Klarheit wird es auf diesem Feld nicht ohne philosophischen Streit geben. Es gilt nämlich, die irrige These zurückzuweisen, »dass man grundsätzlich zwischen einem menschlichen Gehirn und einem Computer nicht unterscheiden könne« (Nida-Rümelin / Weidenfeld 2018, 26). Diese These ist falsch, so der Philosoph Julian Nida-Rümelin, denn ein Computer ist »kein Gegenüber«, sondern »nur eine physikalisch beschreibbare Apparatur ohne Wünsche und Überzeugungen« (28).

Das Problem der Autonomie in Zeiten der Digitalisierung ist meiner Ansicht nach in erster Linie jedoch nicht die Frage nach einer Anerkennung der Selbstbestimmungsrechte künstlich-rationaler Computer und ihrer unterschiedlichen Materialisierungen. Das Problem ist vielmehr der Verzicht auf kommunikative, ökonomische und politische Selbstbestimmung, den Menschen als Teile von plattformgestützten Netzwerken leisten.

Informationelle Selbstbestimmung – unter den Bedingungen jener Wirtschaftsweise, die die Lebensform im globalen Kapitalismus des 21. Jahrhunderts und deren alltägliche Erscheinungsweisen prägt – bedeutet de facto, freiwillig die Verfügung über all die Daten abzutreten, die beim Gebrauch kommunikativer und kommerzieller Netzwerke entstehen, an die Eigentümer der Plattformen, die diese Netzwerke bereitstellen, verknüpfen und auswerten. Die Freiwilligkeit, mit der die Nutzer*innen ihre Daten unentgeltlich zur Verfügung stellen, damit sie in die Wertschöpfungskette der Plattformunternehmen eingespeist werden können, ähnelt jener von Aristoteles beschriebenen Freiwilligkeit, die keine ist, wenn also beispielsweise ein Schiffskommandant im Sturm die Ladung über Bord gehen lässt, um eine Chance zu behalten, Leib und Leben der Besatzung retten zu können. Denn wer zur jungen Generation gehört und beim Datentransfer nicht mitmacht, bleibt außen vor, wird gleichsam sozial-kommunikativ nichtexistent und verliert die Chance, seine Existenz zu sichern, indem er oder sie die eigene Arbeitskraft als Ware verkauft oder Auftragsarbeiten zuliefert.

Die Ökonomin Shoshana Zuboff hat in einer Analyse der digitalen Datenvermarktung gezeigt, dass sich der Informationskapitalismus in einen »Überwachungskapitalismus« verwandelt hat. Wertschöpfungsmodell der Plattformen, Algorithmen und ihrer Maschinenintelligenz ist die Ausbeutung persönlicher Daten, anhand derer sich Verhaltensmuster erkunden und Vorhersagen über individuelles Verhalten machen lassen. Geld wird durch den Handel mit den Spuren verdient, die Menschen im Netz hinterlassen. Anhand von Internetsuchen, von Kommunikationsvorgängen, von Bezahlsystemen im Netz und anhand von geographischer Lokalisierung können »Verhaltensdaten« abgeschöpft werden. Damit kann man sich »Versorgungsrouten« für den Datenhandel sichern, die »an Überwachung gebunden« (Zuboff 2018, 159) sind. Das Geschäftsmodell des digitalen Kapitalismus besteht darin, sich Erfahrungen der Nutzer*innen anzueignen und sie zu ›Vorhersageprodukten‹ weiterzuverarbeiten. Diese werden an die werbetreibende Wirtschaft verkauft, damit sie antizipieren kann, was Menschen »jetzt, in Kürze oder irgendwann tun« (22). Über den Handel mit Vorhersageprodukten hinaus sind die Akteure des Überwachungskapitalismus auch in der Lage, das zukünftige Verhalten von Menschen »in einer wirtschaftlichen Größenordnung *auszuformen*« (23). Dafür werden demokratische und rechtliche Grenzen umgangen oder gleich ganz abgebaut. Diese Rahmenbedingungen haben die überlieferten Vorstellungen persönlicher Autonomie gründlich ins Wanken gebracht.

»Mit Google und Facebook ist die Plattform zum ökonomischen Paradigma geworden«, stellt der Philosoph Christoph Türcke (2019, 40) fest. Das gilt nicht nur für Dienstleistungen, sondern auch für die Produktion. »Wo immer es gelingt, herkömmliche Firmen wie Plattformen zu organisieren, winkt riesiger Geschäftserfolg« (42). Dank mikroelektronischer Revolution können immer mehr Tätigkeiten zu Hause ausgeübt werden: Das Smartphone »gehört den allermeisten Beschäftigten ebenso signifikant an wie einst dem Bauern Pflug und Hacke und dem Schmied Hammer und Amboß« (ebd.). Smartphones sind nicht nur Kommunikationsmittel, sondern auch Produktionsmittel, die den Arbeitenden gehören.

> Und wer in der eigenen Wohnung für eine Firma Daten verwaltet oder Software entwickelt, verrichtet wieder Heimarbeit, wie es Weber und Uhrmacher taten, als sie noch nicht in Manufakturen, sondern zu Hause saßen und für größere Auftraggeber, sogenannte Verleger, produzierten. Auf High-Tech-Niveau kehren früh-, ja geradezu vorkapitalistische Verhältnisse zurück. (Ebd.)

Arbeit und Freizeit, die Firma und die eigene Wohnung, der öffentliche Raum und die Privatsphäre – diese Bereiche, die bislang als getrennt erlebt wurden, vermischen sich.

Schon bald wird »das Leben außerhalb« (ebd.) der großen Plattformen nicht mehr denkbar sein: Soziale Interaktionen, Bezahlvorgänge, Verwaltungsdienstleistungen und dergleichen funktionieren nur noch dann, wenn wir uns sozusagen unter dem Banner einer der großen Plattformen versammeln, wenn wir Mitglieder des Google-Clans oder des Facebook-Clans werden (oder wer auch immer in Zukunft der Marktführer sein wird). Das Leben außerhalb der digitalen Netzwerke, meint Türcke, werde »eine soziale Wüste« (ebd.) sein, in der es keiner lange aushält.

Aus ethischer Sicht ist die Arbeit am Projekt einer digitalen Mündigkeit an der Zeit, also ein Kampf für Selbstbestimmung kommunizierender Menschen gegen die faktische Entmündigung durch die Big Player im Plattform- und Überwachungskapitalismus. Unter digitaler Mündigkeit verstehe ich die Rückgewinnung des öffentlichen Raums für eine demokratische Gestaltung des gesellschaftlichen Lebens. Heute ist der Zugang zu Informationen kaum noch durch (Bildungs-)Privilegien reguliert; doch die praktische Umsetzung von Informationen in Erkenntnis und selbstbestimmtes, gemeinsames Handeln wird behindert, weil Menschen mit Informationen überflutet werden und einander mit solchen überschütten. Dies kann als Folge der Technologien der Informationsproduktion angesehen werden. Ich sehe es jedoch eher als Folge der Form an, in der Informationen vermarktet werden. Die Kommodifizierung der Informationen verlangt unter dem Aspekt des Tauschwertes universale Verbreitung und rastlosen Konsum. Ihr Gebrauchswert verlangt danach, begriffen und handlungsorientiert angeeignet zu werden, doch im Verwertungsprozess läuft Gebrauchswert nur nebenher mit.

Schaut man nun vor dem Hintergrund dieser zukunfts-, gegenwarts- und geschichtsbezogenen Überlegungen zu möglichen und wirklichen Einschränkungen und Gefährdungen selbstbestimmten Handelns wieder auf den aktuellen philosophischen Diskurs, dann mag es allemal einleuchten, wenn Matthias Lutz-Bachmann unter Autonomie die »subjektive Fähigkeit« versteht,

> moralische Ansprüche auf die Richtigkeit von Handlungen, Handlungsmaximen, Handlungsperspektiven und Handlungsinstitutionen mit den Mitteln der praktischen Vernunft selbstreflexiv zu überprüfen, zu bestätigen oder auch zu kritisieren (Lutz-Bachmann 2013, 25).

Er interpretiert das Konzept der moralischen Selbstbestimmung dementsprechend gut kantianisch »im Sinne einer unbedingt geforderten (also gesollten) wechselseitigen (intersubjektiven) Anerkennung der moralischen Freiheit der Handelnden« (22). Und er betont: »Fehlt der Rückbezug der Moralität auf Autonomie, dann wird ›Moralität‹ zu einem Konzept objektiv vorgestellter Richtigkeit, an das sich die Menschen, wenn sie moralisch sein wollen, nur anpassen können« (25). Moralischer Konformismus jedoch ist das Gegenteil des aufgeklärten Autonomieverständnisses, dem es, wie bereits zitiert wurde, um die »Fähigkeit zu selbstbestimmtem Handeln gegen Widerstände« (Pauen/Welzer 2015, 25) geht.

8. Gerechtigkeit

8.1 Gesetz und Moral

Gerechtigkeit kann man als juristischen (1) oder als ethischen Begriff (2) auffassen. In beiden Fällen hat die Vorstellung davon, was Gerechtigkeit sei, grundsätzliche Bedeutung für die Orientierung im Handeln.

(1) Als Grundbegriff des Rechts steht ›Gerechtigkeit‹ für die Leitvorstellung, an der sämtliche Gesetze und Rechtsnormen eines Gemeinwesens sowie seine politische Verfassung ausgerichtet sind. Recht und Gerechtigkeit sind nicht dasselbe, aber eines ist nichts ohne das andere. Solange Vorstellungen von Gerechtigkeit (egal welche) nicht in kodifiziertem Recht, also in Gesetzen, Gestalt annehmen, bleiben sie juristisch unverbindlich. Wenn positives (gesetztes) Recht nicht an qualitativen Vorstellungen von Gerechtigkeit ausgerichtet ist (wie immer diese im Einzelnen aussehen mögen), dann gibt es keine Gewähr dafür, dass ein staatlich-rechtlich verfasstes Gemeinwesen bei aller juridischen Legalität nicht zum Unrechtsstaat werden kann. Im Falle rassistischer oder totalitärer Gesetzgebungen kann man unschwer erkennen, dass gesetztes Recht ohne einen normativen Begriff der Gerechtigkeit seine Legitimität verliert.

Das ist die Crux des Rechtspositivismus, dem zufolge Recht sich nicht mittels Vorstellungen darüber legitimieren müsse, was Gerechtigkeit sei, und auch nicht legitimieren könne. Im Sinne des Rechtspositivismus ist Recht das, was als Recht gesetzt ist. Dabei geht aber die Substanz des Rechts verloren. Mit den Worten des Philosophen Detlef

Horster: »Gerechtigkeit ist etwas, das dem Recht zugrunde liegt. Gesetze und Gesetzesauslegungen müssen die Gerechtigkeit zu ihrer Basis haben. [...] Recht ohne Gerechtigkeit gibt es nicht.« (Horster 1993, 119.)

Mill hat festgestellt, dass die Meinungen darüber, was Gerechtigkeit sei (insbesondere dann, wenn sie als Kriterium der Ethik verstanden wird), zwar weit auseinandergehen, aber dennoch weitgehend Konsens darüber herrsche,

> dass es ungerechte Gesetze geben kann und dass das Gesetz demnach nicht das letzte Kriterium der Gerechtigkeit ist, sondern dass es dem einen einen Vorteil verschaffen, dem andern einen Nachteil zufügen kann, den die Gerechtigkeit verbietet (Mill 1861, 133.).

Wie Kant zwischen Legalität und Moralität unterscheidet, so grenzt Mill Gerechtigkeitsvorstellungen, die in allgemeinen Vorstellungen von Moral begründet sind, von solchen ab, die lediglich das von Menschen gesetzte Recht zum Ausdruck bringen. Er unterscheidet also normativ fundierte von faktischen (legalistischen) Gerechtigkeitsvorstellungen. So schreibt Mill über das Gerechtigkeitsempfinden in Geschichte und Gegenwart:

> Daher heftete sich das Gefühl der Ungerechtigkeit nicht an alle Verstöße gegen das Gesetz, sondern nur an Verstöße gegen solche Gesetze, die gelten *sollten* (darin eingeschlossen die, die gelten sollten, es tatsächlich aber nicht tun), sowie auch an die Gesetze selbst, die dem, was Gesetz sein sollte, zuwider waren. (Mill 1861, 143.)

Auf der Grundlage ähnlicher Überlegungen konstruierten die politischen Philosophen der europäischen Aufklärung die Idee eines ›Naturrechts‹. Sie besagt, dass allen Menschen bestimmte Grundrechte zuerkannt werden müssen, die sie nicht deshalb besitzen, weil sie Bürger eines Staates sind, sondern die ihnen *als Menschen* zukommen. Freiheitsrechte des Individuums gehen demzufolge politischen Institutionen und staatlichen Rechten voraus. Das sogenannte Naturrecht wird als überpositives Recht der allgemeinen Menschenvernunft gedacht, als eine Instanz, die jeden Menschen als Menschen vor Übergriffen schützen soll, welche durch Gesetze eines Staates gerechtfertigt werden könnten, dessen Bürger er ist oder auf dessen Territorium er sich aufhält.

Die politische Theorie der Aufklärung sah vor, dass Grundrechte in Gestalt von Bürgerrechten manifestiert werden, und zwar aufgrund der freien, rationalen Willensbildung aller Bürgerinnen und Bürger. Formale Gerechtigkeit und materiale Solidarität wurden als zwei Elemente politischen Handelns gedacht: die einander nicht im Wege stehen oder gar ausschließen, sondern allererst zusammen das Ganze selbstgesetzgeberischer Kompetenz ausmachen.

Die Leitvorstellung allumfassender, universaler Gerechtigkeit drückte sich in den revolutionären republikanischen Verfassungen des 18. Jahrhunderts darin aus, dass hier überpositive Grundrechte und gesetzte Bürgerrechte gleichzeitig gelten sollten. Die einen sollten jeweils die anderen Wirklichkeit werden lassen. Das Programm verfassungsmäßig verwirklichter Gerechtigkeit hatte ein Höchstmaß an Freiheit der Einzelnen und ein Höchstmaß an Autonomie des Gemeinwesens zum Inhalt. Grundrechte und

Volkssouveränität bilden die Leitbegriffe dieser politischen Theorie. Sie ist bis heute die normative Grundlage der Kritik der sozialen Wirklichkeit westlicher Demokratien, die weit hinter den universalistischen Zielvorstellungen zurückbleibt, die ihre Apologeten proklamieren. Dabei handelt es sich jedoch nicht um ein Problem, das auf historische Unabgeschlossenheit zurückzuführen ist, sondern um ein systematisches oder strukturelles Problem. So erinnert der Soziologe Stefan Lessenich daran, »dass Demokratie ein zweischneidiges Schwert ist [...]. Denn demokratisch verfasste politische Gemeinwesen ziehen dem sozialen Raum der Berechtigung grundsätzlich Grenzen.« (Lessenich 2019, 16; siehe Schweppenhäuser 2013.) Diese entscheiden darüber, wem »der vollwertige Bürgerstatus zuerkannt« wird, und wem nicht (Lessenich 2019, 24).

(2) Als Grundbegriff der Ethik wird unter ›Gerechtigkeit‹ entweder (mit Kant) eine normative, verpflichtende Idee oder aber (mit Aristoteles) eine Disposition verstanden, die dem Handeln eines Menschen durchgängig zugrunde liegt, d. h. eine Tugend. Will man Gerechtigkeit kantisch als normative Leitvorstellung verstehen, stellt sie ein ethisches Prinzip dar, das die »Unantastbarkeit« von Individuen zum Ausdruck bringt, die ihre Identität nicht isoliert herausbilden, sondern in sozialen Interaktionszusammenhängen, wodurch sie gewissermaßen konstitutiv verletzlich sind. Gerechtigkeit »bezieht sich auf die gleichen Freiheiten unvertretbarer und sich selbst bestimmender Individuen«, sie erfordert in dieser Hinsicht »Gleichbehandlung und damit gleichmäßigen Respekt vor der Würde eines jeden« (Habermas 1992, 70).

Man hat Gerechtigkeit aber auch, aristotelisch, als Tugend

verstanden. In heutiger Redeweise: als eine durch Vorbild, Einsicht und Übung erworbene Charakterdisposition. Ein gerecht denkender und handelnder Mensch ist grundsätzlich immer dazu imstande, von seinen eigenen Interessen und Ansprüchen abzusehen bzw. dazu, sie im Hinblick auf die berechtigten Interessen und Ansprüche anderer zu relativieren, um zu einer Sichtweise zu kommen, die alle Beteiligten fair berücksichtigt. Mit den Worten des Aristotelikers Otfried Höffe: »Gerechtigkeit besteht [...] in der Negation des Selbst-Interesses und der Anerkennung eines wie immer auch näher definierten allgemeinen Interesses.« (Höffe 1977, 23.)

Wie eng diese beiden Sichtweisen auf Gerechtigkeit, die juristische und die ethische, miteinander zusammenhängen, wird in allen philosophischen Erörterungen dieses Themas von der Antike bis zur Gegenwart, von Platon bis John Rawls, deutlich.

Als werthafte und normative Leitvorstellung herrscht Gerechtigkeit, personifiziert als gerechter Gott, in der jüdischen Theologie. Doch nicht nur dort wird Gerechtigkeit als hoher Wert angesehen. »Für die frühen Hochkulturen«, so stellt der Publizist Thomas Assheuer fest, ist Gerechtigkeit »die Idee, dass Menschen sich gegenseitig etwas schulden und deshalb auch den Mächtigen nicht alles erlaubt ist«. (Assheuer 2011.) In der griechischen Philosophie haben sich bereits die Vorsokratiker mit dem Thema beschäftigt. Thales von Milet lehrte: »Gerecht leben wir, wenn wir, was wir an andern tadeln, selber nicht tun.« Heraklit betonte: »Gäbe es das Ungerechte nicht, so kennte man den Begriff der Gerechtigkeit nicht.« (Ebd.).

In der Antike begegnen, systematisch betrachtet, zwei

Perspektiven der Gerechtigkeit. Da ist zunächst ihr individueller Sinn: Einzelne Personen oder Handlungen können als ›gerecht‹ oder ›ungerecht‹ bezeichnet werden. Gerechtigkeit wird dann als Tugend von Personen betrachtet, »die sich in einzelnen Handlungen erweist« (Hastedt 1994, 199). Ein Richter hat gerecht zu urteilen, er muss unparteilich sein. Und dann ist da noch der soziale Sinn von Gerechtigkeit: Soziale Praktiken können als ›gerecht‹ oder ›ungerecht‹ bezeichnet werden. So leidet beispielsweise Antigone in der Tragödie von Sophokles darunter, dass sie ihren gefallenen Bruder nicht bestatten darf. Der soziale Brauch verbietet es ihr, weil er gegen die eigene Stadt gekämpft hat; dieses Bestattungsverbot ist aus der Sicht von Antigone ungerecht.

In der Neuzeit wird Gerechtigkeit über das Modell eines Gesellschaftsvertrags konstruiert. In Hobbes' epochalem sozialphilosophischen Werk *Leviathan* von 1651 ist jeder Mensch auf Selbsterhaltung und den eigenen Vorteil bedacht. Damit alle sicher zusammenleben können, müssen sie auf ihr natürliches Recht verzichten, das darin besteht, im Dienste der Selbsterhaltung gewalttätig zu sein. Alle haben das Gewaltmonopol des Staates anzuerkennen, welches der Gesellschaftsvertrag festlegt. In Rousseaus *Gesellschaftsvertrag* aus dem Jahr 1762 wird das einerseits ähnlich dargestellt, andererseits dagegengehalten, dass der Gesellschaftsvertrag nicht zur Schadensbegrenzung, sondern zur Verwirklichung des humanen Zusammenlebens dient. Das Glück aller wird zur Bedingung des Glücks des Einzelnen. »Sei gerecht, und du wirst glücklich sein« (Rousseau 1762b, 480), sagt der Genfer Vordenker der Französischen Revolution an anderer Stelle.

Kant, der von Rousseau inspiriert ist, aber über Glück

nüchterner denkt (siehe Kap. 10.2), bringt auf den Begriff, was Gerechtigkeit als moralischer Wert bedeutet. Er tut dies zunächst negativ: »Niemals empört etwas mehr, als Ungerechtigkeit; alle anderen Übel, die wir ausstehen, sind nichts dagegen« (Kant, *Bruchstücke aus dem Nachlass*, zit. nach Eisler 1964, 185). Und dann gibt er folgende positive Bestimmung: »Aus dem Gefühle der *Gleichheit* entspringt die Idee der Gerechtigkeit, sowohl der Genötigten als der Nötigenden. Jene ist die Schuldigkeit gegen andere, diese die empfundene Schuldigkeit anderer gegen mich.« (Ebd.) Mithin ist Gerechtigkeit bei Kant »endgültig keine individuelle Tugend mehr, sondern das ›formale Prinzip der Möglichkeit des rechtlichen Zustandes unter Menschen‹« (Assheuer, 2011). Sie wird als Vereinbarkeit der Freiheit aller Menschen gedacht. »Das Recht«, schreibt Kant, ist »der Inbegriff der Bedingungen, unter denen die Willkür des einen mit der Willkür des anderen nach einem allgemeinen Gesetze der Freiheit vereinigt werden kann.« (Kant 1798, 66 f.) Daraus folgt das »allgemeine Rechtsgesetz: Handle […] so, daß der freie Gebrauch deiner Willkür mit der Freiheit von jedermann nach einem allgemeinen Gesetze zusammen bestehen könne« (67). Dabei geht es Kant nicht um die Gesinnung der Einzelnen, die sie dazu bestimmt, Gesetzen Folge zu leisten oder sie zu brechen. ›Nach einem allgemeinen Gesetze handeln‹ bedeutet vielmehr, dass es bestimmte Regularien gibt, an die sich alle Einzelnen halten müssen, wenn sie ihre Freiheitsrechte zur Anwendung bringen. Denn diese Rechte müssen so miteinander zusammenspielen können, dass keine unlösbaren Konflikte entstehen. Und jene Regularien können nicht individuell gelten, sondern sie müssen für alle Einzelnen dieselben sein, überall und jederzeit. Dabei darf es keine Ausnahme(n) geben.

Bei Kant klingt bereits die liberale Auffassung an, die später Mill vertritt. Für diesen, wie für seinen Lehrer Jeremy Bentham, sind Gerechtigkeit und das moralisch Gute nichts anderes als die Summe des größten Glücks der größten Zahl. Im Liberalismus geht es um die Gleichverteilung von Rechten und Pflichten zum Nutzen und Wohle aller. Es soll keine willkürlichen Unterschiede bei der Verteilung von Produkten der gesellschaftlichen Arbeit geben. Das Ideal der Tauschgerechtigkeit im entfalteten Kapitalismus ist in diesem Rahmen der gerechte Lohn.

Damit hatte der materialistische Philosoph Marx wenig im Sinn; der philosophische Begriff der Gerechtigkeit taucht in seinen Schriften lediglich als ideologische Legitimationsvorstellung auf. Mit der Fiktion der ›ewigen Gerechtigkeit‹ rechtfertige die Bourgeoisie die Gesetze, die benötigt würden, um im Rahmen gewaltförmiger Rechts- und Staatsverhältnisse wirtschaftliche Interessen der Besitzbürger durchzusetzen. Und auf der anderen Seite argumentiere die moralische Kritik am Fehlverhalten Einzelner, die seitens der Bürgerklasse gern vorgebracht werde, mit der Fiktion ›ewiger Gerechtigkeit‹, weil sie der irrigen Annahme aufsitzt, im Namen einer natürlichen Gerechtigkeit könnten die bürgerlichen Werte für alle Menschen eingeklagt werden. Die Vorstellung vom gerechten Tausch in rechtsförmig geregeltem wirtschaftlichen Handeln ist aber keinesfalls aus der irgendwie gearteten Vorstellung eines Naturrechts abzuleiten, argumentiert Marx in seinem Hauptwerk, dem *Kapital.* »Die Gerechtigkeit der Transaktionen, die zwischen den Produktionsagenten vorgehen«, schreibt er dort,

> beruht darauf, daß diese Transaktionen aus den Produktionsverhältnissen als natürliche Konsequenz entspringen. Die juristischen Formen [...] können als bloße Formen diesen Inhalt nicht selbst bestimmen. Sie drücken ihn nur aus. Dieser Inhalt ist gerecht, sobald er der Produktionsweise entspricht, ihr adäquat ist. Er ist ungerecht, sobald er ihr widerspricht. Sklaverei, auf Basis der kapitalistischen Produktionsweise, ist ungerecht, ebenso der Betrug auf die Qualität der Ware. (Marx 1894, 351 f.)

Ausbeutung der Lohnarbeit im Rahmen von rechtsgültigen Arbeitsverträgen zwischen formal freien Vertragspartnern (in latinisierender Bildungssprache: zwischen *Kontrahenten*) ist hingegen, formal betrachtet, nicht ungerecht – aber sie gehört abgeschafft. Der moralphilosophische Wert der Gerechtigkeit kommt in dieser Argumentation nicht zum Zuge. Allerdings nicht aus dem Grunde, weil Marx von einem amoralischen Standpunkt aus argumentiert, sondern weil er, um es mit den Worten von Brecht zu sagen, der Überzeugung gewesen ist, dass die industriekapitalistische Produktionsweise im Ganzen »einen gesellschaftlichen Zustand« voraussetzt, herbeiführt und stabilisiert, »welcher Akte der Gerechtigkeit und Moral ausschließt« (Brecht 1931, 90). Das heißt, dass Gerechtigkeit im materialen und ethischen Sinne ausgeschlossen wird.

Marx und Engels traten als Moralkritiker auf; dennoch gibt es in ihrem historischen Materialismus eine dezidierte Auffassung vom ethischen Wert der Gerechtigkeit. Sie steckt in der normativen Grundlage der Kritik der politischen Ökonomie. Der Mehrwert – Grundlage des Profits in der kapitalistischen Produktionsweise – besteht demnach in nichts anderem als in der Aneignung des Mehrprodukts, also: in der Aneignung der Differenz zwischen dem entlohnten Teil der Arbeitskraft und dem unbezahlten Teil (siehe Kap. 2.1.1). Zur Erinnerung: Lohnabhängige erhalten als Arbeitslohn nicht den Geldbetrag, welcher der Menge an potentiellem Tauschwert entspricht, den sie in der bezahlten Zeit hergestellt haben. Sie erhalten lediglich so viel Geld, wie jeweils als erforderlich gilt, um ihre Arbeitskraft unter mehr oder weniger menschenwürdigen Bedingungen zu regenerieren. Der formal gerechte Tausch ›Arbeitszeit gegen Lohn‹ ist inhaltlich ungerecht, weil er kein Tausch von Äquivalenten ist. Arbeitszeit als Quelle der Wertschöpfung und Arbeitslohn sind nicht gleichwertig. Der Tauschwert der Ware Arbeitskraft ist größer als der dafür entrichtete Lohn.

Der ethische Begriff der Gerechtigkeit kommt zwar in den Gründungsschriften des historischen Materialismus nicht vor, aber der Sache nach gibt es sehr wohl eine sozialistische Auffassung vom moralischen Wert der Gerechtigkeit. Diese kommt in der berühmten Formel aus Marx' Kritik des *Gothaer Programms* der Sozialdemokratie aus dem Jahre 1875 zum Ausdruck: »Jeder nach seinen Fähigkeiten, jedem nach seinen Bedürfnissen!« (Marx 1875, 21.)

Im Realsozialismus der Ostblock-Staaten wurde aus dieser utopischen Skizze im 20. Jahrhundert ein Leistungsprinzip, das auf Claude Henri de Saint-Simon zurückgeht: »Jedem nach seiner Fähigkeit, jeder Fähigkeit nach ihrer Leistung« (Felten 1995, 772). Dies war nicht weit entfernt von der bürgerlichen Zwangsformel: ›Wer nicht arbeitet, soll auch nicht essen‹. Die Formel, mit der Marx eine humane Gesellschaft kennzeichnete (also eine von der kapitalistischen Produktionsweise befreite), enthält eine philosophische Kritik am traditionell-liberalen Konzept der Gerechtigkeit. Diesem zufolge geht es nämlich dann gerecht zu, wenn gilt: »Jedem danach, was ihm gesetzlich zugeteilt wird«.

Das lehrt auch der nachliberale Rechtspositivismus, von dem eingangs die Rede gewesen ist. Im 20. Jahrhundert hat ihn zum Beispiel Carl Schmitt vertreten. Rechtspositivisten kennen, wie angedeutet wurde, kein Kriterium dafür, mit dem die gegebenen Gesetze selbst beurteilt und bewertet werden können. Gerecht würde es aber erst dann zugehen, wenn nicht nur gilt: ›Allen das Gleiche‹ – also so wie im Naturrecht, wo unklar bleibt, ob die gerechte Verteilung von Gütern und Lasten im arithmetischen oder im proportionalen Sinne gemeint ist. Gerecht würde es dann zugehen, wenn Ungleiches ungleich bleiben darf, alle ungleichen Bedürfnisse jedoch gleichermaßen befriedigt werden können. Und dann, wenn alle sich nach Kräften einbringen können, um das allgemeine Wohlergehen zu befördern.

Problematisch bleibt, dass es dem Rechtspositivismus zufolge keinen Widerspruch darstellt, wenn ungerechtes Recht gilt (beispielsweise im Nationalsozialismus). Der Rechtspositivismus leugnet den normativen Gehalt des Rechts. Dieser besteht aber darin, dass geltendes Recht (Gesetze), wenn es denn legitim sein soll, immer am Maßstab der Idee oder des Begriffs von Gerechtigkeit gemessen werden muss. Andernfalls hat man keine Handhabe, um legale, aber illegitime Gesetze und Praktiken zu kritisieren und abzuschaffen. Man kann das dann nur von außen, vermittels »rechtsetzender Gewalt« tun, wie Walter Benjamin einst statuierte (Lindner 1997). Dies kann sinnvollerweise den Anfang machen, wie 1945 bei der Niederschlagung des Nationalsozialismus. Im nächsten Schritt sind nach einem solchen juridischen Vakuum wieder Rechtsverhältnisse herzustellen. Das erfolgte nach 1945 durch die gut begründete Schaffung des supranationalen Unrechtstatbestands des »Verbrechens gegen die Menschheit«.

8.2 Tausch und Macht

Die Vorstellung (man kann auch sagen: das Problem) der Gerechtigkeit ist nicht von sozialen Interaktionszusammenhängen zu trennen, die durch die beiden Faktoren Macht- bzw. Herrschaftsverhältnisse und Tauschbeziehungen gekennzeichnet sind. Hier scheint eine beinahe universale Dimension auf, denn jene Relationen sind wesentliche Merkmale aller bisherigen Vergesellschaftungsformen. Das Interesse an Gerechtigkeit und die Konflikte über ihre Realisierung basieren auf Lebensbedingungen, in denen Güter knapp sind und ihr Tausch bzw. ihre Verteilung durch herrschafts- und machtförmige Institutionen geregelt werden. Dem Konzept der Gerechtigkeit liegt die Vorstellung eines Tausches zugrunde, bei dem jede Seite erhält, was ihr zusteht, und dem Konzept gerechter Ordnung die Vorstellung eines Herrschers, der darüber wacht, dass im Gemeinwesen jeder das erhält, was ihm zusteht. Die ordnungspolitische Vorstellung von Gerechtigkeit ist eine Erweiterung der merkantilen Vorstellung von Gerechtigkeit. Sie fügt dem Gedanken, dass jeder das erhält, was ihm zusteht, den Gedanken hinzu, dass jeder das (und nur das) tun sollte, was seine Aufgabe ist.

Platon hat diese Vorstellung in seinem Modell eines gerecht eingerichteten Staates formuliert. Um herauszufinden, wie Gerechtigkeit philosophisch zu bestimmen sei, lässt er Sokrates in der Schrift *Politeia* ein Gedankenexperiment anstellen. Will man etwas untersuchen, lasse sich dies stets besser an einem großen Untersuchungsgegenstand als an einem kleinen vornehmen, meint Sokrates. Wie der Autor Platon ist er davon überzeugt, dass zwischen dem Aufbau des Menschen, der aus Körper, Geist und Seele besteht, und dem Aufbau des Gemeinwesens Strukturanalogie besteht. In beiden Fällen kann es Unordnung oder Wohlordnung der Bestandteile des Ganzen geben. Die Wohlordnung wird als Zustand der Gerechtigkeit gedacht. Aufgrund der Strukturanalogie zwischen Einzelmenschen und Gemeinwesen könne eine Wesensbestimmung der Gerechtigkeit methodisch am besten vorgenommen werden, indem man untersucht, wie ein wohlgeordnetes Gemeinwesen aufgebaut ist. Das Ergebnis der Untersuchung lautet wie folgt:

> Gerechtigkeit […] herrscht dann, wenn »jeder das Eigene und Seinige« tut. Das »Eigene und Seinige« tun heißt zum einen, das tun, was man aufgrund seiner natürlichen Begabungsausstattung am besten kann; und heißt zum anderen, nur das tun, was man kann. […] Gerechtigkeit ist also ein Kooperationssystem von Spezialisten, die sich jeweils zum Nutzen des Ganzen auf ihre natürlichen und durch entsprechende Qualifikationsprozeduren optimierten Fähigkeiten und Fertigkeiten konzentrieren und beschränken. (Kersting 1999, 331.)

Das Staatsmodell der *Politeia* verkörpert diesen ontologischen Tugendbegriff der Gerechtigkeit gesellschaftlich als statische Ständeordnung mit Nährstand, Wehrstand und Lehr- bzw. Herrscherstand. Platons Forderung, dass Herrscher systematisch-philosophisch reflektieren können sollten, wird oft (zu Unrecht) als *déformation professionelle* interpretiert, als narzisstischer Größenwahn eines Philosophen, der, zumindest implizit, Totalitarismus predigt. Doch was spricht eigentlich dagegen, dass die politische Exekutive am strengen Maß der Rationalität gemessen wird? Dies ist freilich nicht der einzige Punkt in Platons Modell, an dem Anstoß genommen worden ist. Hinzu kommt die Theorie, dass die Statik des Ganzen und dessen Erblühen in der Wohlordnung nur vermöge streng überwachter Eugenik durch die Generationen hindurch gewährleistet wären.

Doch wer kann mit Sicherheit sagen, was Platon als Lehrgehalt seiner Schrift verstand – und was er, vielleicht bis zum Extrem pointiert (oder bis zur Kenntlichkeit entstellt), herausarbeiten wollte, um es in seiner Problematik deutlich werden zu lassen? Nicht auszuschließen, dass es die Intention der *Politeia* gewesen ist, die Aporie sozialer Gerechtigkeit auf indirektem Weg zu demonstrieren, indem gerade auch die kaum erträglichen Züge eines Gemeinwesens beschrieben werden, das vollkommen gerecht eingerichtet ist.

Seit Aristoteles unterscheidet man zwei Dimensionen der Gerechtigkeit, die ausgleichende und die verteilende. Die ausgleichende Gerechtigkeit steht der archaischen Vorstellung näher, die die Kulturen der Antike beherrschte. Demzufolge ist Gerechtigkeit die Kompetenz des angemessenen Vergeltens. Verteilungsgerechtigkeit dagegen ist der Gerechtigkeitsaspekt, der im politischen, sozialphilosophischen und ethischen Denken der Neuzeit und der Moderne zentral geworden ist. Darunter wird die angemessene Verteilung knapper Güter und sozialer Privilegien innerhalb einer Gruppe, eines Gemeinwesens und eines Staates verstanden.

Der Grundsatz der Verteilungsgerechtigkeit wurde im römischen Recht auf eine Weise formuliert, in der Platons Prinzip, jeder solle das ihm Gemäße tun, wieder aufscheint. Der römische Rechtsgrundsatz *suum cuique*, ›Jedem das Seine‹, war die Grundidee der Verteilungsgerechtigkeit des großen Weltreichs. Das war etwas anderes als die zynische Vernichtungsdoktrin, zu der die Nazis den Satz machten, als sie ihn als Motto über das Eingangstor des Konzentrationslagers Buchenwald vor den Toren Weimars schrieben.

Eine humane Aktualisierung des *Suum-cuique*-Prinzips formulierte Marx mit der bereits zitierten Maxime von den Fähigkeiten und den Bedürfnissen in einer imaginären klassenlosen Gesellschaft. Wer Marx nicht mit dem autoritären Sozialismus verwechselt, hört darin das thematische Motiv einer Gesellschaft anklingen, in der es gerecht zuginge und alle Menschen als Verschiedene gleich wären, in der also niemand gleichgemacht würde. Mit der Formel ›Jede/r nach ihren/seinen Fähigkeiten, jeder/m nach ihren/seinen Bedürfnissen‹ ist das Problem des Verhältnisses zwischen den Konzepten Gerechtigkeit und Gleichheit zwar nicht gelöst, doch wird es eben auch nicht verleugnet.

Im Unterschied zur normativen oder kritischen Sozialphilosophie sind moderne Ethiken in erster Linie an moralischen Pflichten und an formellen Verfahren interessiert, mit denen man die Berechtigung des Geltungsanspruchs von strittigen Normen unter dem Titel des *moral point of view* ermitteln kann. Dieser moralische Gesichtspunkt sieht eine unparteiliche Prüfung der Umstände, Folgen und Nebenfolgen für alle vor, die möglicherweise von der Geltung einer Norm betroffen sind. Um herauszufinden, ob eine Norm legitimerweise Geltung beansprucht, muss man, so wird von solchen Theorien argumentiert, in einem Gedankenexperiment den *moral point of view* einnehmen. Und zwar nicht nur im einsamen inneren Monolog, sondern im sachlichen Dialog mit allen potentiell Betroffenen, die idealerweise freien und gleichberechtigten Zugang zur kommunikativen Verständigung über die strittige Frage haben müssen. Eine Norm kann demnach also nur dann als legitimerweise gültig angesehen werden, wenn sie dieses Prüfungsverfahren erfolgreich überstehen würde.

Es kommt in derartigen Ethikkonzeptionen (z. B. der Diskursethik; siehe Kap. 2.6) nicht darauf an, ob solch ein kommunikativer Verständigungsprozess tatsächlich stattgefunden hat – aber darauf, ob er mit Aussicht auf Erfolg stattfinden könnte. In diesem Fall würde die geprüfte moralische Norm für alle Beteiligten, sofern sie virtuell vernunftbestimmte Argumentationsteilnehmer*innen sind, unter moralischem Aspekt verbindlich sein. Das Kriterium der Gerechtigkeit wird so zum zentralen ethischen Kriterium, weil es nicht inhaltlich, sondern formal verstanden wird und aus dieser Perspektive das einzige Kriterium ist, das sich ausnahmslos verallgemeinern lässt. Vom moralischen Gesichtspunkt aus wird nicht über Inhalte, Werte oder materiale Tugenden geurteilt, sondern darüber, ob eine Handlungsweise sich mit dem gleichberechtigten Interesse aller daran verträgt, *wie ein Subjekt* behandelt zu werden. Gerechtigkeit bedeutet dann moralische Gleichbehandlung. Sie zielt nicht auf inhaltliche oder materiale Gleichheit, sondern auf formale (oder verfahrensorientierte) Egalität aller vernunftbegabten Lebewesen unter dem Aspekt ihres moralischen Anspruchs auf Unversehrtheit der personalen Identität ab, also unter dem Aspekt ihres Anspruchs auf Würde.

Dabei wird indessen mitunter die ›andere Seite‹ des Gerechtigkeitsbegriffs vergessen. Von der Herkunft der Gerechtigkeit im Tausch war bereits die Rede. Was das genau bedeutet, erschließt sich freilich nur einem genealogischen Blick. Nietzsche hat den historischen Zusammenhang zwischen Gerechtigkeit, Gewalt, Macht und Tausch betont. Die hehre, unparteiliche Gerechtigkeit stammt nicht nur vom profanen Tausch ab; sie unterhält auch heimliche Beziehungen zur Vergeltung, zur Rache. *Gerecht* zu sein und sich *gerächt* zu haben – das ähnelt sich vielleicht nicht nur im Wortklang unserer Landessprache. Nach Nietzsche bildet sich die Vorstellung der Gerechtigkeit in Konkurrenzverhältnissen heraus, in denen mehr oder weniger ausgewogene Kräftebedingungen herrschen.

> Die Gerechtigkeit [...] nimmt ihren Ursprung unter ungefähr *gleich Mächtigen*, wie dies Thukydides [...] richtig begriffen hat: wo es keine deutlich erkennbare Uebergewalt giebt und ein Kampf zum erfolglosen gegenseitigen Schädigen würde, da entsteht der Gedanke sich zu verständigen und über die beiderseitigen Ansprüche zu verhandeln: der Charakter des *Tausches* ist der anfängliche Charakter der Gerechtigkeit. Jeder stellt den anderen zufrieden, indem Jeder bekommt, was er mehr schätzt als

> der Andere. Man giebt Jedem, was er haben will als das nunmehr Seinige, und empfängt dagegen das Gewünschte. Gerechtigkeit ist also Vergeltung und Austausch unter der Voraussetzung einer ungefähr gleichen Machtstellung: so gehört ursprünglich die Rache in den Bereich der Gerechtigkeit, sie ist ein Austausch. Ebenso die Dankbarkeit. (Nietzsche 1878, 89.)

Alle guten Taten waren ursprünglich böse Taten, lautet Nietzsches moralhistorisches Paradigma. Die Wertungsweisen, die in einer Kultur gelten, lassen sich demzufolge in den allermeisten Fällen auf vormoralisches Handeln aus nacktem Interesse zurückführen, das im Laufe der Zeit umgewertet wird. Dies kann man sich ähnlich wie den Prozess der Rationalisierung vorstellen, den die Psychoanalyse als Umkodierungsprozess beschreibt. Handelnde deuten ihre eigenen Motive, die sie moralisch ablehnen, um: Sie deuten sie um in Motive, die sie moralisch billigen können. Nietzsche zeigt mit dieser genealogischen Reflexion, dass Gerechtigkeit keine abstrakt-universalistische moralische Tugend ist. Unter der Voraussetzung, dass sie auf das Selbsterhaltungsinteresse zurückzuführen ist, welches allen Individuen eigen ist, erscheint Gerechtigkeit als Orientierungspunkt für strategisches Handeln aus Eigeninteresse im Kontext des quasi naturhaften sozialen Selbsterhaltungskampfes. Das ist das Gegenteil vom unparteilichen *moral point of view*.

> Gerechtigkeit geht natürlich auf den Gesichtspunct einer einsichtigen Selbsterhaltung zurück, also auf den Egoismus jener Ueberlegung: »wozu sollte ich mich nutzlos

> schädigen und mein Ziel vielleicht doch nicht erreichen?« […] Dadurch, dass die Menschen, ihrer intellectuellen Gewohnheit gemäss, den ursprünglichen Zweck sogenannter gerechter […] Handlungen *vergessen* haben und namentlich weil durch Jahrtausende hindurch die Kinder angelernt worden sind, solche Handlungen zu bewundern und nachzuahmen, ist allmählich der Anschein entstanden, als sei eine gerechte Handlung eine unegoistische. (Nietzsche 1878, 89 f.)

Soziale und politische Kräfteverhältnisse bilden demnach den Hintergrund, vor dem sich der Grundgedanke der Gerechtigkeit ausbildet und geschichtlich sowie kulturell wechselnde Erscheinungsformen annimmt. Gesellschaftliche Ordnung, die den Kampf befriedet, der im Naturzustand zwischen den Menschen herrscht, wie Nietzsche mit Hobbes annimmt, setzt eine wirksame Zwangsgewalt voraus, die prinzipiengeleitet ist. Der Grundsatz, an dem sich das Rechts- und Moralverständnis der frühesten, aber auch der modernen politischen Gemeinwesen orientiert, ist der Ausgleich zwischen konkurrierenden Interessen. Das bringt Nietzsche mit dem Begriff des Gleichgewichts zum Ausdruck, den er als ein relevantes Konzept der archaischen Lehre von Recht und Moral bezeichnet:

> Gleichgewicht ist die Basis der Gerechtigkeit. Wenn diese in roheren Zeiten sagt »Auge um Auge, Zahn um Zahn«, so setzt sie das erreichte Gleichgewicht voraus und will es vermöge dieser Vergeltung *erhalten:* so dass, wenn jetzt der Eine sich gegen den Anderen vergeht, der Andere keine Rache der blinden Erbitterung mehr

nimmt. Sondern vermöge des jus talionis wird das Gleichgewicht der gestörten Machtverhältnisse *wiederhergestellt:* denn ein Auge, ein Arm *mehr* ist in solchen Urzuständen ein Stück Macht, ein Gewicht mehr. (Nietzsche 1878, 556.)

Der Ausgleich zwischen konkurrierenden Interessen erfolgte zwar überall auf der Welt im Laufe der Jahrtausende in zunehmend rationaler Form und Gestalt, aber seinen agonalen, aus Gewaltverhältnissen entspringenden Charakter hat er dabei nie verloren. Die Transformation von Gewaltverhältnissen in Rechtsverhältnisse, so könnte man mit Nietzsche sagen, nimmt den Rechtsverhältnissen viel von ihrer Gewaltförmigkeit und macht sie zunehmend rational. Doch in der Rationalität des Rechts bleibt stets noch ein Urgrund von Gewalt. Jedes Recht war ursprünglich ein Vorrecht, daran erinnert uns Nietzsche. Gerechtigkeit wäre dann immer auch als prekärer Versuch anzusehen, eine vernünftig begründbare Balance zwischen in unauflösbarer Spannung zueinander stehenden, antagonistischen Rechtsansprüchen zuwege zu bringen. Das bestätigt auch die aufgeklärte soziologische Forschung des 20. Jahrhunderts (Popitz 2004).

In der Moderne hat sich die unmittelbare Gewalt im Kampf der Starken um das Recht des Stärkeren geläutert, sie tritt nun als Verteilungsmechanismus des Marktes auf. Was ein Individuum auf dem Markt erfolgreich als das realisieren kann, was ihm zusteht, bestimmt seine gesellschaftliche Position. Darin wiederum drückt sich sein Wert aus: Nicht nur seine finanzielle ›Bonität‹, sondern auch die Wertschätzung, die ihm im gesellschaftlichen Ganzen zuteilwird, beruht darauf. Die Kategorie des Werts bekommt damit in der Moderne ihre eigentümliche, ökonomische und ethische Äquivokation.

Im 17. Jahrhundert, sozusagen in den Anfängen der Moderne, hatte Hobbes eine Konzeption gerechter Herrschaft als System anonymisierter Regelhaftigkeit von Angebot und Nachfrage konstruiert, durch das die nach Selbsterhaltung strebenden, konkurrierenden Individuen gesellschaftlich aufeinander bezogen sind. Für den ökonomistischen Liberalismus gilt die Logik des Marktes bis heute als optimales Vergesellschaftungsprinzip. Sie eliminiert, so wird behauptet, naturbedingte Privilegien, und ihre abstrakt-gleichförmige Allgemeinheit soll soziale Gerechtigkeit gewährleisten wie kein anderes Vergesellschaftungsprinzip. Um ihre moralische Indifferenz zu mildern, haben utilitaristische Philosophen im angelsächsischen Bereich versucht, ein Rechenmodell zu entwickeln, mit dessen Hilfe festgestellt werden kann, ob und wie weit der Markt tatsächlich für die größte Anzahl aller Beteiligten die befriedigendsten Bedingungen herstellt oder nicht. Dem Kalkül zufolge besteht Gerechtigkeit im gesellschaftlichen Nutzen, d. h. im größtmöglichen Wohlergehen für die größtmögliche Zahl von Menschen. Das Kriterium der Gerechtigkeit wird hier nicht am Einzelnen ausgerichtet, auch nicht am Interesse aller, sondern an der Mehrheit (Mill 1861).

In diesem Ansatz fehlt aus der Sicht kritischer Philosophie (im Sinne von Kant und Marx) zweierlei: zum einen der universalistische Anspruch ethischer Reflexion über Gerechtigkeit und zum andern der volle Gehalt des Freiheitsbegriffs der praktischen Philosophie. Es widerspricht dem utilitaristischen Gesamtnutzenkalkül nicht, wenn Individuen zugunsten des Wohlergehens der Mehrheit geopfert werden. Im Gegenteil: Genau das besagt dieses Prinzip (siehe Kap. 3.2). Und wenn Peter Singer dazu rät, vorurteilslos darüber nachzudenken, ob das Wohlergehen in der Welt in summa dadurch vergrößert würde, dass Föten mit Behinderungen oder behinderte Säuglinge getötet werden (Singer 2013, 288 ff.), dann spricht er nur besonders deutlich aus, worauf der ethische Utilitarismus ohnehin hinausläuft.

Freilich wurde schon früh darüber nachgedacht, wie der moderne Gerechtigkeitsbegriff, der nicht mehr an Tugenden und objektiven Wertordnungen, dafür jedoch an formalen Regeln ausgerichtet ist, in Recht und Moral so formuliert werden kann, dass er Freiheit und Selbstbestimmung der Individuen in seiner Konsequenz nicht untergräbt, sondern verwirklichen hilft. Für Kant ist ethische Gerechtigkeit eine allgemein verbindliche Maxime der Willensbestimmung, während sie in Rechtsverhältnissen nicht als handlungsleitende Gesinnung verinnerlicht, aber äußerlich einklagbar sein muss. Denn laut der bereits zitierten Stelle aus der *Metaphysik der Sitten* setzt das Recht für Kant ja die

> Bedingungen, unter denen die Willkür des einen mit der Willkür des andern nach einem allgemeinen Gesetze der Freiheit zusammen vereinigt werden kann. [...] Wenn also meine Handlung oder überhaupt mein Zustand mit der Freiheit von jedermann nach einem allgemeinen Gesetze zusammen bestehen kann, so tut der mir unrecht, der mich daran hindert; denn dieses Hindernis (dieser Widerstand) kann mit der Freiheit nach allgemeinen Gesetzen nicht bestehen. (Kant 1798, 67.)

Es stellt sich die Frage, wie jenes »allgemeine Gesetz« formuliert werden muss, damit es Kriterien der Gerechtigkeit erhalte, die gleichzeitig universale Geltung beanspruchen können und die freie Entfaltung aller Individuen gewährleisten.

8.3 Fairness

Der Philosoph John Rawls hat in den 1960er Jahren versucht, den Begriff der Gerechtigkeit in Gestalt einer Verfahrensregel zu umschreiben, die alle Bedingungen angibt, die erfüllt sein müssen, damit eine Gesellschaft als gerecht bezeichnet werden kann. Er hat an Kants universalistische Idee individueller Freiheit angeknüpft, die er mit der Vorstellung sozialer Gleichheit verbinden wollte. Dazu definiert Rawls Gerechtigkeit neu: als soziale Fairness. Diese sei durch zwei Bedingungen gekennzeichnet. Erstens hätten alle Menschen die gleichen Grundfreiheiten, und zweitens sei sozioökonomische Ungleichheit gerechtfertigt, wenn sie, unter den allgegenwärtigen Knappheitsumständen, den Menschen, die am schlechtesten gestellt sind, den größten Vorteil bringt.

Rawls sozialdemokratische Variante des Gesellschaftsvertrags lässt die kapitalistischen Bedingungen des formal gerechten, inhaltlich ungerechten Tauschs unangetastet. Zu ihren Konditionen soll in seinem Modell jeder Mensch die Chance haben, für das Gemeinwesen zu wirken und seinen Bedürfnissen gemäß entlohnt zu werden. Gerechtigkeit bedeutet dann Gleichverteilung sozialer Güter (Freiheit, Chancen, Einkommen, Vermögen, Grundlagen der Selbstachtung). Ungleiche Güterverteilung ist nur in einem einzigen Fall gestattet, nämlich dann, wenn dadurch eines dieser Güter (oder alle) den Benachteiligten zugutekommt. So legitimiert Rawls mit Hilfe seines Begriffs der Gerechtigkeit das Modell des Sozialstaats. Er begründet das mit einem Gedankenexperiment, das er den »Schleier des Nichtwissens« nennt. Welcher sozialen Verfassung würden Menschen wohl zustimmen, so der Gedankengang, wenn sie nicht wissen können, an welcher Stelle der Gesellschaft sie stehen werden, die sie neu begründen?

Eine Gesellschaft wäre für Rawls dann gerecht strukturiert, wenn alle vernunftbegabten Menschen, die ihr angehören, den Prinzipien ihrer Verfassung zustimmen könnten. Die Grundsätze, die das gewährleisten sollen, lauten:

1. Jeder muss das gleiche Recht »auf das umfangreichste Gesamtsystem gleicher Grundfreiheiten« haben, »das für alle möglich ist«.
2. »Soziale und wirtschaftliche Ungleichheiten müssen [...] den am wenigsten Begünstigten den größtmöglichen Vorteil bringen«, und zwar »unter der Einschränkung des gerechten Spargrundsatzes«; ferner müssen sie »mit Ämtern und Positionen verbunden sein, die allen gemäß fairer Chancengleichheit offenstehen.« (Rawls 1991, 336.)

Der Philosoph Heiner Hastedt erläutert, was damit gemeint ist:

> Im ersten Prinzip geht es um die menschenrechtliche Garantie der Grundfreiheiten, wie sie in der liberalen politischen Theorie entworfen worden sind, [also] Rede-

> und Versammlungsfreiheit; Gewissens- und Gedankenfreiheit, Recht auf persönliches Eigentum; Freiheit vor willkürlicher Verhaftung; Schutz vor Folter (Hastedt 1994, 204).

Diese dürften »nur dann eingeschränkt werden, wenn es mit einem gleichen System von Freiheiten für andere unvereinbar ist« (ebd.). (Auf die moralphilosophischen Aspekte des Konzepts der Menschenrechte werde ich in Kap. 9 zu sprechen kommen.)

Beim zweiten Prinzip, dem sogenannten Differenzprinzip, geht es um die Frage, in welcher Hinsicht soziale Ungleichheit gerechtfertigt werden kann. Diese ist Rawls zufolge nämlich keineswegs ungerecht, sofern alle davon »mehr profitier[ren] als durch Gleichverteilung der Grundgüter« (ebd.).

Die *Theorie der Gerechtigkeit*, die Rawls 1971 publizierte, löste in den USA eine sozialphilosophische und ethische Debatte aus, in deren Verlauf sich in den 1980er Jahren die sogenannten Kommunitarier formierten. Diese betonen, dass Werte der Gemeinschaft vor Individual-Grundrechten Vorrang hätten. Nötig sei ein Begriff des Menschen und seines Handelns, der, über das atomistisch gedachte Individuum und seine abstrakten Freiheitsrechte hinaus, die gelebte Sittlichkeit von Gemeinschaften in den Blick nimmt. Michael Sandel hat gegenüber Rawls eingeklagt, dass nur ein inhaltliches Konzept intersubjektiver moralischer Identität der Persönlichkeit, die an konkreten Zielen und Lebensformen einer Gemeinschaft ausgerichtet ist, als normatives Prinzip von Vergesellschaftung Geltung beanspruchen könne. Rawls löst, so Sandel, das Konzept der Persönlichkeit von den partikularen Zielen und Werten ab, die die Identität von Individuen ausmachen. Er konstruiert eine nur an rationaler Autonomie ausgerichtete Person, die für die Verfassungswahl im »ursprünglichen Zustand« benötigt wird. Die Annahme, mit dem Differenzprinzip sei eine wohlfahrtsstaatliche gesellschaftliche Güterverteilung zu begründen, kann aber nur dann funktionieren, wenn in den Verfassungswählern eben jene substantielle Bindung an Gemeinschaftswerte wirksam wäre, die Rawls' formaler Begriff der Persönlichkeit leugnen müsse. (Sandel 1982.)

Das klingt einleuchtend. Und doch greift diese Kritik zu kurz. Denn Rawls' (an Kant anknüpfende) Idee der moralischen Identität der Person, die allein an die rationale Fähigkeit zur Selbstbestimmung gebunden ist, weist nicht jegliche Konkretion moralischer Subjektivität zurück. Sie verharrt nicht in formalistischer Leere, weil sie einen normativen Gehalt besitzt, der es erlaubt, die Bedingungen der Möglichkeit inhaltlicher Wertsetzungen vergesellschafteter Individuen zu formulieren. Das Prinzip rationaler Selbstbestimmung bildet die Voraussetzung für partikulare Vorstellungen des Guten und jener Vielfalt Entwürfe des guten Lebens, die kommunitaristische Ethiker als moralisch werthaft empfinden.

Das normative Potential des politischen Liberalismus der Rousseau-Kant-Tradition liegt in der universalistischen Idee vernünftiger gesellschaftlicher Selbstbestimmung freier Individuen. Es wird von einer Kritik unterlaufen, die diesen Gehalt als bloßes Formalkonstrukt deutet und dagegen wahre Tugenden und Werte einer substantiellen, gelebten Sittlichkeit historisch gewachsener Gemeinschaften ausspielt. Kant hat den politischen Gedanken von Rousseau, freie Menschen seien nur einem selbstgegebenen Gesetz verpflichtet, in ein autonomes Moralprinzip transformiert. Das ist für Rawls die gültige Verbindung von politischer Philosophie und Ethik. Unter Autonomie versteht er mit Kant ein Handeln, das von keinem anderen Kriterium geleitet wird als der freien Vernunftbestimmtheit. Gesellschaftliche und naturbedingte Entscheidungskriterien, also materiale Handlungsziele, seien sie nun hedonistisch, egoistisch oder altruistisch, begreift Rawls, kantisch, als heteronome Bestimmungen des Handelns. Auf ihnen könnten hypothetische Imperative (Handlungsmaximen, die von je besonderen Zielen abgeleitet werden) basieren, jedoch keine kategorischen Imperative (die Zwecke an sich selbst sind) wie die Gerechtigkeitsgrundsätze.

Über das formale Freiheits- und Autonomieverständnis einer politischen Theorie, die eine individualistische Konkurrenzökonomie als naturgegebenen, unwandelbaren Rahmen der Vergesellschaftung auffasst, geht Rawls allerdings nicht hinaus. Die Anwendungsverhältnisse seiner Gerechtigkeitsgrundsätze stehen unter

> den Beschränkungen einer mäßigen Knappheit und konkurrierender Ansprüche [...]. Die menschliche Freiheit muß durch Grundsätze geregelt werden, die im Lichte dieser natürlichen Beschränkungen gewählt worden sind. (Rawls 1991, 290.)

Gerechtigkeit als soziale Fairness muss sich im Rahmen dieser »Grundtatsachen bezüglich der Menschen und ihrer Stellung in der Natur« (Rawls 1991, 290) bewähren. In die Freiheit und Unabhängigkeit von gesellschaftlichen und natürlichen Voraussetzungen ist bei Rawls also ihr Gegenteil immer schon miteingebaut. Indem formale Autonomie als absolut gesetztes Prinzip herausgearbeitet wird, werden gesellschaftliche Faktoren zu Naturbedingungen von Vergesellschaftung. Angesichts dessen bleiben die Motive »der gegenseitigen Achtung und der Selbstachtung« (289), die als Grundsteine sozialer Fairness aus Kants Ethik in seine Gerechtigkeitstheorie eingehen, bloße Postulate. Insofern ist diese Gerechtigkeitstheorie einem Wissenschafts- und Vernunftverständnis verpflichtet, das die »Ökonomie der zweckrationalen Mittelwahl« fälschlicherweise »mit Rationalität schlechthin« (Habermas 1982, 317) identifiziert. Damit erweisen sich normative Implikationen, die sich aus diesem verkürzten Vernunftbegriff nicht mehr herausholen lassen, als gutgemeinte Beschwörungen.

Bei Rawls führt das zu einem Widerspruch, auf den Höffe aufmerksam gemacht hat:

> Die Gerechtigkeitsprinzipien erscheinen als Produkt eines Interessenkalküls, als genaues Resultat von Überlegungen strategischer Rationalität. Daß die Gerechtigkeit als Derivat des Selbst-Interesses, daß sich ihre Prinzipien als Resultat einer Kalkulation persönlichen Nutzens rekonstruieren lassen, erscheint höchst unglaubwürdig. Denn Gerechtigkeit besteht doch in der Negation des Selbst-Interesses und der Anerkennung eines wie immer auch näher definierten allgemeinen Interesses. (Höffe 1977, 23.)

Das gilt jedenfalls, wenn man kantisch argumentiert. Anders lägen die Dinge, wenn man sich auf Nietzsche beruft und Gerechtigkeit auf das Selbsterhaltungsinteresse zurückführt. Doch genau das tut Rawls nicht, denn dann würde seine vertragstheoretische Konstruktion in der Luft hängen.

Bei Rawls wird jedoch nicht so recht klar, dass zustimmungsfähige, rational selbstgegebene Gesetze der politischen und ethischen Theorie Bestandteile einer Vergesellschaftungsform sind, die als Ganzes sowohl autonom als auch heteronom ist. Sie basiert auf einem ökonomischen Verhältnis, das, als gleichsam naturwüchsiges Aneignungsverhältnis, sowohl rational als auch irrational ist. In kontraktualistischen Gesellschaftsphilosophien wird es als solches nicht kritisch zur Debatte gestellt. Das selbstgegebene politische Gesetz reguliert einen Reproduktionsprozess, der zwar selbst gemacht ist, hinsichtlich seiner historischen Voraussetzung aber nicht zum Gegenstand einer praktisch folgenreichen Zustimmung oder Ablehnung wird. Vorausgesetzt ist die Trennung der Produzenten von den Produktionsmitteln und die Unterordnung lebendiger Arbeit unter Kapital, also die private Aneignung gesellschaftlich erzeugten Reichtums. Moralische und gesellschaftliche Autonomie sind stets innerhalb von Zwangslagen verortet, durch welche jene relativiert werden. Die Freiheit, ohne die es keine moralische Autonomie geben kann, verwirklicht sich immer zugleich als Heteronomie.

Der normative Gehalt der Tradition, in die Rawls sich stellt, ist gekennzeichnet durch den Konflikt zwischen dem, was als theoretische Errungenschaft, als regulatives Prinzip individueller und gesellschaftlicher Praxis, formulierbar geworden ist, und dem, als was sich dieses Prinzip zwangsläufig realisiert. Wenn das aufklärerisch-liberalistische

Konzept der moralischen und politischen Person ohne Reflexion der Brüche übernommen werden soll, die aufgrund seiner ökonomischen Funktion historisch in es eingeschrieben worden sind, bleibt dieser Widerspruch ebenso verdeckt wie in der Verklärung sittlicher Lebensverhältnisse aufseiten der kommunitaristischen Kritiker*innen des Liberalismus.

Rawls wollte mit der methodischen Konstruktion des »Urzustands« eine prozedurale Fassung des *moral point of view*, also des Standpunkts der Unparteilichkeit, gewinnen. Doch die normative Kraft des Faktischen verhindert diese Unparteilichkeit, solange gesellschaftliche Formbestimmungen wie Naturbedingungen moralischen Handelns erscheinen. Auch und gerade bei Rawls gilt es zu bedenken, dass der hier zugrundeliegende Naturbegriff einen naturrechtlichen, substantiell liberalen Charakter hat, und deshalb läuft die Kritik an diesem Gefahr, Unfreiheit zu verklären.

Die »atomistische Reduktion von Individuen auf eine ›Natur‹«, stellt die Politikwissenschaftlerin Ingeborg Maus im Rückblick auf die naturrechtliche Legitimation der bürgerlichen Revolutionsbewegungen fest, »verfolgte den Zweck, dieser Natur der Menschen Rechte zuzuordnen, die den politischen Institutionen vorhergingen«, womit die »Qualifizierung aller Freiheitsrechte als vorstaatlicher Rechte« (Maus 1994, 10) intendiert war. Dieses Argument hatte einen Zeitkern, keine transhistorische Geltung, wie ein Blick auf die naturalistischen Staatstheorien des 19. Jahrhunderts zeigen kann, die den Naturbegriff gegenrevolutionär umdeuteten (Marcuse 2004a, 142 ff.; Bloch 1977, 102 ff.). Bei Rawls erscheint der Zeitkern vernachlässigt. Mit den

Mitteln strategischer Rationalität, die seine Theorie leitet, lässt sich Gerechtigkeit als soziale Fairness nicht befriedigend begründen. Das ist von den Vertretern der Diskursethik kritisch bemerkt worden. Weil Rawls »Freiheit als Willkürfreiheit des Selbstinteresses versteht« (Apel 1990, 174), könne er nicht plausibel machen, wieso sich die Verfassungswähler des Urvertrags an jener Fairness orientieren sollten, deren Verwandtschaft mit Kants Sittengesetz so deutlich ist. Damit sie als Resultat aus der »rationalen Wahl« hervorgehen kann, muss Rawls sie, Apel zufolge, von vornherein in die Bedingungen des Urvertrags hineinkonstruieren. Rawls, resümiert der Habermasianer Assheuer,

> war überzeugt, dass der gesellschaftliche Reichtum von allen Bürgern anteilig erwirtschaftet werde – und deshalb müssten auch alle daran teilhaben. Reiche, so forderte Rawls, dürften nur dann reicher werden, wenn auch die Ärmeren davon profitierten. Das war Rawls' berühmtes ›Differenzprinzip‹, aber es hat den Nachteil, dass es sich unter den Bedingungen der globalisierten Wirtschaft kaum verwirklichen lässt. (Assheuer 2011.)

Die ›globalisierte Wirtschaft‹, die dem Differenzprinzip so mächtig im Wege steht, gibt es freilich nicht erst seit dem Ende des Ostblocks zum Ende der 1980er Jahre. Die kapitalistische Wirtschaftsweise ist seit ihren Anfängen auf einen Weltmarkt ausgerichtet gewesen. Daher ist die Vorstellung sozialer Fairness so prekär wie der sozialdemokratische Wunsch, jene Wirtschaftsweise gesellschaftsverträglich zu domestizieren.

Bei aller Kritik, die aus sozialphilosophischer Sicht am

Rawls'schen Fairnesskonzept vorzubringen ist, darf man allerdings nicht vergessen, wie hilfreich es bei der Anwendung unter gegebenen gesellschaftlichen Knappheitsbedingungen sein kann. So wurde etwa zur Zeit der Covid-19-Pandemie von Medizinethiker*innen geltend gemacht, dass der »Schleier des Nichtwissens« ein methodischer Ansatz sein könne, wenn Ärztinnen und Ärzte entscheiden müssen, welchen Patient*innen sie eine intensivmedizinische Behandlung zuteilwerden lassen und welchen nicht, weil die Kapazitäten nicht für alle ausreichen. Zuoberst müsse freilich das medizinische Kriterium der Erfolgsaussichten einer Behandlung im Einzelfall stehen. Wenn man, bei gleichen Erfolgsaussichten, nach dem kriegsmedizinischen Verfahren der Triage die Menschen auszusondern habe, die man zu retten versucht, dann wäre es sinnvoll, sich am Modell des »Schleiers des Nichtwissens« zu orientieren. Denn wenn niemand etwas über Alter, Gesundheitszustand und soziale Stellung der Patienten wüsste, würde man sich vernünftigerweise an einem Verteilungskriterium ohne Ansehung der Person orientieren. Diese triftige Überlegung fügt allgemeinen medizinethischen Maximen allerdings nichts substantiell Neues hinzu.

Gerechtigkeit als Fairness verstehen heißt, sie auf das formale Verfahrenskriterium der Unparteilichkeit reduzieren. Die Kritik setzt dabei an, dass der Gerechtigkeitsbegriff (der die gleichen Grundfreiheiten für alle postuliert und sozioökonomische Ungleichheit für legitim hält, wenn unter den als unwandelbar angenommenen Knappheitsumständen die am schlechtesten Gestellten davon profitieren) sozusagen inhaltlich amputiert ist. Rawls' Konzept ist zwar definitiv humaner als Nietzsches Verachtung der bürgerlichen und sein Hass auf die sozialistischen Werte, doch ist das nur die halbe Wahrheit. Weil Rawls die Grenzen des Rechtspositivismus nicht überschreitet, bietet er keine theoretische Alternative zum sozialistischen Modell der freien Assoziation der Produzenten.

Gehen wir noch einmal zurück ins 19. Jahrhundert. Dort können wir einen Fingerzeig bekommen, der aus der formalistischen Sackgasse herausweisen könnte, in die das philosophische Gerechtigkeitskonzept geraten ist. Nietzsches gerechtigkeitsskeptische Position unterscheidet sich von der Marx'schen. Nietzsche hat den Sozialismus gehasst und sich über den Liberalismus der Engländer lustig gemacht. Er meinte, das Leben brauche keine Gerechtigkeit, sondern Ungerechtigkeit, weil es in der Natur keine Gleichheit gibt (Mann 1948, 23). Seine naturalistische Rechtfertigung von Ungerechtigkeit ist moralisch sicher nicht überzeugend. Außerdem muss sie als philosophischer Kategorienfehler bezeichnet werden. Denn Ungerechtigkeit ist, genau wie Gerechtigkeit, ein Geltungsbegriff: Er hat nur unter soziokulturellen Bedingungen Sinn. Dennoch lässt sich mit Nietzsches Hilfe die Aporie des modernen Gerechtigkeitskonzepts beschreiben.

Die inhaltlichen Kriterien für Gerechtigkeit sind amputiert worden, weil es heutzutage, zu den Konditionen des allgemein anerkannten Wertrelativismus, schwierig (wenn nicht gar unmöglich) geworden ist, sich über sie zu einigen. Sie werden durch ein formales Verfahrenskriterium ersetzt, etwa durch Unparteilichkeit, wenn Gerechtigkeit als Fairness definiert wird. Man geht von einem gemeinsamen Interesse an sozialer Chancengleichheit aus: Gleiche Zugangsmöglichkeiten zu allen sozialen Ressourcen, gleiche Chancen, den eigenen Lebensplan zu verwirklichen. »Die Lehre von der Gleichheit«, schrieb Nietzsche, »*scheint* von der Gerechtigkeit selbst gepredigt«, aber sie ist in Wirklichkeit »das *Ende* der Gerechtigkeit« (Nietzsche 1889, 150). Gegen die Gleichheitsforderung der Französischen Revolution, die er auf »Rousseau's Moralität« zurückführt, hat Nietzsche sich auf die Antike berufen: auf die aristotelische Lehre von der Verteilungsgerechtigkeit. »›Den Gleichen Gleiches, den Ungleichen Ungleiches‹ – *das* wäre die wahre Rede der Gerechtigkeit: und, was daraus folgt, ›Ungleiches niemals gleich machen.‹« (Ebd.) Mit seinem altphilologisch geschulten Blick sah Nietzsche das Moment des Falschen an der bürgerlich-formalen Gleichheit: Sie setzt sich an die Stelle wirklicher Gerechtigkeit, die dem Individuellen gerecht würde, dem Ungleichen und unwiederholbar Einzelnen, dem – mit Adorno gesprochen – Nichtidentischen. Nietzsche legt den Finger auf den wunden Punkt des Identitätsdenkens: Dessen formale Unparteilichkeit ist das gute Gewissen der Gewalt, die alles unterwirft und keine Differenz gelten lässt.

In der Gegenwart würde *differente Gleichheit* bedeuten, dass wir in solidarischer Praxis alles tun, was in unserer Macht steht, um »unsere Verstrickung in eine […] weltgesellschaftliche Ungleichheitstruktur« (Lessenich 2019, 125) zu überwinden. Denn diese Ungleichheitstruktur zementiert nicht nur eklatant ungerechte Zugangs- und Teilhabemöglichkeiten an Produkten, Ressourcen und sozialen wie auch politischen Errungenschaften, sie gefährdet die planetarischen Überlebenschancen.

Aussichtsreicher als die inhaltliche Amputation des Gerechtigkeitsbegriffs scheint es aus dieser Perspektive daher, ihn an seine kritische Fundierung in der politischen Philosophie der Neuzeit zurückzubinden. In diesem Sinne hat Horkheimer darauf hingewiesen, dass Gerechtigkeit »die dauernde und unbedingte Verwirklichung von Demokratie« (Horkheimer 1987b, 352) bedeutet und erfordert. Gerechtigkeit impliziert die »Einlösung der Menschenrechte« (ebd.), und zwar nicht als formale, sondern als inhaltliche Einlösung, nämlich als »Einrichtung der Gesellschaft, an deren Erzeugnissen jeder vollen Anteil hat, niemand politisch oder ökonomisch, durch den Gang der Wirtschaft, durch Geburt oder Gesetz vom Glück der anderen ausgeschlossen wird« (ebd.). Die formale »Allgemeinheit des Rechts, wie es die Verfassungen der demokratischen Staaten anerkennen« (ebd.), garantiert zwar nicht die materiale Erfüllung des Anspruchs auf gerechte Teilhabe an allen gesellschaftlichen, wirtschaftlichen und kulturellen Errungenschaften. Doch ohne geltende Rechtsuniversalität kann es keine »Verwirklichung [...] der ökonomischen Gerechtigkeit« (ebd.) geben. Politische und ökonomische Gerechtigkeit verweisen aufeinander – nicht als geschichtliche Wirklichkeit, aber als soziales und moralisches Erfordernis.

8.4 Gerechte Kriege?

Seit der Antike wird von Herrschenden und ihren Interpret*innen versucht, Kriegführung durch den Verweis auf eine jeweilige Vorstellung von Gerechtigkeit zu legitimieren. Ein neueres Beispiel dafür ist der Philosoph Michael Walzer, der meint, heutzutage solle über die Legitimität von Kriegen nicht anhand von Interessen und politischen Zielen diskutiert werden, sondern anhand der Gerechtigkeitskonzepte, für welche die kriegführenden Parteien stünden. Walzer findet, Philosophen dürften es nicht bei einer allgemeinen Verdammung von Kriegen belassen. »Da ich der Meinung bin, dass Krieg – manchmal – doch notwendig ist«, schreibt er, komme man nicht darum herum, sich »auf die innere Problematik von Kriegführung einzulassen« (Walzer 2002). Dabei argumentiert er im Weber'schen Sinne verantwortungsethisch und legt ein affirmatives Konzept politisch-militärischer Macht zugrunde. Die »Theorie des gerechten Krieges« ist

> für Leute bestimmt, die damit rechnen, Macht auszuüben und Gewalt anzuwenden. Man könnte sie auch eine Doktrin der radikalen Verantwortung nennen, weil sie politische und militärische Führer verantwortlich macht – zum einen für das Wohlergehen der eigenen Leute, zum anderen aber auch für das Wohlergehen unschuldiger Menschen auf Seiten des Gegners. Die Befürworter der Verantwortung beharren darauf, dass es Dinge gibt, die auch dem Feind gegenüber moralisch unzulässig sind. Sie beharren aber ebenso darauf, dass Kämpfen an sich nicht moralisch unzulässig sein kann. (Ebd.)

Ist vom Konzept eines »gerechten Krieges« (*bellum iustum*) die Rede, gilt es zunächst zu unterscheiden, ob es um die *Verrechtlichung* der Kriegführung geht oder um die ethische *Rechtfertigung* eines Krieges bzw. um die Rechtfertigung des Faktums, dass Kriege geführt werden.

Kriege sind bewaffnete, mehr oder weniger geplante und geregelte Kämpfe, die anfangs von Stämmen und Gemeinschaften, später von immer komplexeren politischen Verwaltungsgebilden geführt werden. Historisch betrachtet, ging es dann, wenn das *bellum-iustum*-Konzept ins Spiel gebracht wurde, zunächst um die Verrechtlichung der Kriegführung. Das hängt auch damit zusammen, dass man sich in früheren Zeiten beim Nachdenken über Kriege erst allmählich von der Vorstellung entfernte, es handele sich bei jenen ›Waffengängen‹ um unvermeidliche, quasi naturgegebene Ereignisse. Sobald Kriege als durch Menschen initiiertes und reguliertes Geschehen aufgefasst werden (und die ›Feldherrenkunst‹ als Zivilisationstechnik geschätzt wird, von der Ruhm und Ehre abhängen), kommt man nicht um den Gedanken herum, dass Ziele und Zwecke eines Krieges im Prinzip klar bestimmbar sind. Die erforderlichen Mittel können dann geprüft und bewertet werden – und zwar nicht nur anhand von Kosten-Nutzen-Abwägungen, sondern auch anhand moralischer und rechtlicher Kriterien.

Die letzten Zwecke von Kriegen bestehen traditionellerweise in der Erweiterung von Herrschaftsgebieten und der Unterwerfung von Widersachern in Eroberungs- und Verteidigungskriegen; sodann in Raub- und Beutezügen, Verschleppungen und Versklavungen sowie in allgemeiner Einschüchterung durch Plünderung, Brandschatzung und Vergewaltigung. Daher sind nicht unerhebliche geistige Anstrengungen erforderlich, wenn die Notwendigkeit, Kriegführung zu rechtfertigen, erkannt ist und geltend gemacht wird. Die Frage der ethischen Rechtfertigung des Krieges ist dann von der Frage seiner Verrechtlichung nur noch schwer zu trennen.

In der Historiographie ist organisierte »Gewalt«, d. h. »Krieg, Plünderung, Raubmord« und so weiter, als ›treibende Kraft der Geschichte‹ (Marx/Engels 1845–1846, 23) beschrieben worden. Als »das frappanteste Beispiel« galt zumeist

> die Zerstörung einer alten Zivilisation durch ein barbarisches Volk und die sich daran anknüpfende, von vorn anfangende Bildung einer Gesellschaft. (Rom und die Barbaren, Feudalität und Gallien, oströmisches Reich und Türken) Bei dem erobernden Barbarenvolke ist der Krieg selbst noch [...] eine regelmäßige Verkehrsform, die umso eifriger exploitiert wird, je mehr der Zuwachs der Bevölkerung bei der hergebrachten und für sie einzig möglichen rohen Produktionsweise das Bedürfnis neuer Produktionsmittel schafft. (Marx/Engels 1845–1846, 23.)

Vor diesem Hintergrund haben Philosophen des historischen Materialismus gesellschaftliche *Eigentums*verhältnisse (nämlich die Formen des Eigentums an den Produktionsmitteln, die gesellschaftlich zur Verfügung stehen) und soziale *Herrschafts*verhältnisse, die sich aus diesen ergeben, als Ursachen für das Führen von Kriegen rekonstruiert, als Ursachen, die sich in verschiedenen historischen Epochen unterschiedlich manifestieren.

Wenn sich mit der Zeit in kriegführenden Gruppen- und Staatengebilden Instanzen der Moral und des Gewissens ausbilden, werden immer raffiniertere Begründungen für kriegerisches Tun erforderlich. Sie werden es nicht zuletzt deswegen, weil sich die Gewalt der Kriege ja nicht bloß ›nach außen‹ richtet. Kriegführende Herrscher fordern von den Beherrschten, die für sie in den Krieg ziehen müssen, erhebliche Opfer an Leib und Leben und an Hab und Gut. Für das 20. Jahrhundert hat Brecht das in Zusammenhang mit der Eigentums- und Herrschaftsfrage gebracht. Diese lasse sich nur im bewaffneten Klassenkampf fortschrittlich beantworten:

> Der Prolet wird in den Krieg verladen, / Daß er tapfer und selbstlos ficht. / Warum und für wen wird ihm nicht verraten / Für ihn selber ist es nicht. / Dreck euer Krieg! So macht ihn doch allein! / Wir drehen die Gewehre um / Und machen einen anderen Krieg. / Das wird der richtige sein. (Brecht 1939, 651.)

In den Anfängen der Zivilisationen, und noch auf sehr lange Zeit, wurden zur Rechtfertigung nach allen Seiten zumeist religiös-transzendente Gründe angeführt. Thomas Mann hat das als die »religiöse Fassung politischer Selbstbehauptung« (Mann 1943, 1372) bezeichnet. Sie trat, je nach Kulturraum und Zeitepoche, mehr und mehr in den Hintergrund. Dann trat sie aber auch immer wieder einmal in den Vordergrund, wie gegenwärtig an vielen Stellen auf der Welt zu beobachten ist.

Dem Bericht Homers in der *Ilias* entnehmen wir, dass in mythischen Zeiten die Entführung einer Königin als Anlass galt, der einen Kriegszug voll und ganz legitimierte. Um die zunehmende Abneigung der politischen Führung gegen einen sich über Jahre hinziehenden Krieg zu unterlaufen, soll der verantwortliche Feldherr Trojas kriegsmüden Ratsherren die schöne Helena gezeigt haben. Der vitalisierende Anblick der begehrenswerten Frau weckte in den alten Männern neuen Mut; der Kampf konnte weitergehen, denn die streitgegenständliche Angelegenheit schien den hohen Einsatz wert zu sein. Am Ende dauerte der Krieg zehn Jahre.

Cicero betrachtete die martialischen Angelegenheiten rationaler. Er erklärte, ein Krieg sei gerechtfertigt, wenn er eine Verteidigungsmaßnahme darstellt. Diese Rechtfertigung zog sich durch die Geschichte, bis heute genießt sie im Allgemeinen das Ansehen hoher Plausibilität. Das bedeutet aber nicht, dass für Angriffskriege keine Legitimationsgründe ins Feld geführt würden. Schließlich gilt Angriff vielen als die beste Verteidigung, und nicht umsonst heißen Kriegsministerien heute nicht mehr so, sondern ›Verteidigungsministerien‹.

Auch Bürgerkriege können dann als gerechtfertigt gelten, wenn sie Menschen von Tyrannei und Unterdrückung befreien sollen. Als Begründung wird auch die tatsächliche oder vermeintliche kollektive Selbsterhaltung angeführt: Imperialistische Kriege werden gewöhnlich mit dem Hinweis gerechtfertigt, dass die politischen Verwaltungseinheiten, die sie führen, andernfalls in ihrer Existenz bedroht seien.

Für Augustinus galt ein Krieg als gerechtfertigt, wenn die Rechtsordnung gestört sei, die der Philosoph und Kirchenvater als weltliche Erscheinungsweise der göttlichen Ordnung begriff (Pannier 1999, 307). Thomas von Aquin statuierte später, dass ein Krieg nicht nur einen Grund haben müsse, der als gerecht(fertigt) bezeichnet werden kann, sondern auch eine angemessene Intention. Die christlichen Kreuzzüge ins sogenannte Heilige Land, das von sogenannten Ungläubigen zu befreien und zu säubern sei, wurden deshalb als legitim betrachtet, weil ihre Absicht als gerechtfertigt galt. Gleiches sollte auch für die späteren europäischen Feldzüge gegen Ureinwohner Mittelamerikas gelten, deren inhumane Opferbräuche zu beenden seien. Diese herausgestellten Intentionen hatten die Funktion, die Eroberungen von Territorien zur Beschaffung von Rohstoffen und Arbeitskräften zu rechtfertigen. Dabei wurden Methoden angewendet, die der Inhumanität jener Bräuche in nichts nachstanden. Das lag vielleicht nicht für jedermann auf der Hand, war jedoch auch nicht allzu schwer zu begreifen.

In der Epoche der Aufklärung legten kritische Philosophen den Finger auf den neuen wunden Punkt ihrer Epoche: Die Staaten, so argumentierten sie, führen Kriege gegeneinander, um ihren inneren Frieden sicherzustellen. Als entscheidende Kriegsursache wurde die Unterdrückung der Bevölkerung durch die Herrschenden identifiziert. Wer sich dagegen gewaltsam auflehnt, sei von Grund auf legitimiert – sei es als Bürgerkrieger, Revolutionär oder Klassenkämpfer –, da sein Kriegsziel in der Beseitigung der Kriegsursache besteht.

Dieser Ansatz der Philosophie der Aufklärung wurde freilich nicht zur dominierenden Auffassung. Vielmehr wurde die Berechtigung zum Führen von Kriegen in der Neuzeit aus der monopolisierten staatlichen Gewalt heraus legitimiert. Ob ein Krieg als gerechtfertigt angesehen wurde oder nicht, machte die politische Philosophie von seiner Relation zu den Zielen der staatlichen Politik abhängig. »Das Konzept des *bellum iustum* wurde von einem unbedingten *ius ad bellum* abgelöst. Die Ideologie des unbeschränkten Rechts auf Kriegsführung prägte das Völkerrecht bis in das 20. Jahrhundert.« (Binder/Putzer 2007, 39 f.)

Seit dem 19. Jahrhundert werden Kriege als Nationalkriege oder Weltkriege zwischen souveränen Staaten geführt. Dafür waren rechtliche und gesetzliche Grundlagen geschaffen worden. Gewaltsame, mörderische Auseinandersetzungen können seither auf juristisch abgesichertem Boden stattfinden. Das ist nicht geringzuschätzen; wird dieser Boden verlassen, kann staatlich organisiertes Töten eine Dimension annehmen, die das Grauen ins Unermessliche steigert.

Genau das ist im 20. Jahrhundert eingetreten, jedoch (jedenfalls im Prinzip) nicht zum ersten Mal. Bereits in der frühen Neuzeit erschütterten konfessionelle Bürgerkriege von bis dahin unbekannter Dauer Europa. Bis dahin galt wie gesagt, dass ein Krieg dann legitim ist, wenn seine Ursache darin liegt, dass eine Rechtsordnung substantiell gestört ist, und wenn seine Durchführung in den Händen gerechter Herrscher liegt. Im 16. und 17. Jahrhundert wurde Europa aber de facto von einem *bellum omnium contra omnes* heimgesucht. Angesichts der »stets wiederholten massenhaften Verwüstungen und Entvölkerungen« (Engels 1850, 409), angesichts des »barbarischen Zustand[s], den der 30jährige Krieg zurückgelassen hatte« (Marx 1847, 346), war theologisch nichts mehr zu retten. Die Lehre vom Naturrecht, die allen Menschen schlechthin den Anspruch auf Freiheit und Eigentum zusprach, hatte die Legitimationskonstrukte kirchlicher Philosophen objektiv zerstört. Gleichwohl wurde weiterhin in Gottes Namen getötet – nicht nur im Dreißigjährigen Krieg.

Fortan wurde eine Zeitlang erst gar nicht mehr versucht, Kriege zu legitimieren. Politik habe vielmehr die Aufgabe, das Kriegsgeschehen zu regulieren (Pannier 1999, 307). Krieg galt nun als Weiterführung nationaler Politik mit speziellen Methoden, wie General Clausewitz im 19. Jahrhundert schrieb:

> Der Krieg ist nichts als eine Fortsetzung des politischen Verkehrs mit Einmischung anderer Mittel. [...] Hiernach kann der Krieg niemals von dem politischen Verkehr getrennt werden [...]. Die Politik, indem sie sich des Krieges bedient, weicht allen strengen Folgerungen aus, welche aus seiner Natur hervorgehen [...]. So macht also die Politik aus dem alles überwältigenden Element des Krieges ein bloßes Instrument; aus dem furchtbaren Schlachtschwert, was mit beiden Händen und ganzer Leibeskraft aufgehoben sein will, um damit einmal und nicht mehr zuzuschlagen, einen leichten, handlichen Degen, der zuweilen selbst zum Rapier wird, und mit dem sie Stöße, Finten und Paraden abwechseln läßt. (Clausewitz 1832, 329–331.)

Nach dem Zweiten Weltkrieg proklamierte die UNO – im Geiste der Überzeugung, dass Krieg kein legitimes Mittel staatlicher Politik mehr sein dürfe –, das *ius ad bellum* (›Recht zum Kriege‹) sei durch ein *ius contra bellum* (›Recht gegen einen Krieg‹) zu ersetzen. Letzteres müsse mit Sanktionsgewalt ausgestattet sein. Als allgemeine Zielbestimmung ihres Handelns geben die Vereinten Nationen die Sicherung bzw. die Herstellung des Weltfriedens an (Binder/Putzer 2007, 41). Aus dieser Zielbestimmung wird wiederum abgeleitet, dass Kriegführung in bestimmten Fällen gerechtfertigt ist. So wird aus dem *ius contra bellum* letztlich dann doch wieder ein *ius ad bellum* abgeleitet. Dieser Widersinn wird unter der Voraussetzung als sinnvoll verstanden, dass nur die Staatengemeinschaft das *ius ad bellum* besitzen und dieses nur *contra bellum* ausüben dürfen soll.

Historisch betrachtet, scheint die Behauptung, Krieg sei nur durch Krieg zu beenden, nicht unplausibel zu sein. Doch es drängt sich sogleich die (keineswegs überraschende) Einsicht auf, dass solche Beendigung in anderer Hinsicht eben eine Fortsetzung ist. Am Ende seiner Ausführungen zur Legitimität von Kriegen lässt Walzer denn auch die Katze aus dem Sack, nämlich die Rechtfertigung des US-amerikanischen Konzepts der *regime changes*:

> Eine Theorie der »Gerechtigkeit bei der Beendigung von Einsätzen« müsste umreißen, wie eine legitime Besetzung, ein legitimer Regimewechsel, die legitime Errichtung von Schutzzonen auszusehen haben – sie müsste aber auch angeben, welches Handeln in diesen Zusammenhängen als illegitim und unmoralisch gelten muss. [...] [Die] Theorie des gerechten Krieges [...] macht moralisch problematische Handlungen und Operationen möglich, indem sie deren mögliche Anlässe eingrenzt und ihre Durchführung bestimmten Regeln unterwirft. (Walzer 2002)

Das liest sich wie eine politikphilosophisch-ethische Begründung zeitgenössischer »Geopolitik«. Diesen Begriff hat der schwedische Politiker und Staatsrechtler Rudolf Kjellén Anfang des 20. Jahrhunderts geprägt. Heute verstehen manche darunter ein seriöses Wissenschaftsgebiet, obwohl das Konzept auf einer imperialistischen Irrlehre basiert, nämlich auf der Auffassung, dass territorialer Eroberung und Kontrolle ein natürliches Streben der Nationen nach Lebensraum zugrunde liegt. Der Historiker Karl August Wittfogel, der Horkheimers Frankfurter Institut für Sozialforschung nahestand, bezeichnete Kjellén schon vor 1933 treffend als einen »faschistischen Propheten«. »Geopolitik« wird mittlerweile aber nicht nur als Name für eine Lebensraum-Ideologie verstanden. Der Begriff kann auch kritisch verwendet werden. Aus dieser Sicht geht es in den Verteilungskämpfen der Gegenwart darum, ökonomische und herrschaftliche Interessen mit militärischer Gewalt durchzusetzen, indem die Kontrolle über strategisch und ökonomisch relevante geographische Gebiete erobert und gesichert wird. Versuche, Kriege ethisch zu rechtfertigen, unterbleiben dabei zwar in der Regel nicht, doch haben sie erheblich an Überzeugungskraft verloren. Zumal die Selbstauslöschung der menschlichen Gattung durch nukleare Waffen, die seit Mitte des 20. Jahrhunderts technisch möglich ist, die (implizite oder explizite) Behauptung einer Zweckrationalität von Kriegen fragwürdig erscheinen lässt.

9. Menschenrechte und moralphilosophischer Universalismus

Die »Würde des Menschen« ist ein Konzept, das im 20. Jahrhundert immer wieder Ausgangspunkt für die Begründung von Normen geworden ist. Es taucht freilich schon in der Antike auf. Nach Cicero ist die Würde des Menschen in seiner Natur begründet, die, weil sie als Geistesnatur verstanden wird, seine Sonderstellung in der Welt ausmacht. Im theologischen und philosophischen Denken des Mittelalters bildete die Idee der Gottesebenbildlichkeit des Menschen, die über seine Teilhabe an der göttlichen Rationalität begründet wurde, die Grundlage der Vorstellung menschlicher Würde. In der Renaissance gründete man die Autonomie des Menschen erstmals auf seiner Würde. Pico della Mirandola verstand im 15. Jahrhundert unter »Gottesebenbildlichkeit«, dass der Mensch Schöpfer sei, sowohl Schöpfer seiner selbst als auch Neuschöpfer der Welt. Nun stand nicht mehr nur die Geistigkeit des Menschen im Zentrum, sondern bereits die Einsicht in die Notwendigkeit, dass wir uns selbst das Gesetz unseres Handelns geben und unser Ort im Ganzen des Seins nicht vorgegeben ist. »Der Mensch verfüge über keine eigene Natur, sondern er müsse diese durch freien Willen bestimmen«, fasst der Philosoph Heinz Paetzold Picos Lehre zusammen.

> Der Mensch ist Modelleur und Gestalter [...] seiner Lebensform. Der Mensch kann sowohl zum Göttlichen aufsteigen wie zum Tierischen entarten. Die Würde des Menschen besteht weder in einem ontologischen Vorzug

> noch in spezifischen Fähigkeiten (etwa die Vernunft), sondern die Würde des Menschen besteht in seiner Freiheit, d. h. in dem, was er aus sich selbst macht. (Paetzold 2003, 448.)

Wie später im 20. Jahrhundert (wenn auch mit ganz anderen ontologischen Vorzeichen) für Arnold Gehlen, Helmuth Plessner, Jean-Paul Sartre und Albert Camus, so galt bereits für die Anthropologie der Renaissance: Der Mensch schafft die Welt, seine Welt, aus sich heraus. Dieses Motiv wurde in der Neuzeit zentral.

9.1 Menschenwürde und Naturrecht

Menschenwürde wurde im gedanklichen Zusammenhang der Naturrechtstheorien zum Zentralbegriff der politischen Philosophie und der Rechtsphilosophie. Im 18. Jahrhundert ist das Konzept der Menschenwürde als Fundament der Theorien der Menschenrechte in Verbindung mit dem Gedanken formuliert worden, dass der Anspruch der Menschenrechte ein universaler ist: Sie haben immer, überall und für jedes Individuum ohne Ausnahme zu gelten.

Solch ein Geltungsanspruch lässt sich nur dann stimmig denken, wenn der Geltungsaspekt von allen inhaltlichen, konkreten Bestimmungen des Handelns abgekoppelt und formal-abstrakt gedacht wird. Und genau das ist kennzeichnend für das Moralverständnis der Moderne, auch für die modernen Fassungen des Naturrechts, in denen sich der Übergang von ethischen Tugendwerten zur formal-deontologischen Normativität widerspiegelt:

> Während dem klassischen Naturrecht zufolge die Normen des sittlichen und rechtlichen Handelns gleichermaßen inhaltlich am guten, und das heißt tugendhaften Leben der Bürger orientiert sind, ist das Formalrecht der Neuzeit von den Pflichtkatalogen einer materialen Lebensordnung, sei es der Stadt oder des Standes, entbunden. Es berechtigt vielmehr zu einer neutralen Sphäre des persönlichen Beliebens, in der jeder Bürger als Privatmann Ziele der Nutzenmaximierung egoistisch verfolgen kann. Formale Rechte sind prinzipiell Freiheitsrechte, weil sie alle Handlungen, die nicht explizit nach Kriterien äußeren Verhaltens verboten sind, freigeben müssen. Schon Hobbes hat klar ausgesprochen, daß in dieser indirekten Freigabe überhaupt die Freiheit unter formellen Gesetzen besteht. Und als ihren Zweck definiert bekanntlich Locke die Verfügung über das private Eigentum, worin Leben und Freiheit der Person einbegriffen sind. (Habermas 1982, 90 f.)

Menschenwürde wird in der beginnenden Moderne also formal durch die Erklärung des Grundrechts (d. h. eines Rechts, das allen Menschen *als Menschen* zukommt und nicht erst als Angehörigen eines Staates) auf Eigentum, und das bedeutet: Eigentum an der eigenen Person und an Dingen, konkretisiert. Diese besitzindividualistische Basis, auf der sämtliche Überlegungen zu den Menschenrechten aufruhen, hat in den theoretischen Diskursen bis heute ebenso viele Probleme wie in den praktischen Kämpfen um ihre (interkulturelle) Anerkennung bereitet.

In der *Allgemeinen Erklärung der Menschenrechte*, die als Resolution der Generalversammlung der Vereinten Nationen vom 10. Dezember 1948 verkündet wurde, hat sich die Substanz der naturrechtlichen Lehren des 18. Jahrhunderts ebenso niedergeschlagen wie die Erfahrung ihrer totalitären Leugnung im 20. Jahrhundert. »Würde« und die »gleichen und unveräußerlichen Rechte« der Menschen werden hier als Basis von Freiheit, Gerechtigkeit und Frieden bestimmt; ihre »Verkennung und Mißachtung« führe in die »Barbarei«, die die »Schaffung einer Welt« verhindere, »in der den Menschen, frei von Furcht und Not, Rede- und Glaubensfreiheit zuteil wird«. Dieses Ziel setze den »Glauben an die grundlegenden Menschenrechte, an die Würde und den Wert der menschlichen Person« (*Allgemeine Erklärung der Menschenrechte*, Präambel) voraus.

Nach dem Zivilisationsbruch, der Mitte des 20. Jahrhunderts von nationalsozialistischen und faschistischen Diktaturen in Europa und Asien herbeigeführt wurde, hat die normative Leitidee universaler Menschenrechte in Verfassungen westlicher Demokratien einen fundamentalen Rang erhalten. Hier ist auch der ethische Gehalt des Begriffs der Menschenwürde zum Tragen gekommen. Sie ist zur Fundamentalnorm geworden; für das Bundesverfassungsgericht der Bundesrepublik ist die Menschenwürde normativer »Maßstab für alle einzelnen Grundrechtbestimmungen und deren Auslegung«, der »Mittelpunkt des Wertsystems der Verfassung« (Burkard 1999, 673). Dahinter steht der (kantische) Gedanke, dass Normen und Werte die Grundlegung rechtlicher, politischer und gesetzlicher Bestimmungen sein sollten. Weil Legalität allein nicht genügt, muss die moralische Legitimität das Handeln nicht nur im individuellen, sondern auch im politischen und gesellschaftlichen Bereich fundieren.

Ethische Reflexionen im Hinblick auf das Problem der Menschenwürde finden sich in der systematisch überzeugendsten Weise bei Kant. Ihm zufolge ist der Mensch frei, seine Handlungsfreiheit besteht jedoch, wie oben ausgeführt wurde, allein in der Selbstbestimmung. Nur Selbstgesetzgebung kann ihn binden. Verbindlich ist für ein Vernunftwesen nur das Gesetz, das es sich selbst gegeben hat bzw. dem es als Vernunftwesen jederzeit zustimmen könnte. Kant denkt Autonomie und Universalität der rationalen Bestimmung des Handelns zusammen. Erst dadurch wird Freiheit wirklich, nicht als beliebiges Tun und Lassen, sondern als Handeln aufgrund von Überlegungen, von Zielbestimmungen, die die handelnde Person durch Betätigung ihrer Vernunft entwickelt. Aufgrund dessen, meint Kant, sind wir überhaupt zu sittlichem Handeln in der Lage.

Hier lässt sich der Autonomiegedanke noch einmal rekapitulieren, und zwar nun aus der Perspektive der Menschenwürde: Handeln gemäß der Bedürfnisnatur ist unfrei, denn ich handle so oder anders, weil mein Bedürfnis mich dazu zwingt. Wir sind jedoch keine Automaten und auch keine Wesen, die nur ihre eigenen Interessen verfolgen. Wir können vielmehr über den Horizont unserer eigenen Zwecke hinausblicken. Nicht bloß Selbsterhaltung, auch Solidarität und Handeln für andere ist ein möglicher konzeptueller Handlungsrahmen. Die Autonomie des menschlichen Willens ist somit Grundlage seiner Würde. Menschen sind nicht nur Mittel zum Zweck (z. B. der Schöpfung, wo der Zweck Gott ist; auch nicht des politischen Gemeinwesens, dessen Zweckbestimmung das Reich ist, und schon gar nicht Mittel des Herrschers wie im Feudalsystem). Menschen sind immer auch und gerade

Zweck an sich selbst. Der kantische Begriff der Menschenwürde fasst den Menschen als Selbstzweck, der nicht instrumentalisiert werden darf, jedenfalls nicht in erster Linie. Das Konzept der Menschenwürde wird in der praktischen Philosophie der Moderne also nicht mehr ontologisch oder anthropologisch begründet, sondern normativ.

Was heißt das? Würde kommt dem Menschen nicht deshalb zu, weil Gott oder die natürliche Seinsordnung ihn ausgezeichnet hat (wie die ontologische Begründung es, mit Verweis auf die Stellung des Menschen in der Totalität einer Seinsordnung, forderte). Menschenwürde ist auch kein schlechthin daseiendes Grundmerkmal, das unverlierbar wäre (wie die anthropologische Begründung annimmt, in der Würde als Grundeigenschaft bestimmt wird, die zum Wesen des Menschen gehört). Wir wissen: Im Gegensatz zum Wortlaut im Grundgesetz wird die Würde des Menschen faktisch immer wieder ›angetastet‹. Sie ist keineswegs *unantastbar*; sie ist vielmehr nur als Grundwert zu denken, dessen Anerkennung der normative Maßstab der Wirklichkeit und unseres Handelns in ihr sein sollte. Wer aufgrund rationaler Überlegung davon überzeugt ist, dass Menschenwürde, die aus der Fähigkeit zu freier Selbstbestimmung folgt, ein nicht weiter zu begründender Wert ist, der daher unbedingt anzuerkennen ist (obwohl seine Werthaftigkeit auch in seiner Nicht-Verfügbarkeit besteht) – der wird anders handeln, als jemand, der nicht davon überzeugt ist.

Die Reflexion auf die Begründung von Menschenrechten entbindet nicht von Anwendungsproblemen, auch wenn sie noch so überzeugend ist. Man weiß aus der Geschichte und aus der täglichen Erfahrung des Wertepluralismus in heutigen Gesellschaften und Kulturen: Durchaus nicht alle Menschen waren und sind zu allen Zeiten und überall der Ansicht, dass Menschenrechte universale Geltung haben sollten. In heutigen Gesellschaften trifft eine Vielfalt verschiedener Kulturen zusammen, und das geht meist nicht ohne Konflikte ab. Genau hier liegt der springende Indifferenzpunkt von Begründungs- und Anwendungsdiskursen. Einigt man sich nämlich darauf, dass die Anerkennung des Wertes der Menschenwürde die ethische Grundlage von Handeln in normativen Konfliktsituationen ist, muss man nach wie vor eine überzeugende Begründung für sie angeben können. Die Frage nach ethischen Grundlagen stellt sich erst in Konfliktsituationen. Hier werden Entscheidungen verlangt, ob so oder anders gehandelt werden sollte. Handlungsalternativen widersprechen sich häufig. Man muss das Handeln vor sich selbst plausibel begründen können, denn sonst könnte man nicht konsequent (und gewiss nicht effektiv) handeln und die Folgen vertreten. Moralische Begründungsfragen entstehen nicht am grünen Tisch, sondern in konflikthaften Entscheidungssituationen in der Praxis, wenn auch oft nicht bewusst reflektiert. Am grünen Tisch lassen sie sich dann handlungsentlastet rekonstruieren.

9.2 Die Ambivalenz des Universalismus

In pluralistischen und plurikulturellen Gesellschaften kann die Priorität des Wertes ›Menschenwürde‹ nicht durch Tradition, Religion oder Konvention begründet werden, denn das hätte immer nur ausschnittweise bzw. partikulare Überzeugungskraft; besonders dann, wenn die ethische

Verpflichtung zur Intervention und deren Folgen zur Debatte stehen.

Gleiches gilt für die Interaktion zwischen verschiedenen Kulturen, oder besser gesagt: für Interaktionen zwischen Individuen und Gruppen, deren gesellschaftliche Reproduktions- und Organisationsformen in unterschiedlichen Symbolsystemen kodiert werden. So formuliert, wird Kultur *nicht-kulturalistisch* verstanden, nämlich als kollektive Produktion von Sinn mit Hilfe von Zeichen, die in Wechselwirkung mit der sozialen Arbeitsorganisation steht. Kultur ist aus dieser Perspektive der Zusammenhang aller Momente des Zusammenlebens, die mehr sind als physischer Zwang und ökonomische Faktoren. Ihre gesellschaftliche Funktion besteht in der Einordnung des Individuums in die jeweilige soziale Ordnung (vgl. Löwenthal 1934, 242 ff.). Die symbolische Welt sinnhafter Zeichen überformt und präformiert die reale Welt der herrschaftsförmig geordneten Beziehungen. Und sie wird durch diese zugleich immer schon mitgeformt. Eine derartig ansetzende materialistisch-kritische Theorie der Kultur muss vom Kulturalismus abgegrenzt werden, der heute in den Kulturwissenschaften *en vogue* ist. Dieser

> vereindeutigt die Welt entlang »kulturell« definierter Identitäten, vor allem ethnischer oder religiöser Zugehörigkeiten, und bietet der Rechtfertigung von Herrschafts- und Gebietsansprüchen ein bequem zu bedienendes Muster. […] Wo von »Kultur« die Rede ist, verschwindet die »Gesellschaft«. Identität und Differenz statt Politik und Solidarität. (Jehle/Loheit 2016, 267 f.)

Menschenrechtsverstöße und die menschenunwürdige Behandlung von ethnischen Minderheiten, Frauen oder Randgruppen durch Majoritäten oder Herrschende sind in den vergangenen Jahren häufig zur ethischen Begründung gewaltsamer Interventionen herangezogen worden. Begründen lassen sich derartig motivierte Interventionen nur auf der Grundlage nachtraditionaler Moralprinzipien mit universalistischen Geltungsansprüchen wie der modernen und spezifisch westlichen Überzeugung, dass ethisches Handeln nicht die Sitten und Gebräuche bestimmter Kulturen und Traditionen als Grundlage haben sollte, sondern Prinzipien, die legitimerweise für alle Menschen Geltung beanspruchen können.

Kants Moralprinzip, der kategorische Imperativ, umfasst, dass Menschenwürde ein universaler Wert ist. Das Moralprinzip hat zwei Teile, nämlich das Gebot der Verallgemeinerbarkeit und das Verbot der Instrumentalisierung: »[H]andle nur nach derjenigen Maxime, durch die [soll heißen: von der] du zugleich wollen kannst, daß sie ein allgemeines Gesetz werde.« (Kant 1786, 52.) »Handle so, daß du die Menschheit sowohl in deiner Person, als [auch] in der Person eines jeden andern jederzeit zu gleich als Zweck, niemals bloß als Mittel brauchst.« (63.) Beide Aspekte des kategorischen Imperativs leben von ihrer Allgemeingültigkeit und vertragen keine Ausnahmen.

Auch Schopenhauers Moralprinzip, das Gebot von Mitleid für alle Lebewesen, erhebt einen universalen Anspruch: »Verletze niemanden; vielmehr hilf allen, soweit du kannst.« (Schopenhauer 1977, Bd. 6, 177) Allerdings hat Schopenhauer versucht, sein Prinzip nicht über die Vernunft, sondern als Urgefühl zu begründen. Deshalb kann es ihm zufolge auch keinen streng verpflichtenden Charakter haben.

Fünf wesentliche Momente jeder universalistischen Ethikbegründung lassen sich nennen:

1. *Rationalität* (Handlungsnormen kommen nirgendwo anders her als aus vernünftiger Reflexion).
2. *Widerspruchsfreiheit* (eine Handlungsmaxime, die sich selbst aufheben würde, wenn sie verallgemeinert wird, ist nicht vernünftig begründbar).
3. *Formalität* (Normen und Werte müssen hinlänglich allgemeingültig formuliert werden, d. h., sie dürfen keine bestimmten, partikularen, also besonderen Inhalte enthalten).
4. *Nach-Traditionalität* (als Moralprinzipien kommen nur solche in Frage, die aufgrund ihrer Vernünftigkeit, nicht bloß aufgrund traditionaler Geltung, Effektivität oder hierarchischer Ordnungen anerkannt werden können).
5. Und schließlich *ausnahmslose*, unbedingte, kulturunabhängige *Verpflichtung*.

Der Einspruch, der aus der Sicht partikularistischer Ethikbegründungen gegen diese Momente erhoben wird, hat einerseits Evidenz, sofern er die drei folgenden Argumente geltend macht:

1. Gemeinschafts*werte* und Gemeinschafts*tugenden* müssten den formalen Universalisierungskriterien zum Opfer fallen (also etwa materiale Solidarität unter Ungleichen in einer festen Gemeinschaft, die viele Menschen

der formalen Gleichheit fremder Vertrags- und Tauschpartner vorziehen, oder zum Beispiel das Recht auf die eigene Sprache einer Gruppe).

2. *Multikulturalität* (das Nebeneinander verschiedenster Werte, Lebensformen und Lebensstile) ist auf den ersten Blick nicht mit universalen normativen Maßstäben kompatibel; hier lässt sich der Vorwurf des Eurozentrismus und des kulturellen Terrorismus der okzidentalen Moderne nicht ohne weiteres von der Hand weisen (Bauman 1995).
3. Der universalistische Normativismus ist eine Form von Wunschdenken, während die Anerkennung bestehender Lebensformen, Normen und Werte in ihrer Unvergleichbarkeit einen höheren Grad von *Realismus* der Betrachtung aufweist.

Auf der anderen Seite ist der partikularistische Einspruch gegen den normativen Universalismus der Menschenrechte jedoch schlicht ideologisch, also unwahr, und zwar nicht bloß zufällig oder aus einfacher Unkenntnis, sondern aufgrund der Interessen, die in diesem Fall hinter den drei wichtigsten Punkten der partikularistischen Ethikbegründung stehen. Abstrakter *ethischer Relativismus* (›andere Länder, andere Sitten‹) kann angesichts von Problemen wie ethnischen Säuberungen oder rituellen Genitalverstümmelungen als Vorwand angesehen werden, stillzuhalten, also als moralische Drückebergerei. Der *Antiegalitarismus*, der aus religiösem Interesse, aus Herrschaftsinteresse oder aus beiden Interessen vertreten wird und als Traditionalismus gegen die vermeintlich dekadenten, funktional differenzierten Gesellschaftsordnungen der okzidentalen Moderne ausgespielt wird, ist genuin autoritärer Art. Und der abgeklärte *Ethikverzicht*, den einige Kulturtheoretiker heute propagieren, ist zynisch.

9.3 Intervention und Legitimation

Fassen wir noch einmal zusammen: Ihrer Form nach sind die Menschenrechte Grundrechte. Sie kommen jedem Menschen zu, unabhängig von Geschlecht, ethnischer und sozialer Herkunft. Als solche werden sie heute als Basis und zugleich als Ausdruck der Menschenwürde aufgefasst. Dem Inhalt nach sind sie, wie in der UN-Resolution von 1948 erklärt wird, individuelle Rechte und Freiheiten, die man als unverzichtbar für ein menschliches Zusammenleben ansieht. Diese Resolution hat normativen Charakter: Sie enthält keine Gesetze, die Menschenrechte sind nicht unmittelbar rechtsverbindlich. Aber sie repräsentiert auch mehr als einen bloßen moralischen Appell. Der Leitgedanke der UN war und ist, dass alle zivilisierten Nationen den Geltungsanspruch der Menschenrechte anerkennen und ihnen jeweils Gesetzesrang und Gesetzeskraft geben.

Der Begriff davon, was Menschen in unserer Kultur und was ihre Werte und die Normen eines humanen Gemeinwesens sind, basiert auf dem modernen Konzept der Menschenrechte. Verstöße gegen die Menschenrechte lösen bei Menschen, denen der *moral sense* nicht von vornherein fehlt oder abhandengekommen ist, Empörung aus. Diese Erfahrung macht man z. B. bei Berichten von Folterungen (zumal, wenn sie im Herrschaftsbereich von NATO-Staaten praktiziert werden); bei Berichten von archaischen Strafritualen wie der Steinigung von Ehebrecherinnen oder dem Abhacken einer Diebeshand; bei Berichten über grausame Initiationsrituale bei Frauen (alles dies sind Verstöße gegen Artikel 5 der Menschenrechtsresolution). Man macht diese Erfahrung, wenn man hört oder liest, dass junge Menschen zu Ehen gezwungen werden, die von den Eltern beschlossen werden; dass Menschen an der freien Ausübung ihrer religiösen Praktiken gehindert oder fundamentalistischen religiösen Zwangsvorschriften unterworfen werden (Verstöße gegen Artikel 16 und 18); und auch dann, wenn Menschen ungleichen Lohn für gleiche Arbeit erhalten (Verstoß gegen Artikel 23) oder auf andere Weise diskriminiert werden (Artikel 2).

Dort, wo Menschen Grundrechte vorenthalten werden, herrscht Handlungsbedarf. Daran hat es im Kampf um Anerkennung der Individualrechte von Menschen benachteiligter und unterdrückter Gruppen in der jüngeren Geschichte nicht gefehlt. Man kann das am Beispiel der Bürgerrechtsbewegung in den USA sehen, die in den 1960er Jahren gegen die Diskriminierung der Afroamerikaner kämpfte und sich heute als Black-Lives-Matter-Bewegung fortsetzt, oder am Kampf gegen das Apartheidsregime in Südafrika. Man kann den militärischen Einsatz der NATO-Staaten gegen die Unterdrückung der albanischen Minderheit im Kosovo durch Serbien als Beispiel anführen oder, wenn man etwas weiter zurückgehen möchte, das Verbot, Witwen zu verbrennen, das vom britischen Kolonialregime in Indien erlassen wurde. Bei den ersten beiden Beispielen handelt es sich um Befreiungsbewegungen ›von innen‹, bei den letzten beiden um Interventionen ›von außen‹.

Auf der Ebene einer Begründung scheint die Sachlage

eindeutig: Menschenrechte sind universal; sie gelten für alle, überall und zu jeder Zeit. Wer hier Abstriche macht, gerät in Widerspruch zur Konzeption der Menschenrechte als allgemeine Grundrechte, die jeder und jedem einen Katalog unverzichtbarer Grundfreiheiten zusprechen. Hier kann es keine Ausnahmen geben. Doch auf der Ebene der Anwendung geht es darum, die Menschenrechte auch wirklich durchzusetzen, da sie nicht von allein in Geltung treten, sondern nur in Kämpfen und unter Einsatz von Zwangsmitteln, also von Gewalt.

Jede Intervention ist auch normativ, sie will Seiendes in Richtung auf ein Sollendes verändern. Wer interveniert, übernimmt Verantwortung: Ohnehin ist er für sein eigenes Handeln verantwortlich, doch als Intervenierender zeitweilig auch für das Geschick der anderen. Hier geben nicht allein guter Wille und Pflichtbewusstsein den Ausschlag, denn man kann und soll verantwortungsethisch für die (voraussehbaren) Konsequenzen seines Handelns aufkommen.

Bei der Durchsetzung von Menschenrechten ergibt sich ein spezifisches moralisches Dilemma: Nach dem Verständnis der Menschenrechte, das in westlichen Kulturen prägend ist, ist es jederzeit moralisch geboten, Menschenrechte zu verteidigen. Im Ernstfall müssen dabei unter Umständen Mittel angewendet werden, die darauf hinauslaufen, dass Menschenrechte verletzt werden.

Von der ethischen Grundfrage, ob der Zweck die Mittel rechtfertigt, war bereits die Rede, ebenso von der ethischen Problematik des Konzepts eines gerechten Krieges. Die Schwierigkeiten bei der moralphilosophisch triftigen Bestimmung des Zwecks/Mittels im Horizont der Menschenrechtsfrage sind nicht erst bei der haarsträubenden Diskussion zutage getreten, die im Spätherbst 2001 in den USA darüber geführt wurde, ob Folter als Mittel zur Bekämpfung des Terrorismus gerechtfertigt ist. Diese (auch in der Bundesrepublik hin und wieder aufflammende) Debatte zeigte, wie schnell der wehrhafte Einsatz für die eigenen Werte in sein Gegenteil umschlägt: Wer die Wertegemeinschaft der Menschenrechte durch Einsatz von Folter schützen will, hat bereits ad absurdum geführt, was er zu verteidigen vorgibt. Doch wir können hiervon absehen, denn die Frage, ob moralische Zwecke mit unmoralischen Mitteln durchgesetzt werden können, läuft nicht zwangsläufig auf dieselbe *reductio ad absurdum* hinaus. Wer sie handelnd auf sich nimmt, setzt sich zwar dem performativen Widerspruch aus, dass die vollzogene Handlung dem Inhalt, für den sie steht, widerspricht. Das zu verleugnen ist keine Lösung. Es hilft aber ebenso wenig, den Zugzwang zu verleugnen, in den handlungsfähige Wesen geraten, die in einer von Werten und Normen geprägten Gemeinschaft existieren. Hier muss man sich mitunter, wie bereits erwähnt wurde (Kap. 4.2), ›die Hände schmutzig machen‹ (Sartre); oft besteht moralisch gesehen die Verpflichtung, Entscheidungen zu treffen und Verantwortung zu übernehmen.

Das macht die Sache im Fall der Menschenrechtsproblematik noch komplizierter: Nicht erst auf der Ebene der Anwendung, sondern bereits auf der Ebene der Begründung ist leider nicht alles so eindeutig, wie es zunächst den Anschein hatte. Das ließe sich für die erwähnten Beispiele von Verstößen gegen die Menschenrechte daran zeigen, dass innere Widersprüche zwischen den einzelnen Menschenrechtstiteln bestehen. So etwa, wenn es das freie Ausleben religiöser Gebräuche in einer Gruppe von Menschen verlangt, dass bei Initiationsritualen oder Eheschließungspraktiken einige Angehörige jener Gruppe menschenunwürdig behandelt werden.

In großen Teilen der Welt genießen die Menschenrechte nicht das höchste Ansehen. Dort betonen religiöse Traditionen und kollektivistische Ideologien nicht individuelle Rechte und Freiheiten, sondern Gemeinschaftswerte. Religionsgeschichtlich und kulturell gesehen stammt das Konzept der Menschenrechte aus der christlich-abendländischen Tradition, in der die Einzigartigkeit des einzelnen Menschen als Ebenbild Gottes betont, die Menschenwürde von der Gottesebenbildlichkeit abgeleitet und die Freiheit des Menschen als Grund und Folge seiner unvertretbaren vernünftigen Gewissenswahl bestimmt wird. Doch es war nicht nur die Religion, sondern auch der Freiheits- und Eigentumskampf, der der bürgerlichen Gesellschaft in der Moderne ihr Gesicht gegeben hat.

Nehmen wir die ersten Proklamationen der Menschenrechte, also die *Habeas-Corpus-Akte* und die *Bill of Rights*, die 1689 in England vor dem Parlament die Rechte der individuellen Person proklamierten, die *Unabhängigkeitserklärung der Vereinigten Staaten von Amerika* aus dem Jahre 1776, die für politischen Separatismus und Handelsfreiheit stand, oder die *Deklaration der Menschen- und Bürgerrechte* von 1789 in Frankreich, die bürgerliche Freiheiten gegen Privilegien des Adels einklagte. All diese Errungenschaften im Geist von Freiheit und Würde des Menschen gingen aus konkreten historischen Kämpfen hervor. Sie stehen jeweils für unterschiedliche, aber strukturanaloge Herrschafts-

und Machtinteressen. Allen ist gemeinsam, dass partikulare Interessen mit der These legitimiert werden, sie könnten als universale Interessen der Menschheit gelten. Es wurde nicht gesagt: ›Wir wollen nicht, dass der Adel, der Klerus oder das Mutterland der Kolonie Vorrechte haben: Wir selbst wollen diejenigen sein, die Vorrechte genießen.‹ Vielmehr hieß es: ›Was uns vorenthalten wird, soll allen zukommen‹: Freiheit, Gleichheit, Brüderlichkeit für alle.

Ernst Bloch sah hierin nicht bloß (wie viele Marxisten) den humanistischen Vorwand der Bourgeoisie; er sah auch die Antizipation des lichtvoll-revolutionären Geistes einer klassenlosen Gesellschaft von Weltbürgern, freilich noch gekennzeichnet durch bourgeoisen Eigentumszwang. »Dieses Licht von 1789 steht durchaus; es kann gleich der dem Citoyen so nahe verwandten neunten Symphonie nicht mehr zurückgenommen werden« (Bloch 1977, 81), schrieb der Philosoph der Utopie 1961 zuversichtlich. In den bürgerlichen Gesellschaften des Westens ist es freilich weitaus weniger »zurückgenommen« worden als im Staatssozialismus, aus dem Bloch in jenem Jahr floh.

Die ursprünglich marxistische Kritik an der Konzeption der Menschenrechte, die heute, in neuem Gewand und mit anderen Vorzeichen, von konservativen Philosoph*innen des Kommunitarismus in den USA und fundamentalistischen nicht-westlichen Theoretikern geäußert wird, setzt hier an: Menschenrechte existieren nur deshalb als Bürgerrechte, weil ihr Zentrum das Eigentumsrecht ist. Sie sind an die Struktur der Eigentumsverhältnisse in der bürgerlichen Markt- und Industriegesellschaft gebunden. Soziale Menschenrechte gebe es nur auf dem Papier, aber nicht als Anlass für Interventionen. Darauf zu verweisen ist eines;

ein anderes, zu behaupten, dass der Universalismus der Menschenrechte nur ein Vorwand ist, westliche Macht- und Wirtschaftsinteressen durchzusetzen. Solch entlarvende Kritik läuft auf die These zu, die angeblich universalen Menschenrechte seien in Wirklichkeit nichts anderes als nur eine durchsichtige Rechtfertigungsideologie für partikulare Interessen des Kulturimperialismus. In der Tat: Es gibt den Pseudouniversalismus der Menschenrechte, der westliche Interessen sakrosankt machen soll, bei denen es nicht nur um Menschenwürde geht. Darum ist die falsche von der legitimen Kritik am Menschenrechtsuniversalismus so schwer zu trennen. Man muss überzeugend darlegen können, wieso das Konzept der Menschenrechte wahrer, vernünftiger, humaner ist, wenn man sich nicht dem Einwand aussetzen will, genau dies als Vorwand für Eigeninteressen zu benutzen. Falsch hingegen ist, wenn der Verweis auf traditionelle Werte der Gemeinschaft bloß deshalb der Legitimierung eigener Herrschaftsinteressen dient, denn dann ist die Kritik an den Menschenrechten selbst nur ein Vorwand. *Abusus non tollit usus* (›Der Missbrauch hebt den korrekten Gebrauch nicht auf‹), lautet eine alte juristische Regel.

Auf dem Gebiet der normativen Begründungs- und Legitimierungsfähigkeit der Intervention tun Philosoph*innen gut daran, sich Rat bei Rechtswissenschaftler*innen zu holen. Der Jurist Thomas Blanke hat die dilemmatische Struktur des Problems der militärischen Intervention aus Anlass des Kosovokonflikts im auseinandergefallenen Jugoslawien untersucht. Diese Intervention war mit der Berufung auf Ethik und Menschenrecht legitimiert worden. Die Ambivalenz des Sachverhalts beruhe auf

> der notwendig mit der Entfesselung militärischer Gewalt verbundenen Fortsetzung des Tötens und der Zerstörung, die doch durch sie verhindert werden soll. Daß die moralisch gebotene Verteidigung von Menschenrechten notfalls nicht umhinkommt, zu Mitteln zu greifen, die ihrerseits die Verletzung elementarer Menschenrechte notwendig impliziert, läuft auf eine moralische Konfliktsituation hinaus, die äußerst widersprüchlich ist. (Blanke 1999.)

Denn im Konflikt zwischen Völker- und Menschenrecht komme alles darauf an, ob man plausibel machen kann, dass der Völkerrechtsbruch Vorgriff auf einen Zustand verwirklichter universaler Menschenrechte ist.

Als Vorwegnahme des Schutzes der Menschenrechte soll der Bruch des Völkerrechts also legitim sein? Eine höchst fragile Konstruktion. Wie man ihre Tragfähigkeit beurteilt, hängt davon ab, wie man zum historischen Fall der Kosovo-Intervention steht, also davon, ob man diese Rechtfertigung eines ethisch begründeten Handelns plausibel finden wird, das den Versuch, moralische Zwecke zu erreichen, nicht deshalb aufgibt, weil es im Vollzug dieses Versuchs nicht darum herumkommt, sich auf moralisch nicht zu rechtfertigende Handlungen einzulassen. Im Zusammenhang mit der Strategie der damaligen Bundesregierung, die den Zusammenbruch Jugoslawiens massiv beschleunigte, um durch Anerkennung Kroatiens und Sloweniens die völkerrechtliche Voraussetzung zur militärischen Intervention zu schaffen, die nun nicht mehr als Eingriff in die inneren Angelegenheiten eines Staates im Bürgerkriegszustand zu werten war, sondern als Hilfe für einen Verbündeten –

im Zusammenhang mit jener Strategie erscheint die ethische Begründung der Intervention jedenfalls in keinem günstigen Licht. Dies gilt vor allem dann, wenn man die weitere Entwicklung im Blick hat.

Die Journalistin Franziska Augstein resümiert rückblickend die Ergebnisse einer Untersuchung des Militärhistorikers Hans-Peter Kriemann vom Zentrum für Militärgeschichte und Sozialwissenschaften der Bundeswehr in Potsdam aus dem Jahre 2019. Dabei betont sie auch, wie heikel die moralisierenden Ansätze der damaligen deutschen Entscheidungsträger waren, ein günstiges Klima für die militärische Intervention in der Bevölkerung herbeizuführen:

> Als die Nato im Frühjahr 1999 gegen Jugoslawien und seinen serbischen Präsidenten Slobodan Milošević einen Luftkrieg führte, wurden Präzisionswaffen eingesetzt, deren angepriesene Zielgenauigkeit dazu führte, dass ungefähr 500 Zivilisten zu Tode kamen. […] Der Kosovo-Krieg war nicht vom UN-Sicherheitsrat abgesegnet und also völkerrechtswidrig. Ausgerechnet an diesem Krieg war erstmals seit dem Zweiten Weltkrieg Deutschland beteiligt. Das musste der Bevölkerung schmackhaft gemacht werden. […] Die Bundesregierung war auf dem Kriegspfad. Weil ihre Bevölkerung das mitmachen musste, glaubten zuständige Politiker alle Gräuelgeschichten: Konzentrationslager für Albaner, aufgeschlitzte Bäuche von Schwangeren. Lügen ist einfacher, wenn man sich einbildet, die Wahrheit zu sagen. (Augstein 2019.)

Der Vollzug der Todesstrafe kann sittlich sein, ihre Rechtfertigung niemals, hat Benjamin einmal gesagt (Benjamin

1980, 138) – und damit eben das Äußerste an theoretischer Rechtfertigung angedeutet, das in Extremfällen möglich ist. Man könnte mit Benjamin so weit gehen zu sagen, dass Kriegführung sittlich sein kann, Kriegsrechtfertigung jedoch niemals. Dann muss man sich jedoch darüber im Klaren sein, dass Benjamin einen anderen Begriff von Sittlichkeit hat als Hegel (und als die meisten anderen Philosoph*innen, die sich des Themas angenommen haben). Will man eine etwas weniger hohe Warte einnehmen, kann man gleichwohl formulieren: Die Menschen des eigenen Landes oder eines anderen Landes gegen Terror zu verteidigen, kann als moralisch gerechtfertigter Grund angesehen werden, Krieg zu führen, muss es aber nicht. Dies gilt zumal, wenn die Lage für diejenigen, denen die Intervention helfen sollte, auf diese Weise verschlimmert wird.

> Am 24. März 1999 begannen die Luftangriffe der Nato. Deutsche Politiker hatten ihr Bestes getan, die Bevölkerung darauf einzustimmen. Auch von Babys, die Serben an Bäumen oder Hauswänden zu Tode geschlagen hätten, war die Rede. Der Krieg schien also nötig zu sein. […] Die Nato-Mitgliedstaaten meinten, »ihr Handeln sei völkerrechtlich dadurch legitimiert, dass dieser Luftkrieg in Ermangelung eines UN-Mandats eine humanitäre Katastrophe verhindern sollte. Doch das Gegenteil schien der Fall zu sein. Hatten seit der Eskalation des Kosovokonflikts im Frühjahr 1998 bis zum Beginn der Operation Allied Force etwa 170 000 Flüchtlinge das Kosovo verlassen, sollten es bis Ende Mai 1999 weitere 850 000 werden.« (Augstein 2019.)

20 Jahre später berichtete der Genfer Soziologe Jean Ziegler in seiner Eigenschaft als »Vizepräsident eines Expertenausschusses, der den UN-Menschenrechtsrat berät«, von seinen Beobachtungen in »sogenannten Hotspots« (Ziegler 2019), an den Küsten des Mittelmeers, in denen Flüchtlinge festgehalten und befragt werden, die nach Europa wollen. Es handelt sich um »Lager, in denen die Europäische Union Flüchtlinge festhält und einem schnellen Asylverfahren unterzieht« (ebd.). Zieglers begründete Vermutung lautet: Zeitlich viel zu knappe Befragungen und räumlich unzureichende Unterbringung sollen der Abschreckung dienen. »Das universelle Menschenrecht auf Asyl wird durch verwaltungstechnische Schliche ausgehebelt.« (Ebd.) Der Soziologe hat die Bürger der Europäischen Union daher dazu aufgerufen, sich dafür einzusetzen, dass die beschriebenen Zustände beendet werden, weil sie Teil einer Praxis sind, durch welche die für Europa verbindlichen und vielbeschworenen universalistischen Werte faktisch ad absurdum geführt werden.

> Eine ganze Reihe von Menschenrechten wird permanent verletzt: das Recht auf angemessene Nahrung. Das Recht auf Bildung für die Kinder. Das Recht auf Gesundheit. Schließlich wird das universelle Menschenrecht verletzt, ein Asylgesuch zu stellen und eine ernsthafte Anhörung zu erfahren. (Ziegler 2019.)

Ziegler meint, erst nach Auflösung des Lagers würden die Insassen »zu freien Menschen«, erst dann könnten sie »ein normales rechtsstaatliches Asylverfahren« (ebd.) bekommen. »Wir bewegen uns schließlich auf einem Kontinent, der Werte und Normen teilt.« (Ebd.; siehe Ziegler 2020.)

Das Verhältnis zwischen politischer Philosophie, der moralphilosophischen Legitimation ihrer Grundlagen und der Praxis im krisenhaften Alltag ist kompliziert. Kehren wir zur Ethik der Menschenrechte zurück. Brecht lässt seinen ehrenwerten Gangster Peachum in der *Dreigroschenoper* (»mit der Bibel in den Händen«) klagen:

> Das Recht des Menschen ist's auf dieser Erden / Da er doch nur kurz lebt, glücklich zu sein / Teilhaftig aller Lust der Welt zu werden / Zum Essen Brot zu kriegen und nicht einen Stein. / Das ist des Menschen nacktes Recht auf Erden. / Doch leider hat man bisher nie vernommen / Daß einer auch sein Recht bekam – ach wo! / Wer hätte nicht gern einmal Recht bekommen / Doch die Verhältnisse, sie sind nicht so. (Brecht 1928, 430.)

Damit ist der sozialkritische Befund angesprochen, dass die bürgerlich-industriekapitalistischen Gesellschaften westlichen Zuschnitts es mit der Universalität ihrer eigenen normativen Grundlage nicht so genau nehmen.

Universalistisch argumentierende Ethiker, die nicht nur vor der eigenen, sondern auch vor fremden Türen kehren wollen, haben ein Problem: Wie kann man zeigen, dass universal gültige Individualrechte und -freiheiten traditionellen Gemeinschaftswerten überlegen sind, zumal wenn diese doch die Versorgung der Menschen mit Brot und Spielen gewährleisten? Wie kann man zeigen, dass universal gültige Individualrechte und -freiheiten gelten sollten, nicht aber traditionelle Gemeinschaftswerte?

An dieser Stelle wird es unverzichtbar, sich auf Vernunft und Selbstbestimmung zu beziehen. Es liegt im vernünftig begründbaren Interesse von allen Menschen, selbst zu bestimmen, wie sie leben wollen. Daran darf niemand gehindert werden – gleich ob Mann oder Frau, schwarz, weiß oder gelb, gläubig oder Atheist, arm oder reich. Rationale Selbstbestimmung ist ein Wert, der nicht einfach zur Seite geschoben werden darf, und daher die höchste Handlungsnorm. Doch die Geltung dieser Argumentation setzt voraus, dass alle die Behauptung anerkennen, dass jede und jeder das Recht auf Selbstbestimmung hat. Es muss aber auch zugestanden sein, dass jemand dieses Recht nicht in Anspruch nehmen will. Die anderen sind grundsätzlich anzuerkennen, auch wenn sie andere Werte und Überzeugungen haben. Was soll man aber tun, wenn sie den Geltungsanspruch der Menschenrechte nicht anerkennen? Soll man die Diskussion abbrechen und eingreifen, oder soll man weiter versuchen, mit vernünftigen Gründen zu überzeugen? An dieser Stelle setzt sich das besprochene Dilemma fort, und zwar als Konflikt zwischen der Pflicht, zu helfen (und zu intervenieren), und der Pflicht, den Opponenten als Person anzuerkennen.

9.4 Anerkennung der anderen

Es existiert ein Notausgang, der das Dilemma zwar nicht wirklich auflöst, der aber immerhin zeigt, wie es gehen könnte. Man kann (1) Menschenrechte immer und unbedingt als soziale Menschenrechte verstehen und (2) Menschenrechte und die Anerkennung der anderen als gleichwertige Moralprinzipien auffassen.

(1) Die Akzentuierung der Menschenrechte als soziale Rechte richtet sich gegen den abstrakten Universalismus und Liberalismus, der Menschen voneinander isoliert und sozial atomisiert. An eine Verwirklichung der Menschenrechte wäre überhaupt erst dann zu denken, »wenn mit Hilfe radikaldemokratischer Formen soziale Umstände geschaffen werden, die Geschwisterlichkeit, Freiheit, Gleichheit und Würde in ihrer wechselseitigen Verschlingung leben lassen« (Narr 1995, 23).

(2) Es gibt eine Moralbegründung, die zwar normativ und universalistisch ist, doch auch den Einsprüchen des ethischen Anti-Universalismus gerecht wird, weil ihr Moralprinzip die wechselseitige Anerkennung der Beteiligten als Subjekte umfasst. Menschen werden erst dadurch zu Personen (mit charakterlicher Identität), dass sie ihre Identität wechselseitig als Person anerkennen. Selbstdefinitionen werden durch Interaktion mit anderen erarbeitet. Jemand ist ein Ich, insofern die anderen, die zu sich selbst ›Ich‹ sagen, ihn wie ein Ich behandeln, und wenn er sie als solche anerkennt, die ›Ich‹ zu sich sagen.

Anerkennungsverhältnisse sind immer soziale Verhältnisse. Dem Philosophen Axel Honneth zufolge gibt es drei Grundformen sozialer Anerkennung:

1. emotionale Zuwendung in intimen Beziehungen (Anerkennung als kreatürlicher Mensch in Liebe und Freundschaft),
2. rechtliche Anerkennung als Subjekt, d. h. »als moralisch zurechnungsfähiges Mitglied einer Gesellschaft«, und
3. »soziale Wertschätzung von individuellen Leistungen und Fähigkeiten« (Honneth 1994, 56).

Personale Identität wird in Gegenseitigkeit bzw. reziprok herausgebildet und aufrechterhalten, also durch die Erfahrung, dass andere uns insoweit anerkennen, wie wir es umgekehrt mit ihnen tun. So entwickeln wir zunächst ein Gefühl für und dann ein Bewusstsein von Gerechtigkeit.

Rationale Moralprinzipien wie Gerechtigkeit, Selbstbestimmung, Achtung vor der Würde der Person sind Prinzipien wechselseitiger Anerkennung der anderen als Subjekte. Sie werden dort erkannt, wo die Erfahrung gemacht wird, dass sie fehlen, weil sie uns oder anderen vorenthalten werden. Moralisches Lernen geschieht nach Honneth ex negativo, denn was Moral ist, erfahren wir dann, wenn es unmoralisch zugeht, wenn wir uns gegen Versagung von Anerkennung empören, erst bei uns, dann auch bei anderen (Honneth 1992). Historische Stationen kollektiver moralischer Lernprozesse sind zum Beispiel Kämpfe gegen Kolonisierung und Sklaverei, gegen Ausbeutung und gegen Unterdrückung von Frauen. Hier geht es nie allein um materielle Interessen (etwa um die Rückgewinnung politischer Herrschaft, um Bewegungsfreiheit, mehr Lohn oder gleiche Karriereaussichten), sondern immer auch um das Unrechtsgefühl, das Menschen dann entwickeln, wenn sie erleben, dass ihnen oder anderen die praktische Anerkennung als autonome Subjekte vorenthalten wird.

Die befreiende und Gleichheit stiftende Kraft des moralischen Universalismus entfaltet sich in moralischen Lernprozessen ganzer Gesellschaften. Weil das allgemeine Prinzip wechselseitiger Anerkennung der Identität des anderen zugleich immer dessen Anerkennung als Besonderer bedeutet, ist die Aporie des Universalismus vielleicht auf diesem Wege aufzulösen (Schweppenhäuser 2005).

Erich Fromm hat in diesem Zusammenhang eine ins Gesamtgesellschaftliche ausgreifende Perspektive gezeichnet. Er unterscheidet zwischen »sozial immanenter« und »universaler Ethik«. Gesellschaftlich immanente Ethiken umfassen Normen, die für eine je bestimmte Gesellschaftsform funktional notwendig sind. Die universale Ethik hingegen betrifft jene Normen, die zur freien Entfaltung eines Individuums im Vollzug eines gelingenden Lebens unerlässlich sind. Liebesgebot und Tötungsverbot aus dem Normenkatalog der jüdisch-christlichen Ethik haben demzufolge universalen Charakter. Sozial immanente Ethiken wachen darüber, ob Menschen die Gebote befolgen, die für den Reproduktionsprozess einer Gesellschaft unerlässlich sind. Sie zielen auf Verinnerlichung von Tugenden wie Mut, Geduld, Hilfsbereitschaft und Fleiß, ohne die weder soldatische noch agrarische oder industrielle Gesellschaftsordnungen bestehen könnten: »Die Gruppe muß die Charakterstruktur ihrer einzelnen Glieder in der Weise zu formen suchen, daß *sie von sich aus tun wollen, was sie unter den bestehenden Verhältnissen tun müssen.*« (Fromm 1954, 260.) Fromm rekonstruiert in breiten Strichen den Konflikt, der zwischen den beiden Ethiktypen besteht, und konstruiert von dort aus die Utopie ihrer Versöhnung.

> Der Konflikt zwischen der gesellschaftlich immanenten und der universalen Ethik wurde zwar im Verlauf der Menschheitsentwicklung schwächer, aber es bleibt doch so lange ein Konflikt zwischen diesen beiden ethischen Formen bestehen, wie es der Menschheit nicht gelingt, eine Gesellschaft aufzubauen, in der die Interessen der

»Gesellschaft« mit den Interessen aller ihrer Glieder identisch geworden sind. (Fromm 1954, 263.)

Das ist das moralphilosophische Programm der Philosophie bürgerlicher Aufklärung in der Formulierung des kritischen Moralpsychologen. Die vernunftgeleitete Versöhnung des allgemeinen Interesses mit den besonderen war für die Aufklärung Vorbedingung für das Gedeihen von Gemeinwesen und der freien Entfaltung der Einzelnen. Sein utopischer Charakter spricht nicht gegen dieses Programm: Selbst dann, wenn es praktisch unrealisierbar wäre, bliebe es dennoch normativ unverzichtbar.

10. Glück

»Wo sind in Deutschland die Menschen am glücklichsten? Der Glücksatlas 2014 gibt Auskunft«, verkündete die Springer-Zeitung *Die Welt*. Die Antwort wurde dort allerdings nicht verraten. Die *Süddeutsche Zeitung* lüftete am selben Tag das Geheimnis: »In Schleswig-Holstein leben die zufriedensten Menschen in Deutschland.« (*Süddeutsche Zeitung*, 8. 10. 2014). Wer hat ein Interesse an der Verbreitung derartiger Umfragen? In diesem Falle die Deutsche Post. In ihrem Auftrag hatte eine Gruppe von »Autoren um den Professor für Finanzwirtschaft Bernd Raffelhüschen von der Uni Freiburg […] den Glücksatlas […] erstellt« (*Süddeutsche Zeitung*, 5. 11. 2019).

Die Ranking- und Rating-Mode aus dem wirtschaftlichen Wettbewerb verlangt mindestens eine jährliche Wiederholung. Wir überspringen einige Jahre: 2019 hatte sich in der *happiness competition* der Bundesländer an der Spitze nichts geändert, und die *Süddeutsche Zeitung* konnte vermelden:

> Am zufriedensten sind die Bundesbürger […] in Schleswig-Holstein, das Schlusslicht bildet Brandenburg. Die Menschen in Deutschland sind laut einer Untersuchung wieder zufriedener mit ihrem Leben. Nach zwei Jahren mit leicht sinkenden Werten sei 2019 ein »Glückssprung« auf ein neues Allzeithoch gemessen worden, heißt es im neuen Glücksatlas (ebd.).

Um solche Umfrageergebnisse nutzen zu können, etwa, um sich und seine PR im Standortwettbewerb aufzustellen, muss man auch fragen, was in derartigen Umfragen als Kriterium des Glücks angesehen wird. »Was macht glücklich?«, fragte also seinerzeit *Die Welt* und antwortete: »eine stabile Liebesbeziehung, Gesundheit, ein den eigenen Fähigkeiten entsprechender Beruf, Freunde, Kinder und Geld für Grundbedürfnisse« (*Die Welt*, 8.10.2014). In einer Gesellschaft, in der die Verteilung von Eigentum, Bildung und Chancen immer ungleicher wird, kann man sich an dieser Stelle durchaus die Frage stellen, ob Glücks- und Zufriedenheitsempfindungen am Ende auf recht basale materielle Faktoren zurückzuführen sind. »Macht Reichtum glücklich?«, fragte *Die Welt* denn auch besorgt weiter, um sogleich mit einem Gemeinplatz zu beschwichtigen:

> Dass Geld allein nicht glücklich macht, ist erwiesen. Glück wächst mit materiellem Wohlstand nicht immer weiter. Bei materiell armen Menschen gehen Forscher davon aus, dass verlässliche Bindungen verstärkt für Glücksgefühle sorgen. Das gelte auch für das Bedürfnis, etwas für andere zu tun. (Ebd.)

Diese Darstellungsweise ist ein Klassiker der reaktionären Sozialanthropologie: Wo Armut ist, müssen stabile Bindungen herrschen, damit keine destabilisierende Unruhe entsteht. – Dass die Zustimmung zu autoritären Urteils- und Handlungsweisen zunimmt, wird seit Jahren im Rahmen der *Mitte-Studien* erforscht, für die eine Forschungsgruppe der Universität Leipzig seit 2002 bundesweit repräsentative Befragungen durchführt. Dort wurde 2016 eine Polarisierung der politischen Milieus festgestellt und auf eine »soziale Normverschiebung gegenüber den Migrationsbewegungen« (Decker/Brähler 2016, 133) zurückgeführt. Auch hier gilt, was im Blick auf mediensoziologische Fragen gesagt wurde (Kap. 2.1.2): Um derartige Zusammenhänge in ihrer Komplexität beschreiben zu können und über ihre Wirkmechanismen aufzuklären, muss ethische Reflexion in sozialpsychologische übergehen. Daraus folgt aber nicht, dass die ethische Reflexion endet. Vielmehr wird sich zeigen, dass ethische Überlegungen für eine sozialpsychologische Theoriebildung unerlässlich sind, die auch begründbare kritische und normative Implikationen haben (und nicht nur empirisch gehaltvoll sein) soll.

Im Ganzen scheint es indessen, als würde der Glücksfaktor mit der Erhaltung der Arbeitskraft nicht nur als korrelierend angesehen, sondern im Wesentlichen darauf zurückgeführt. »Die Gesamt-Entwicklung sei etwa der niedrigen Arbeitslosenrate, guten Lohnabschlüssen und der soliden Gesundheit der Bevölkerung geschuldet, hieß es.« (*Süddeutsche Zeitung*, 5. 11. 2019.)

Wenn empirische Sozialwissenschaftler*innen bei der Suche nach Kriterien, die es erlauben, von ›Glück‹ zu sprechen, über das subjektive Dafürhalten hinausgelangen möchten, das Menschen in derartigen Umfragen zum Ausdruck bringen, wenden sie gern ein Verfahren an, das »Operationalisierung« genannt wird. Darunter versteht man in diesen Wissenschaften einen Weg, etwas messbar und zählbar zu machen, das eigentlich weder das eine noch das andere ist. Um von vielen besonderen Einzelfällen zu verallgemeinernden Aussagen zu gelangen, benötigt man zunächst eine »operationale Definition«. Der Philosoph Helmut Seiffert hat das in seinem Klassiker *Einführung in die Wissenschaftstheorie* anhand eines anschaulichen Beispiels erläutert (Seiffert 1971, S. 192); ich gebe es hier ein wenig erweitert wieder. Angenommen, Sozialforscher*innen bekommen den Auftrag, herauszufinden, ob Ehen auf dem Land glücklicher sind als in der Stadt. Bevor sie ans Werk gehen, möchten sie herausfinden, was denn unter einer glücklichen Ehe zu verstehen ist. Dazu werden sie unterschiedliche Auskünfte erhalten – je nachdem, ob sie sich z. B. bei Theolog*innen, bei Psycholog*innen oder bei Literaturwissenschaftler*innen erkundigen. Ist eine Ehe dann glücklich, wenn die Frau dem Manne untertan ist, wie man in der Bibel lesen kann? Wenn sich die Partner in Freiheit selbst verwirklichen können, wie es die humanistische Psychologie lehrt? Oder gibt es in einer Ehe überhaupt kein Glück, wie man bei Flaubert, Fontane, Tolstoj, Strindberg oder Albee erfährt?

Auf solch einer Basis kann man keine empirische Untersuchung durchführen, zumindest keine, die in begrenzter Zeit annähernd Aussicht auf Erfolg hätte. Daher legt man sich eine sogenannte Ad-hoc-Definition zurecht, deren Reichweite nur für die eigene Untersuchung gelten soll: Eine glückliche Ehe ist eine, die länger als zehn Jahre hält. Dann wird ein äußerer Rahmen festgelegt, zum Beispiel die Stadt und der Landkreis Würzburg im Zeitraum von 2000 bis 2020. Anschließend muss man nur noch nachzählen, ob es im Landkreis oder in der Stadt in diesem Zeitraum mehr Ehen gegeben hat, die länger als zehn Jahre gehalten haben. Die Auswertung dieser Statistik gibt dann die Antwort auf die Forschungsfrage, ob Ehen auf dem Lande glücklicher sind als in der Stadt. Die Antwort ist unabhängig vom subjektiven Dafürhalten der Beteiligten. Doch die hieb- und stichfesten Daten bleiben inhaltlich ohne Aussagekraft. Etliche Menschen führen Ehen, die mangels Alternative länger als zehn Jahre halten und alles andere als glücklich sind, während Verbindungen, die kürzer waren, etwa weil ein Partner starb oder weil beide es sich irgendwann anders überlegt haben, als überaus glückhaft empfunden wurden. Kurzum: Wenn man wirklich wissen will, was eine glückliche Ehe glücklich macht, dann muss man doch wieder nach inhaltlichen Kriterien Ausschau halten und fragen, was es bedeuten kann, zu sagen, man sei glücklich.

10.2 »… objektiv ein gar sehr zufälliges praktisches Prinzip«

Eine englische Waffenzeitung dachte sich in den 1960er Jahren die Schlagzeile aus: »Happiness Is A Warm Gun In Your Hand.« John Lennon kam nicht über die Semantik dieser Schlagzeile hinweg: Das Gewehr ist deshalb warm, weil gerade ein Schuss abgegeben wurde, Glück besteht demnach im Töten (oder im Versuch). Lennon nahm die Zeile als Aufhänger für einen seiner wichtigsten surrealen Songs, zwölf Jahre, bevor er mit einer Schusswaffe ermordet wurde.

In den Künsten wird das ganze Leben häufig als eine einzige Suche nach Glück beschrieben, meist permanent und vergeblich. Brecht hat in der *Dreigroschenoper* den »pursuit of happiness«, das grundrechtlich verbürgte menschliche

Streben nach Glück in modernen Gesellschaften, die auf kapitalistischer Marktökonomie und unerbittlicher Konkurrenz basieren, als Wett- und Irrlauf beschrieben: »Ja, renn nur nach dem Glück / Doch renne nicht zu sehr! / Denn alle rennen nach dem Glück / Das Glück rennt hinterher!« (Brecht 1928, 465.)

In der Philosophie geht es um Theorien des Glücks, mithin um Versuche, in kohärenten Überlegungen begrifflich zu bestimmen, was dem zugrunde liegt, was verschiedene Menschen als Glückserfahrung beschreiben. ›Glück‹ ist in der philosophischen Theorie ein Begriff für Merkmale bzw. für Zustände eines gelingenden Lebens der einzelnen und der sozialen Menschen.

In der Ethik der Antike galt Glück als oberster Zweck bzw. als höchstes Ziel allen Handelns. Die Griechen nannten Glückseligkeit *eudaimonia*. Aristoteles lehrte, dass alle Tätigkeiten innere Zwecke (Entelechien) haben. Viele Tätigkeiten sind Mittel, sie sind ›gut für‹ etwas anderes, das außerhalb von ihnen liegt.

Es gibt aber auch Tätigkeiten und Handlungen, die in sich selbst zweckmäßig sind. Sie sind nicht Mittel, nicht nur ›gut für‹ etwas anderes, sondern sie sind an sich gut. Für Aristoteles stand fest, dass alle Lebewesen danach streben, glücklich zu sein. Dieses allgemeine Ziel liegt jeder einzelnen Handlung intentional zugrunde. Jede Handlung ist auf ein Ziel (einen Handlungszweck) bezogen. Man sieht einen Apfel am Baum hängen. Man kann es dabei belassen, ihn zu betrachten: Das ist die *vita contemplativa*. Wenn man den Apfel aber vom Baum pflückt, dann tut man etwas, man geht über in die *vita activa*. Nun stellt sich die Frage: Wozu tut man dies? In diesem Falle besteht das Ziel der Handlung darin, den Apfel zu essen. Was hat das mit Glück zu tun? Macht es glücklich, Äpfel zu essen? Nicht direkt, aber indirekt schon. Das unmittelbare Handlungsziel besteht in diesem Beispiel darin, den Hunger zu stillen. Wer Hunger hat, kann nicht glücklich sein. Sattheit ist nicht identisch mit Glück; aber keinen Hunger leiden zu müssen, ist eine Voraussetzung dafür, glücklich zu sein.

Der aristotelische Argumentationsgang sieht also folgendermaßen aus: Menschen haben Bedürfnisse. Viele Handlungen dienen dazu, Bedürfnisse zu befriedigen. Zweck jeder Befriedigung eines Bedürfnisses ist ein Zustand, der allen Menschen erstrebenswert erscheint. Dieser Zustand ist oberstes Ziel, oberster Handlungszweck. Alle besonderen Ziele und Zwecke sind diesem allgemeinen obersten Ziel und Zweck logisch untergeordnet. Menschen wollen nicht glücklich werden, um reich zu sein; sie wollen reich sein, um glücklich zu sein. Sie wollen auch nicht glücklich werden, um berühmt zu sein; sie wollen berühmt sein, weil sie meinen, dass sie sonst nicht glücklich wären.

Glück wird in der philosophischen Tradition entweder als Zustand aufgefasst, der in erster Linie geistig-seelisch oder in erster Linie körperlich ist. Die Frage lautet dann, wie man leben sollte, um Glück zu erreichen: eher betrachtend, kontemplativ, oder eher handelnd, aktiv? So oder so: Glückseligkeit wurde entweder psychisch oder physisch definiert. Hier schieden sich die Geister – von der Antike bis ins 19. Jahrhundert.

10.3 Lust

Sigmund Freud lehrte, das Lustprinzip sei das Zentrum allen menschlichen Glücksstrebens. Doch eben dieses Lustprinzip sei konstitutionell »überhaupt nicht durchführbar, alle Einrichtungen des Alls widerstreben ihm; man möchte sagen, die Absicht, daß der Mensch ›glücklich‹ sei, ist im Plan der ›Schöpfung‹ nicht enthalten« (Freud 1931, 21). Im Geiste Schopenhauers war Freud der Meinung, Glück sei allein die episodisch-punktuelle Befriedigung starker angestauter Bedürfnisse, zwischen denen Langeweile und wiederkehrender Appetit lägen. Zudem würden die drei großen Leidensquellen – innere Natur, äußere Natur und Sozialität – ein anhaltendes, nachhaltiges Glück der Individuen verhindern. Er folgerte daraus, dass das erreichbare Glücksmaximum (diesseits des phantasierten) in größtmöglicher Leidfreiheit und gelingender Ersatzbefriedigung besteht.

Der pessimistische Freud griff damit eine Überlieferung der antiken materialistischen Philosophie Griechenlands auf: Die Hedonisten betrachteten Glück als Zustand des Individuums und setzten es mit Lust gleich. Für Hedonisten ist Glück physisch-sinnlicher Genuss. Doch damit man ihn lustvoll erleben kann, braucht man Fähigkeiten und Dispositionen des Charakters, die über das pure Erleben hinausgehen: Man braucht Einsicht, Selbstbeherrschung und Besonnenheit.

Die Ethik des Demokrit ging der Frage nach, wie das Individuum Glückseligkeit erreichen könne. Das höchste Gut, so der Philosoph Alfred Schmidt, war für ihn die »›Wohlgemutheit‹ oder ›heitere Seelenruhe‹. Erreicht wird sie durch das rechte Maß in Lust und Unlust, Genuß und Verzicht. […] Demokrit unterscheidet vergänglichen und bleibenden Genuß. Letzter ist das eigentlich Erstrebenswerte« (Schmidt 1977, 145 f.). Einsicht, Selbstbeherrschung und Besonnenheit sind deshalb wertvoll, »weil nur sie den Menschen genußfähig machen und erhalten. In diesem Sinn ist auch für Aristipp allein der Weise glücklich« (148).

Jeder Mensch strebe danach, glücklich zu sein: Empfindungen zu vermeiden, die unlustvoll sind, und Empfindungen zu haben, die lustvoll sind. Lust wurde entsprechend einer Richtung des Hedonismus ausschließlich als sinnliche Lust verstanden, entsprechend einer anderen als innere Balance zwischen körperlicher Bedürfnisbefriedigung und seelischem Wohlbefinden. Für diese Richtung steht der Name des Philosophen Epikur, jene zuerst genannte Schule waren die Kyrenaiker. Diese, so berichtete der Philosophiehistoriker Diogenes Laertius im dritten Jahrhundert nach unserer Zeitrechnung, bewerteten die einzelnen Lüste nicht:

> Zwischen Lust und Lust, sagen sie, ist kein Unterschied, und es gibt nichts, was sich durch einen höheren Grad von Annehmlichkeit vor dem anderen Angenehmen hervorhebt. Die Lust ist allen Geschöpfen erwünscht, dem Schmerz aber weicht man aus. (Diogenes Laertius 1998, 116.)

Die kyrenaische Schule lehrte, im Gegensatz zur Auffassung des Aristoteles sei nicht Glückseligkeit das höchste Gut, um dessentwillen wir handelten, sondern Lust:

> Die einzelne Lust sei um ihrer selbst willen begehrenswert, die Glückseligkeit dagegen nicht um ihrer selbst willen, sondern wegen der einzelnen Lustempfindungen. (Ebd.)

Lust wurde somit ausdrücklich als physische Lust bestimmt; darin unterscheidet sich der kyrenaische Hedonismus vom epikureischen.

> Indes ist es die körperliche Lust, die sie für das Ziel erklären, […] nicht aber die bewegungslose Lust beim Wegfall der Schmerzen, jener Zustand der Ungestörtheit, dem Epikur huldigt und den er für das Ziel erklärt. (Ebd.)

Sowohl Epikur als auch die Kyrenaiker vertraten eine Güterethik: Glück gilt als das höchste Gut, nach dem sich das Streben aller Individuen richtet. Während Kyrenaiker unter dem höchsten Glück Schmerzlosigkeit und maximalen Lustgewinn verstehen, stellt die Wesensbestimmung des Glücks für Epikur und seine Schule der Leitfaden dar, an dem sich eine Lebenshaltung ausrichtet, die kritisch prüft, was wirkliche und dauerhafte Lust ist.

Epikur lehrte, dass Bedürfnisse befriedigt und Schmerzen gelindert werden können. Es genüge nicht, hin und wieder punktuelle, sehr intensive Glückserlebnisse zu haben, weil es Lust bereitet, wenn ein Bedürfnis augenblicklich befriedigt wird. Es geht nach Epikur um »die bleibende Lust der Ruhe, die Ataraxie, das Ungestörtsein als unerschütterliche Ruhe des Gemüts« (Gil 1993, 21). Menschen haben Angst vor dem Tod und Sorgen aufgrund unbeherrschbarer Wechselfälle des Lebens. Begriffliches Nachdenken zeigt, so Epikur, dass sämtliche Naturerscheinungen auf natürliche Ursachen zurückgeführt werden können. Der Tod muss uns nicht ängstigen, weil unsere Seele nach der Auflösung des Körpers nicht mehr existiert. Unsere Bedürfnisse können befriedigt und unsere Schmerzen gelindert werden.

> Wer die Grenzen des Lebens erkannt hat, weiß, daß leicht zu beschaffen ist, was das schmerzende Gefühl des Mangels aufhebt und das gesamte Leben vollkommen werden läßt. Also bedarf er keiner Verhältnisse, die Konkurrenzkämpfe in sich bergen. (Epikur 1993, 73.)

Auf diese Weise befreit Philosophie von Angst; anders als mythologische Götter-Erzählungen erklärt sie die Welt rational. Angst vor Göttern ist unbegründet und irrational. An ihre Stelle haben wissenschaftliche Erkenntnis und philosophische Reflexion zu treten. Nur wer frei von Angst und Sorge ist, kann glücklich sein.

Man kann die hedonistischen Schulen als Protest gegen die objektivistische Vernunftphilosophie ihrer Zeit interpretieren. Die Wendung auf das Subjekt richtete sich gegen die Hypostasierung allgemeiner Vernunftprinzipien als oberste ethische Werte, die von den Interessen der Individuen absehen oder sie sogar verneinen. Platon und Aristoteles hatten Wesensbestimmung und Wesenserfüllung des Menschen in eine geistige Sphäre verlegt, die von den körperlichen und triebnaturalistischen Seiten des Menschen absieht. Dagegen verorteten die Hedonisten das Glück in der Lust und forderten,

> daß auch die sinnlichen Möglichkeiten und Bedürfnisse

> der Menschen ihre Befriedigung finden sollten, daß auch in ihnen der Mensch zum Genuß seines Daseins gelangen sollte – ohne Versündigung gegen sein Wesen, ohne Schuld und Scham (Marcuse 2004b, 252).

Damit wurde die Vorstellung davon, was Glück sei, subjektiviert. In der idealistischen Metaphysik hatte die Bestimmung des Glücks eine objektive Richtung. Für Aristoteles ist Glück, wie gesagt, oberstes Ziel allen Handelns. Inhaltlich ist es als volle Entfaltung der Wesensbestimmung des Menschen definiert, nämlich als die Betätigung der Vernunft im Kontext eines tugendhaften und auch materiell befriedigenden Lebens (Aristoteles, *Nikomachische Ethik* 1098a 14–16). Immer wurde darauf abgehoben, dass Glück etwas ist, das sich nur als Eigenschaft der Totalität menschlichen Zusammenlebens angemessen realisieren kann.

Für das gerechte, sittlich geordnete Leben in der Polis-Gemeinschaft gibt es, so Aristoteles, objektive Kriterien. Maßstab der Beurteilung war also nicht das besondere Einzelwesen, sondern die begrifflich bestimmbare Allgemeinheit des Ganzen – letztlich des Weltganzen. Epikurs Hedonismus ist nach Herbert Marcuse der

> Versuch immanenter Differenzierung [...]. Es wird daran festgehalten, daß die Lust das höchste Gut sei, aber es wird eine bestimmte Art von Lust als die »wahre« allen anderen gegenübergestellt. [...] Die Vernunft, welche voraussehend eine Abschätzung zwischen dem Wert einer augenblicklichen Lust und späterer Unlust ermöglicht, wird zur Richterin über die Lust, ja selbst zur höchsten Lust (Marcuse 2004b, 250).

Zielbestimmung des »glückseligen Lebens« ist in der epikureischen Ethik »die Unerschütterlichkeit der Seele«, die in einem Zustand zu finden ist, in dem »wir weder Schmerz noch Unruhe empfinden« (Epikur 1993, 47). Nicht die schlichte, unterschiedslose Maximierung von Lustempfindungen macht glücklich, sondern die angemessene Abwägung, das richtige Maß von Genuss und Entbehrung. Aus diesem Grund, meinte Epikur,

> wählen wir [...] nicht jede Lust, sondern bisweilen übergehen wir zahlreiche Lustempfindungen, sooft uns ein übermäßiges Unbehagen daraus erwächst. Sogar zahlreiche Schmerzen halten wir für wichtiger als Lustempfindungen, wenn eine größere Lust drauf folgt, daß wir lange Zeit die Schmerzen ertragen haben. (Ebd.)

Ganz anders, als das Vorurteil über »die Epikureer« besagt, das schon zu seiner Zeit verbreitet war, ging es Epikur bei der philosophischen Bestimmung des Glücks also nicht um maßlose Triebbefriedigung, für die nur der erfüllte Augenblick zählt, sondern um Lust als bleibenden Zustand. Dessen unverzichtbare Komponenten sind Unerschütterlichkeit (Ataraxie), Selbstgenügsamkeit (Autarkie) und kritisches, aufgeklärtes Denken, das uns hilft, unsere unbegründete Angst vor mythischen und religiösen Wahnbildern zu verlieren.

> Wenn wir also sagen, die Lust sei das Ziel, meinen wir damit nicht die Lüste der Hemmungslosen und jene, die im Genuß bestehen, [...] sondern: weder Schmerz im Körper noch Erschütterung in der Seele zu empfinden.

> Denn nicht Trinkgelage und aneinandergereihte Umzüge, auch nicht das Genießen von Knaben und Frauen, von Fischen und allem übrigen, was eine aufwendige Tafel bietet, erzeugen das lustvolle Leben, sondern ein nüchterner Verstand, der die Gründe für jedes Wählen und Meiden aufspürt und die bloßen Vermutungen vertreibt, von denen aus die häufigste Erschütterung auf die Seele übergreift. (Epikur 1993, 49.)

Worin besteht also nun das Glück, das für Menschen erreichbar ist? Philosophischer Materialismus und philosophischer Idealismus geben einander entgegengesetzte Antworten: Der Materialismus stellt sinnliches Glück dem geistigen Glück voran. Körperliche Lust und Schmerzfreiheit sind wichtiger als Einsicht und die Freude an der denkenden Betrachtung der Dinge: Das Leiden ist »primär als physisches Leiden zu bestimmen« (Schmidt 1977, 139). Grundlage von Erkenntnis sind die Sinne, Grundlage des Handelns die Triebe und Bedürfnisse. Die »menschliche Erfüllung« liegt »im Genuß«, nicht im »weisen Verzicht« (138). Der »natürliche menschliche Zustand« ist nicht die »Bedürfnislosigkeit«, sondern »unbegrenzte, kluge Genußfähigkeit« (Ernst Bloch, zit. nach Schmidt 1977, 149).

Im Gegensatz dazu stellen idealistische Philosophien das geistige Glück dem sinnlichen voran: Sie suchen die Erfüllung nicht ›im Genuss‹, sondern in der klugen Entsagung. Einsicht und Freude an der denkenden Betrachtung der Dinge sind wichtiger als körperliche Lust und Schmerzfreiheit, weil ihnen als solchen ein höherer Wert zugeschrieben wird – und weil sie dauerhafter sind. Leiden ist im Idealismus primär seelisches Leiden; schlimmer als das physische

Leiden (*malum physicum*) sei das metaphysische Leiden (*malum metaphysicum*). Erkenntnis ist vor allem Selbst-Erkenntnis des Geistes, und freies Handeln ist Handeln, das sich von der Erkenntnis lenken lässt.

Der historische Materialismus kritisiert den Hedonismus, wenn Glück auf Genuss reduziert wird und die stillschweigende Übereinkunft, dass dies ohnehin nur für wenige möglich ist, zur Naturtatsache verklärt wird, während sie in Wahrheit eine soziale Angelegenheit ist, die man ändern könnte bzw. müsste. Ein Grundmotiv der historisch-materialistischen Philosophie ist die Anstrengung, Leiden (sei es durch Naturkräfte oder durch gesellschaftliche Verhältnisse verursacht) zu reduzieren und durch solidarisches Handeln womöglich abzuschaffen. Wenn aber, wie im Hedonismus, Glück als »ein ausschließend Subjektives« aufgefasst wird, dann werde

> das besondere Interesse des einzelnen […] so, wie es ist, als das wahre Interesse behauptet und gegen jede Allgemeinheit gerechtfertigt. Das ist die Grenze des Hedonismus, seine Gebundenheit an den Individualismus der Konkurrenz. Sein Glücksbegriff kann nur durch die Abstraktion von der Allgemeinheit gewonnen werden. (Marcuse 2004b 257.)

Doch die Kritik am Hedonismus setzt sich ins Unrecht, wenn sie übersieht, dass dieser immer auch »materialistischen Protest« artikuliert, um an ein »sonst verfemtes Stück menschlicher Befreiung« (252) zu erinnern. Er artikuliert das Freiheitsbedürfnis aller Menschen, seine Vision ist die allseitige Entfaltung des Menschen als Sinneswesen und konzentriert sich auf »die allseitige Entfaltung und Erfüllung der individuellen Bedürfnisse, die Befreiung von einem unmenschlichen Arbeitsprozeß, die Freigabe der Welt zum Genuß« (256).

Nicht nur idealistische Philosophen, sondern vor allem Theologen haben hedonistische Ansätze scharf kritisiert. Hedonisten würden nur an sich denken, ihnen fehle der Sinn fürs Höhere, sie seien bindungslos und dem Diesseits verfallen. Damit kämen sie als moralisch handelnde Subjekte nicht in Betracht, denn ihnen fehle der Sinn für Nächstenliebe und Verantwortung. Der argumentative Trick dabei besteht darin, die Position des Hedonismus als radikalen Subjekt-Zentrismus darzustellen und dabei zu übergehen, dass Hedonisten Bestimmungen formulieren wollen, die für alle Subjekte gelten. Hedonismus und Nächstenliebe schließen sich keineswegs aus, im Gegenteil: Ein Hedonist kann Leiden und Glücksbedürftigkeit des anderen besonders gut erkennen. Er wird allerdings nicht auf Gott oder ein sonstiges höheres Prinzip verweisen, um dem anderen damit zu bedeuten, dass es keine Abhilfe im Diesseits für sein Leiden geben kann.

Auch und gerade in der Philosophie der Neuzeit zeigen sich verschiedene Zugänge zur Frage, was Glück ist. Es gibt die Unterscheidung zwischen geistigem und sinnlichem Glück; zwischen wahrem und falschem Glück; zwischen Inhalt(en) und Form(en) des Glücks. Es gibt positive Bestimmungen und negative Bestimmungen des Glücks. Kant argumentiert: Was für uns jeweils ein glückliches Leben ist, ist nicht miteinander kompatibel. Deshalb kann aus der Vorstellung des Glücks keine verallgemeinerbare ethische Verpflichtung abgeleitet werden. Er fasst die alltagssprachliche Bedeutung des Glücksbegriffs so zusammen: Glück ist der Zustand, in dem »alles nach Wunsch und Willen geht« (Kant 1788, 182). Doch *was* wir wünschen und wollen, sei kontingent und uns selbst sehr häufig gar nicht klar. (Man denke an das Märchen von der Frau, die drei Wünsche frei hat und sich und ihren Partner, den Fischer, damit in größte Verlegenheit bringt.)

Damit ist die Frage nach dem Glück in formalen Ethiken kantischen Typs aber nicht vom Tisch. Nein, auch solche Ethiken wissen, dass es zu den natürlichen Lebensbedingungen gehört, einem Glückszustand zuzustreben – wie immer er auch beschaffen sein mag. Doch genau um Letzteres geht es: Als Naturwesen ist es Menschen nicht freigestellt, ob sie ›glücklich‹ leben wollen oder nicht. Strittig ist, worin das Glück besteht, also, was es ist – körperlicher oder geistiger Art, ruhiger Dauerzustand oder punktuelles, ekstatisches Aufblitzen. Eines davon? Nichts davon oder von jedem etwas? Hierüber gibt es die verschiedensten Auffassungen, und daraus entstehen die widersprüchlichsten moralischen Maximen: Halte Maß! Genieße, so viel du kannst! Lebe besonnen und im Verborgenen! Lebe wild und gefährlich! Hilf allen, so viel du kannst (aus ihrem Unglück, oder aber: Hilf ihnen zu genießen, also zu ihrem Glück)! Denke an dich selbst zuerst!

All das sind Prinzipien individueller Lebensklugheit. Ihnen fehlt das moralische Element der Allgemeinverbindlichkeit. Kant hat einen Strich darunter gezogen: Für ihn ist Glück als Moralprinzip deshalb untauglich, weil es nicht rational verallgemeinerbar ist. Es sei aber moralisch geboten, sich des Glücks würdig zu erweisen. Glücklich sein wollen ist Naturbedingung aller Menschen, glückswürdig sein dagegen ein Resultat ihrer Freiheit, d. h. ihres rationalen und selbstbestimmten moralischen Handelns.

10.4 Negativer Glücksbegriff

Nietzsche meinte, sein Glück bestünde darin, kein Hausbesitzer zu sein. Im kantischen Sinne war das sicher noch kein Kriterium der Glückswürdigkeit. Um mit der normativen Messlatte der Glückswürdigkeit souverän umzugehen, benötigte man zu Kants Zeit noch einen festen, theologisch inspirierten Rahmen, auf den Philosoph*innen heute nicht mehr bauen können. Gleichwohl besteht ein verbreiteter Konsens darüber, dass Theorien des Glücks zu bevorzugen sind, die Glück nicht über seine Inhalte, sondern mit Blick auf die Form(en) des Glücks bestimmen. Glück wird als anthropologische Möglichkeit gefasst. Glück als gutes Leben und Wohlergehen zu verstehen heißt dann, einen übergreifenden, prozessorientierten Glücksbegriff zu formulieren.

Der Philosoph Martin Seel hat die Position der modernen Ethik in der Frage des Glücks als einen im Wesentlichen negativen und formalen Glücksbegriff beschrieben. Nach wie vor werde unter ›Glück‹ philosophisch das gute Leben verstanden, nur verbiete es sich, anders als in der Antike und in der christlichen Philosophie, die individuelle Erfahrung guten, gelingenden Lebens in der Vielfalt möglicher Lebensformen einem affirmativen Begriff der Vermittlung von gutem Leben und gerechtem Leben unterzuordnen.

> Die philosophische Ethik versucht nicht länger zu sagen, wie das Glück für den einzelnen zu erreichen sei; sie beschränkt sich darauf zu sagen, wie die Bedingungen eines guten Lebens für alle und gegenüber allen geschaffen und geschützt werden können. Im Namen der Möglichkeit des individuellen Glücks verzichtet sie auf eine Theorie des individuellen Glücks. (Seel 1994, 145 f.)

Freilich verzichtet sie nicht darauf, Bedingungen zu formulieren, ohne die Glück undenkbar wäre, nämlich notwendige, aber nicht hinreichende Bedingungen: Sicherheit, Gesundheit und Freiheit. »Glück ist nur dort möglich, wo Menschen einigermaßen unbedroht und unbeengt, ohne (zuviel) physischen Schmerz und ohne psychische Qual leben können. Das ist schon alles, aber es ist beileibe nicht wenig.« (150.)

Seel zufolge lassen sich vier Formen beschreiben, die Glück für uns annehmen kann: »Wunscherfüllung«, »erfüllter Augenblick«, »Selbstbestimmung« und »gelingende Welterschließung« (151–158). Diese Formen bilden, anders ausgedrückt, Elemente oder Ausschnitte des umfassenden Glücksbegriffs; ihnen entsprechen jeweils verschiedene Lehrmeinungen der philosophischen Tradition.

Theorien, die Glück als Wunscherfüllung bestimmen, stellen die Zielorientierung des Handelns in den Vordergrund. Glück werde, teleologischen (auf ein Ziel ausgerichteten) Theorien zufolge, genau dann erfahren, wenn Ziele erreicht werden, die man vernünftigerweise wollen kann, weil sie dem Wohlergehen zuträglich sind. Andere Theorien setzen am entgegengesetzten Pol an: Für sie ist Glück nichts, was erstrebt und erreicht werden kann, schon gar nicht etwas, was sich erarbeiten lässt, sondern eine sich plötzlich (wenn auch nicht unbedingt unverhofft) ereignende Erfüllungserfahrung geistig-seelischer und/oder körperlicher Art, in der man (wie der unselige Heinrich Faust bei Goethe) geneigt sei, dem Augenblick zuzurufen: »Verweile doch, du bist so schön!« Dieser Begriff des Glücks konzentriert sich auf das kontingente und ästhetische Element des Glücks, das zwar sehnlich gewünscht werde, sich aber nur jenseits aller Intentionen ereignet. Wenn Glück mit kontinuierlicher Autonomieerfahrung gleichgesetzt wird, lässt sich, so die Meinung, der teleologische mit dem ästhetischen Glücksaspekt verbinden: »Unter einem glücklichen Leben können wir dann ein Dasein verstehen, das sich durch Situationen schwankenden episodischen Glücks hindurch in der Balance einer selbstbestimmten Lebensführung hält.« (158.)

Um alle Aspekte von Glück konzeptuell zu erfassen, sei es notwendig, außer dem »Selbstverhältnis« auch noch das »Weltverhältnis« mitzudenken. Der prozessuale Vollzug gelingenden Lebens als Selbstbestimmung, Offenheit für kontingente ästhetische Glücksepisoden und die Möglichkeit, eigene Ziele zu verwirklichen: All das spielt sich immer in Kontexten ab, die mit den vagen Begriffen »Gesellschaft« und »Gemeinschaft«, »Kultur« und »Interaktion zwischen Subjekten« benannt werden können.

> Wichtige Dimensionen eines guten menschlichen Lebens sind gelingende Arbeit und gelingende Interaktion, außerdem Zeiten selbstgenügsamen Spiels und zweckfreier Betrachtung. Ein gutes Leben ließe sich bestimmen als eines, das (trotz allem anderen) in der Gegenwart dieser Möglichkeiten steht. (160.)

»Glück«, schreibt Seel, ist nämlich »nicht in erster Linie ein Gefühlszustand oder eine Stimmung, sondern der freie Kontakt mit unterschiedlichen (und durchaus divergierenden) Wirklichkeiten des Lebens« (161). Erst dann, wenn es gelingt, diese Kontexte als Welt für uns zu erschließen, könne von gutem Leben die Rede sein.

11. Gutes, gelingendes oder stellvertretendes Leben?

Wenn vom ›gelungenen Leben‹ die Rede ist, wird semantisch auf etwas Abgeschlossenes verwiesen, das man im Rückblick beurteilt. Wie z. B. ein gelungener Abend mit Gästen, eine gelungene Musik- oder Theateraufführung oder eine gelungene Komposition (beispielsweise eine Klaviersonate, die ein neues tonsetzerisches Problem löst). Ist von ›gelingendem Leben‹ die Rede, denkt man hingegen an etwas Unabgeschlossenes: Es findet noch statt und wird im Verlauf beurteilt. Eigentlich kann erst in einem Nachruf die Rede von einem Leben sein, das ›gelungen‹ oder ›misslungen‹ ist. Oder doch schon vorher, im eigenen Rückblick, wenn das Ende naht oder ein Lebensabschnitt abgeschlossen ist? Aber dann würde man vermutlich nicht fragen: »Ist mir mein Leben gelungen?«, sondern eher: »Was ist mir im Leben gelungen?«

Die Rede vom ›gelingenden‹ (oder ›misslingenden‹) Leben ist Teil des Lebensvollzugs. Es geht um eine Empfindung, um ein Lebensgefühl im Präsens mit Blick in die Zukunft. Man hofft oder erwartet: dass es so weitergeht oder dass sich etwas zum Besseren ändert. Das individuelle Empfinden ist auch durch Erfahrungen in der Vergangenheit und deren aktuelle Nachklänge bestimmt, aber im Prinzip gilt, dass das ›gelingende‹ (oder ›misslingende‹) Leben immer *jetzt* stattfindet.

Alle Menschen wollen ein ›gelingendes Leben‹ führen, doch das, was ›gelingen‹ bedeuten soll, kann auf den ersten Blick nur jede und jeder Einzelne für sich selbst entscheiden. Was ist wichtig, was unwichtig? Bei welchen Wünschen, Bedürfnissen, Leiden liegen die persönlichen Prioritäten? Das führt zurück auf die Frage der Bewertungen, also aus moralphilosophischer Sicht auf die Frage der ethischen Werte, von denen im ersten Kapitel dieses Buches die Rede war. Ob Menschen in die Nähe dessen gelangen, was man ein ›gelingendes Leben‹ nennt, hängt nicht nur davon ab, was man früher »Glücksgüter« nannte (Einkommen, Erfolg, Gesundheit und dergleichen). Es hängt auch davon ab, ob eine Person imstande ist, im Einklang mit moralischen Grundsätzen zu handeln.

Die auf den ersten Blick subjektivistische Antwort ist also zu korrigieren: Ethische Überlegungen beziehen immer die anderen mit ein. Zu den Fragen, was gut und richtig für mich ist und wie ich handeln soll, damit ich ein gelingendes Leben führen kann, muss die Frage treten, wie ich handeln soll, um mich den anderen gegenüber angemessen zu verhalten. »Als Menschen existieren wir nur in dem Maße, wie wir mit anderen Menschen [...] kommunizieren.« (Fetscher 1983, 87.)

Ist ›gelingendes Leben‹ also für die Moderne das, was seit der Antike als ›gutes Leben‹ bezeichnet wird? Für Aristoteles bestand ›gutes Leben‹ darin, verlässliche Einstellungen, Charaktereigenschaften, auszubilden und zum Nutzen der anderen zu handeln; dafür steht sein Begriff der Tugend. Ohne Gerechtigkeit und Tapferkeit gibt es keine Sicherheit, ohne Einsicht kein gutes Leben, denn ohne sie können wir nicht beurteilen, in welchem Verhältnis die guten und die schlechten Dinge und Eigenschaften zu unserem Glück stehen. Einsicht im Sinne praktischer Vernunft ist nur nach und nach zu erreichen, durch Ausbildung angemessene Erziehung und Übung.

So weit die Übereinstimmungen zwischen dem ethischen Konzept des ›guten‹ und dem des ›gelingenden‹ Lebens. Der wichtigste Unterschied dürfte darin bestehen, dass Konzepte des guten Lebens in der Antike (nicht nur bei Aristoteles) nur für Eliten galten. Die Vorstellung eines gelingenden Lebens im Zentrum der neuzeitlichen Ethik konzentriert sich nicht mehr auf das Konzept der Glückseligkeit (*eudaimonia*), sondern, wie bereits gesagt, auf das der Glückswürdigkeit. Durch moralisch richtiges – also gerechtes – Handeln können wir uns, so Kant, als Menschen erweisen, die des Glückes würdig sind. Was uns dann glücklich macht, kann, wie gesagt, ganz verschieden sein. Doch die Voraussetzung ist für alle gleich: richtig handeln, also das richtige Leben aller ermöglichen (oder jedenfalls nicht verhindern). Mit anderen Worten: Moralisch richtiges Leben wäre gerechtes Zusammenleben.

Der Unterschied zwischen dem guten oder gelingenden Leben und dem gerechten oder dem richtigen Leben liegt in der Universalisierbarkeit. Es gibt individuelle Erfahrungen guten, gelingenden Lebens und eine Vielfalt von Lebensformen, in denen es sich auf verschiedene Weise erfahren lässt. Daraus folgt keine Beliebigkeit, sondern einerseits Kontingenz und andererseits die Frage nach allgemeinen Bedingungen, ohne die es die individuellen Erfahrungen eines gelingenden Lebens nicht geben könnte. Es geht um Selbst- und Weltverhältnisse. Hier ist also von Möglichkeiten die Rede, Welt und Wirklichkeit zu erschließen, von Erfahrungen gemeinsamen, sinnvollen Handelns mit anderen Menschen, die einem etwas bedeuten. Gelingendes und womöglich richtiges Leben ist selbstbestimmtes Handeln mit anderen in Freiheit.

Die Philosophin Martha Nussbaum hat (in Abgrenzung zu Rawls' vertragstheoretischem Gerechtigkeitskonzept) einen Katalog menschlicher Grundfähigkeiten aufgestellt. Dieser Katalog ist an Bedürfnissen orientiert, die sich aus der »menschlichen Lebensform in ihrer Grundstruktur ergeben« (Nussbaum 2012, 190; siehe dazu auch Sen 2019). Diese beruhe vor allem auf folgenden Merkmalen: Sterblichkeit; Körperlichkeit, Nahrungs- und Schutzbedürftigkeit, geschlechtliches Verlangen, Beweglichkeit; emotionale Disposition für Freude und Schmerz, kognitive Disposition für Wahrnehmen, Vorstellen, Denken und Planen sowie Lachen und Spielen; Entwicklung, Sozialität und Getrenntsein von andern; Naturverbundenheit inklusive seelische Nähe zu anderen Lebewesen (ebd., 190–196). Weiterhin ist Nussbaums Katalog daran orientiert, an was Menschen nicht gehindert werden dürfen, weil sie das Zeug dazu haben, es in ihrem Leben zu realisieren. Darunter versteht sie folgende Fähigkeiten: ein »Leben von normaler Länge zu leben« (200); Gesundsein; Schmerz zu vermeiden und Freude zu erleben, lachen und spielen zu können; Imagination und Kognition zu betätigen; »Beziehungen zu Dingen und Menschen« (201) eingehen zu können; »eine Vorstellung des Guten zu entwickeln« und »mit anderen und für andere zu leben« (ebd.); naturverbunden zu leben; »sein eigenes Leben und nicht das eines anderen zu leben« und dieses eigene Leben »in seiner eigenen Umgebung und seinem eigenen Kontext zu führen« (ebd.).

Nussbaum stützt sich auf Errungenschaften, die etliche dieser Fähigkeiten institutionell und rechtlich manifestiert haben. Das beginnt beim Gebot, die Unversehrtheit des menschlichen Leibes zu achten, und reicht von der Freiheit, sich zur sexuellen Reproduktion zu entscheiden, über Bildungseinrichtungen, Religions-, Meinungs-, Rede- und Versammlungsfreiheit sowie Freiheit der Kunst, über die Hochschätzung der Intention, Angehörige und Nahestehende zu unterstützen und die Freiheit der Berufswahl bis zum Schutz des Eigentums und der Abschaffung von Zwangsverheiratungen (200–202). »Ich meine«, resümiert sie, »daß ein Leben, dem eine dieser Fähigkeiten fehlt, kein gutes menschliches Leben ist« (202).

Dafür bieten sich ihr zwei Anknüpfungspunkte, nämlich einerseits die aristotelische Konzeption des guten Lebens und andererseits das neuzeitliche Konzept der Menschenwürde. Letztere wird freilich nicht rationalistisch allein über die Vernunftfähigkeit und -bestimmtheit der Person verstanden. »Die menschliche Würde«, referiert Alexandra Kemmerer, ist nach Nussbaum

> »die Würde eines bedürftigen und verkörperten Wesens«, eines auf Gesellschaft und soziale Beziehungen hin angelegten Wesens, von dessen Fähigkeiten die Forderung ausgeht, »dass sie entwickelt werden sollten, dass das Leben ein gedeihendes und kein verkümmertes Leben sein soll«. GelingendesLeben umfasst für Nussbaum den gleichen Zugang zu Bildung und Information [...]. Es umfasst auch die Einbeziehung, die Befähigung von Menschen mit Behinderungen (Kemmerer 2010).

Gesundheit und körperliche Unversehrtheit gehören demnach ebenso zu einem lebenswerten Leben wie soziale Kooperation, ökologische Reflexion sowie speziesübergreifende Solidarität und Kooperation.

Mein Gegenbegriff zum gelingenden Leben im emphatischen Sinne ist das ›funktionierende‹ Leben. Für viele ist das Leben in erster Linie die ununterbrochene Anstrengung, zu überleben. Nicht nur für all jene, die in postkolonialen und kriegsverwüsteten Regionen unter menschenunwürdigen Bedingungen darum kämpfen zu müssen, nicht unterzugehen. Es gilt auch für die vielen, die nicht im Elend, sondern unter halbwegs sicheren äußeren Umständen zurechtkommen müssen. Auch wenn man nicht unter Unglücksfällen zu leiden hat, besteht das Leben oft im besten Fall darin, mehr oder weniger ungeschoren davonzukommen. Leben als Davonkommen oder als Durchkommen – das ist etwas anderes als Selbstverwirklichung in einem Bildungsprozess, der Individuen ermöglicht, sich die kollektiven Traditionen und Errungenschaften ihrer Kultur anzueignen, um urteils- und genussfähige, selbstbestimmte Subjekte zu werden.

In einer Welt destruktiver Konkurrenz der Herrschafts- und Wirtschaftsmächte spielt es, im Blick auf das gesellschaftliche Ganze, keine substantielle Rolle, wie man sich als Einzelne und Einzelner fühlt und ob man das eigene Leben als gelungen oder verfehlt betrachtet. Die Einzelnen kommen insoweit in Betracht, wie sie funktionieren: als Familienmitglieder und Erwerbstätige, als Elemente einer Kommunikations- und Arbeitsgemeinschaft (die in der Summe aus Konkurrenten besteht und daher eigentlich keine Gemeinschaft ist). Das Gelingen des Ganzen: Das ist das Funktionieren eines Systems, dessen Subsysteme störungsfrei arbeiten. Für die Einzelnen besteht eine Diskrepanz zwischen dem funktionalen Gelingen der Totalität, von der sie abhängig sind, und dem Gelingen ihres je eigenen, unvertretbaren Lebens.

Im funktionierenden Leben soll Funktionieren jedoch als glückhaftes Gelingen empfunden werden. Ständig versuchen wir, Events zu veranstalten und Momente festzuhalten, die anderen und uns selbst beweisen, wie gelungen das eigene Leben ist. Gelungene Momentaufnahmen des Urlaubstags, der Kinder, Haustiere und Mahlzeiten usw. gelten als Beleg für gelingendes Leben. Angenommen aber, dass die meisten wenig Chancen haben, ein gelingendes Leben zu führen, weil das Leben im Ganzen ungerecht eingerichtet ist: Kann es dann ein moralisch gerechtfertigtes Leben für Einzelne geben?

Adorno war der Ansicht, dass solch ein individualethisches Projekt im Prinzip scheitern müsse: »Es gibt kein richtiges Leben im Falschen.« (Adorno 1980, 43.) Doch daraus folgte für den kritischen Theoretiker nicht, dass moralische Normen unwichtig wären. Adorno schlug vor, dass man ein »stellvertretendes Leben« führen sollte (Adorno 1956, zit. nach Schweppenhäuser 2016, 208). Damit meinte er, man solle im eigenen Leben eine Freiheit antizipieren, die es so noch gar nicht gibt. »Man sollte soweit […] möglich […] so leben, wie man in einer befreiten Welt glaubt leben zu sollen«, sagte er in einer Frankfurter Vorlesung über *Probleme der Moralphilosophie*. Man sollte also

> durch die Form der eigenen Existenz, mit all den unvermeidbaren Widersprüchen und Konflikten, die das nach sich zieht, versuchen, die Existenzform vorwegzunehmen, die die eigentlich richtige wäre. (Adorno 1957, zit. nach Schweppenhäuser 2016, 220.)

Solch ein »stellvertretendes Leben« ist nicht von vornherein ein ›gelingendes‹, sondern eher ein prekäres Leben voller Widersprüche. Es ist zwar mit Blick auf umfassendes Gelingen »zum Scheitern und zum Widerspruch verurteilt, aber es bleibt nichts anderes übrig, als diesen Widerspruch bis zum bitteren Ende durchzumachen. Die wichtigste Form, die das heute hat, ist der Widerstand.« (Ebd.)

Das Motiv des Widerstands erinnert daran, dass es nicht tunlich wäre, sich den Zwängen des öffentlichen, politischen Lebens zu entziehen und, wie Epikur, zurückgezogen zu leben, womöglich in Gemeinschaft mit wenigen Freunden. Die implizite Moralphilosophie der kritischen Theorie und ihr Begriff des Politischen zielen auf emanzipatorisches Handeln. Adornos Lehre vom stellvertretenden Leben läuft nicht auf Politikverweigerung hinaus, sondern auf eine Politik der Verweigerung, in geistiger und praktischer Tätigkeit. Wie bei Aristoteles, ließ Adorno die Erörterung der Ethik am Ende seiner Frankfurter Vorlesung in die Erörterung von Fragen der politischen Philosophie übergehen.

Aus philosophischer Sicht kann ein Subjektivismus des Glücks mit einiger Berechtigung zurückgewiesen werden. Praktische Philosophie kann zwar keine präskriptive Ethik des guten oder richtigen Lebens mehr bieten, nach der sich Individuen verbindlich zu richten hätten; doch sie kann durch kategoriale Reflexion zeigen, dass die individuelle Erfahrung von Glück und das Scheitern oder Gelingen des je eigenen Lebens mehr sind als ein bloßes subjektives Dafürhalten, weil sie vom Wirklichkeitsverhältnis abhängen. Der philosophische Begriff des Glücks verweist (ebenso wie der des Leidens) auf das übergreifende Ganze eines gelingenden Lebens, entweder direkt oder aber indirekt, durch die Rekonstruktion der Negativität dessen, was bei Adorno das

›beschädigte Leben‹ (Adorno 1980) heißt. Vielleicht bietet Glückserfahrung – als erlebte Wirklichkeit, Erinnerung oder Utopie – die wichtigste Kraftquelle bei der Anstrengung, nicht nur individuell ein gutes Leben, sondern, kontrafaktisch, ein gemeinsames richtiges (das heißt: ein im Ganzen gerechtes) Leben zu realisieren. Ohne Ressourcen solcher Glückserfahrung könnte man nicht am Projekt des gelingenden Lebens mitarbeiten: am Projekt der Moral, Vernunft selbstbestimmt in *Freiheit* zu verwirklichen und dem *langen Zwang* einen vernünftigen, humanen Sinn zu geben.

Literaturhinweise

Adorno, Theodor W.: Minima Moralia. Reflexionen aus dem beschädigten Leben. In: T. W. A.: Gesammelte Schriften. Hrsg. von Rolf Tiedemann. Bd. 4. Frankfurt a. M. 1980.

– Negative Dialektik. In: T. W. A.: Gesammelte Schriften. Bd. 6. Frankfurt a. M. ³1984.

– Probleme der Moralphilosophie [1963]. In: T. W. A.: Nachgelassene Schriften. Abt. IV. Bd. 10. Frankfurt a. M. 1996.

Allgemeine Erklärung der Menschenrechte. Resolution 217 (III) der Generalversammlung der Vereinten Nationen vom 10. Dezember 1948.

Apel, Karl-Otto: Grenzen der Diskursethik? Versuch einer Zwischenbilanz. In: Zeitschrift für philosophische Forschung 40 (1986) Nr. 1. S. 3–31.

– Diskurs und Verantwortung. Das Problem des Übergangs zur postkonventionellen Moral. Frankfurt a. M. 1990.

Arendt, Hannah: The Life of the Mind. Bd. 2: Willing. San Diego / New York / London 1978.

Aristoteles: Nikomachische Ethik. Griech./Dt. Übers. und hrsg. von Gernot Krapinger. Stuttgart ²2020.

– Politik. Übers. und hrsg. von Olof Gigon. München ⁴1981.

Assheuer, Thomas: Alles, was gerecht ist. Kleine Kulturgeschichte einer großen Idee. In: Die Zeit. Nr. 51. 15. 12. 2011. https://www.zeit.de/2011/51/Begriffsgeschichte-Gerechtigkeit [Abruf: 2. 2. 2021].

Augstein, Franziska: Politische Kollateralschäden. In: Süddeutsche Zeitung. 4. 8. 2019. https://www.sueddeutsche.de/politik/jugoslawien-politische-kollateralschaeden [Abruf: 2. 2. 2021].

Baudrillard, Jean: Die fatalen Strategien. Übers. von Ulrike Bockskopf / Ronald Voullié. München 1985.

Bauman, Zygmunt: Postmoderne Ethik. Hamburg 1995.

Beckermann, Ansgar: Neuronale Determiniertheit und Freiheit. In: Information Philosophie 33 (2005) Nr. 2. S. 7–18.

– Neuronale Determiniertheit und Freiheit. In: Kristian Köchy / Dirk Stederoth (Hrsg.): Willensfreiheit als interdisziplinäres Problem. Freiburg/München 2006. S. 289–304.

Beckermann, Ansgar: Willensfreiheit. In: Stefan Jordan / Christian Nimtz (Hrsg.): Grundbegriffe der Philosophie. Stuttgart 2019. S. 345–347.

– / Seebaß, Gottfried / Tetens, Holm / Vollmer, Gerhard: Willensfreiheit: Greifen die Argumente der Hirnforscher zu kurz? In: Information Philosophie 33 (2005) Nr. 1. S. 58–68.

Benhabib, Seyla: Selbst im Kontext. Kommunikative Ethik im Spannungsfeld von Feminismus, Kommunitarismus und Postmoderne. Frankfurt a. M. 1995.

Benjamin, Walter: Einbahnstraße. In: W. B.: Gesammelte Schriften. Hrsg. von Rolf Tiedemann / Hermann Schweppenhäuser. Bd. IV.1. Frankfurt a. M. 1980. S. 83–148.

Berlin, Isaiah: Zwei Freiheitsbegriffe. In: I. B: Freiheit. Vier Versuche. Frankfurt a. M. 1995. S. 197–256.

Binder, Christina / Putzer, Judith: Gerechter Krieg? Eine völkerrechtliche Standortbestimmung. In: Polylog. Zeitschrift für interkulturelles Philosophieren 16 (2007) S. 39–57.

Birnbacher, Dieter / Hoerster, Norbert (Hrsg.): Texte zur Ethik. München 1987.

Blanke, Thomas: Das Dilemma zwischen Menschenrecht und Völkerrecht. In: Frankfurter Rundschau. 29. 3. 1999.

Bloch, Ernst: Naturrecht und menschliche Würde. In: E. B.: Werkausgabe in 16 Bänden. Frankfurt a. M. 1977.

Brecht, Bertolt: Die Dreigroschenoper [1928]. In: B. B.: Gesammelte Werke in 20 Bänden. Bd. 2. Frankfurt a. M. 1982. S. 393–497.

– Aufstieg und Fall der Stadt Mahagonny [1930]. In: B. B.: Gesammelte Werke in 20 Bänden. Bd. 2. Frankfurt a. M. 1982. S. 499–564.

– Der Dreigroschenprozeß [1931]. In: Siegfried Unseld (Hrsg.): Bertolt Brechts Dreigroschenbuch. Frankfurt a. M. 1960. S. 81–121.

– Lied gegen den Krieg [1939]. In: B. B.: Gesammelte Werke in 20 Bänden. Bd. 9. Frankfurt a. M. 1982. S. 651 f.

Brumlik, Micha: Mittäter und Zeuge im Inferno. Die Lebensbeichte des Calel Perechodnik. In: Calel Perechodnik: Bin ich ein Mörder? Das Testament eines jüdischen Ghetto-Polizisten. Lüneburg 1997. S. 7–12.

– Lasst das Denkmal stehen. Immanuel Kant und der Rassismus. In: die tageszeitung. 26. 6. 2020. https://taz.de/Immanuel-Kant-und-der-Rassismus/!5692764/ [Abruf 2. 2. 2021].

Bundesregierung: Auslandseinsatz der Bundesregierung. Kampf gegen den IS ausgeweitet. 10. 11. 2016. https://www.bundesregierung.de/breg-de/aktuelles/kampf-gegen-den-is-ausgeweitet-356754 [Abruf: 2. 2. 2021].

Bundesverfassungsgericht: Verbot der geschäftsmäßigen Förderung der Selbsttötung verfassungswidrig. Pressemitteilung Nr. 12/2020. 26. 2. 2020. https://www.bundesverfassungsgericht.de/SharedDocs/Pressemitteilungen/DE/2020/bvg20-012.html [Abruf 2. 2. 2021].

Burkard, Franz-Peter: Würde. In: Peter Prechtl / Franz-Peter Burkard (Hrsg.): Metzler Lexikon Philosophie. Stuttgart/Weimar ²1999. S. 671–674.

Butler, Judith: Gefährdetes Leben. Politische Essays. Frankfurt a. M. 2005.

Clausewitz, Carl von: Vom Kriege [1832]. Auswahl. Hrsg. von Ulrich Marwedel. Stuttgart 1980 [u. ö.].

Cohen, Hermann: Kant. In: Hans Jörg Sandkühler / Rafael de la Vega (Hrsg.): Marxismus und Ethik. Texte zum neukantianischen Sozialismus. Frankfurt a. M. 1986. S. 45–86.

Decher, Friedhelm: Handbuch der Philosophie des Geistes. Darmstadt 2015.

Decker, Oliver / Brähler, Elmar: Ein Jahrzehnt der Politisierung: Gesellschaftliche Polarisierung und gewaltvolle Radikalisierung in Deutschland zwischen 2006 und 2016. In: Oliver Decker / Johannes Kiess / Elmar Brähler (Hrsg.): Die enthemmte Mitte. Autoritäre und rechtsextreme Einstellung in Deutschland. Die Leipziger Mitte-Studie 2016. Gießen 2016. S. 95–136.

Diogenes Laertius: Leben und Meinungen berühmter Philosophen. Übers. von Otto Apelt. Hrsg. von Klaus Reich. Hamburg 1998.

Eisler, Rudolf: Kant-Lexikon. Hildesheim 1964.

Eislers Handwörterbuch der Philosophie. Hrsg. von Richard Müller-Freienfels. Berlin ²1922.

Engels, Friedrich: Der deutsche Bauernkrieg [1850]. In: Karl Marx / Friedrich Engels. Werke. Hrsg. vom Institut für Marxismus-Leninismus beim ZK der SED. Bd. 7. Berlin 1978. S. 327–413.
Epikur: Briefe, Sprüche, Werkfragmente. Stuttgart 1993.
Felten, Hans: Saint-Simon, Claude Henri de. In: Bernd Lutz (Hrsg.): Metzler Philosophen-Lexikon. Von den Vorsokratikern bis zu den Neuen Philosophen. Stuttgart/Weimar ²1995. S. 771–773.
Fetscher, Iring: Hegel – Größe und Grenzen. Stuttgart [u. a.] 1971.
– Arbeit und Spiel. Essays zur Kulturkritik und Sozialphilosophie. Stuttgart 1983.
Fischer, Kuno: Immanuel Kant und seine Lehre. Erster Teil. Entstehung und Grundlegung der kritischen Philosophie. Heidelberg 1909.
Forst, Rainer: Kontexte der Gerechtigkeit. Politische Philosophie jenseits von Liberalismus und Kommunitarismus. Frankfurt a. M. 1996.
Foucault, Michel: Die Geburt einer Welt. Gespräch mit J.-M. Palmier. In: M. F.: Dits et Ecrits. Schriften in vier Bänden. Bd. 1: 1954–1969. Hrsg. von Daniel Defert / François Ewald. Frankfurt a. M. 2001. S. 999–1002.
Frankl, Viktor E.: … trotzdem Ja zum Leben sagen. Ein Psychologe erlebt das Konzentrationslager. München 1997.
Freud, Sigmund: Das Unbehagen in der Kultur [1931]. Hrsg. von Kerstin Krone-Bayer / Lothar Bayer. Stuttgart 2010 [u. ö.].
Fromm, Erich: Psychoanalyse und Ethik. Stuttgart/Konstanz/Zürich 1954.
– Die Furcht vor der Freiheit. München ²1991.
– Anatomie der menschlichen Destruktivität. Hamburg 2015.
Gil, Thomas: Ethik. Stuttgart/Weimar 1993.
Haag, Karl Heinz: Der Fortschritt in der Philosophie. Frankfurt a. M. 1983.
Habermas, Jürgen: Erkenntnis und Interesse. In: J. H.: Technik und Wissenschaft als ›Ideologie‹. Frankfurt a. M. ²1970. S. 146–168.
– Einige Bemerkungen zur Begründung von Werturteilen. In: 9. Deutscher Kongreß für Philosophie. Düsseldorf 1969. Hrsg. von Ludwig Landgrebe. Meisenheim 1972. S. 92
– Nachgeahmte Substantialität. In: J. H.: Philosophisch-politische Profile. Frankfurt a. M. ³1981. S. 107–126.

– Theorie und Praxis. Sozialphilosophische Studien. Frankfurt a. M. [3]1982.
– Moralität und Sittlichkeit. Treffen Hegels Einwände gegen Kant auch auf die Diskursethik zu? In: Wolfgang Kuhlmann (Hrsg.): Moralität und Sittlichkeit. Das Problem Hegels und die Diskursethik. Frankfurt a. M. 1986. S. 16–37.
– Erläuterungen zur Diskursethik. Frankfurt a. M. [2]1992.
– Die Zukunft der menschlichen Natur. Auf dem Weg zu einer liberalen Eugenik? Frankfurt a. M. 2001.
Hastedt, Heiner: Gerechtigkeit. In: Hastedt/Martens 1994. S. 198–215.
– / Martens, Ekkehard (Hrsg.): Ethik. Ein Grundkurs, Hamburg 1994.
Hegel, Georg Wilhelm Friedrich: Grundlinien der Philosophie des Rechts [1821]. In: G. W. F. H.: Werke in 20 Bänden. Bd. 7. Frankfurt a. M. 1970.
– Enzyklopädie der philosophischen Wissenschaften im Grundrisse [1830]. In: G. W. F. H.: Werke in 20 Bänden. Bd. 10. Frankfurt a. M. 1970.
– Vorlesungen über die Philosophie der Geschichte [1840]. In: G. W. F. H.: Werke in 20 Bänden. Bd. 12. Frankfurt a. M. 1970.
Heinrich, Michael: Grundbegriffe der Kritik der politischen Ökonomie. In: Michael Quante / David P. Schweikard (Hrsg.): Marx-Handbuch. Leben – Werk – Wirkung. Stuttgart 2016. S. 173–193.
Herrmann, Axel: Kampf um die Menschenrechte. Bundeszentrale für politische Bildung. 11. 3. 2008. https://www.bpb.de/izpb/8325/kampf-um-die-menschenrechte?p=all [Abruf: 2. 2. 2021].
Hilgers, Micha: Narziss und Goldmund. Gewissen und Ich-Ideal bestimmen maßgeblich die Liebe zum Selbst und zu den Mitmenschen. In: Frankfurter Rundschau. 13. 8. 2002. S. 21.
Hobbes, Thomas: Leviathan [1651]. Eine Auswahl. Engl./Dt. Übers. von Holger Hanowell. Hrsg. von Jürgen Klein. Stuttgart 2013.
Höffe, Otfried: Kritische Einführung in Rawls' Theorie der Gerechtigkeit. In: O. H. (Hrsg.): Über John Rawls' Theorie der Gerechtigkeit. Frankfurt a. M. 1977. S. 11–40.
Homer: Ilias. Übers., Nachw. und Register von Roland Hampe. Stuttgart 1979.

Honneth, Axel: Kampf um Anerkennung. Zur moralischen Grammatik sozialer Konflikte, Frankfurt a. M. 1992.
– Die soziale Dynamik von Mißachtung. Zur Ortsbestimmung einer kritischen Gesellschaftstheorie. In: Christoph Görg (Hrsg.): Gesellschaft im Übergang. Perspektiven kritischer Soziologie. Darmstadt 1994. S. 44–62.
Horkheimer, Max: Anfänge der bürgerlichen Geschichtsphilosophie. In: M. H.: Gesammelte Schriften. Hrsg. von Alfred Schmidt / Gunzelin Schmid Noerr. Bd. 2. Frankfurt a. M. 1987a. S. 177–268.
– Einige Betrachtungen zum Curfew. In: M. H.: Gesammelte Schriften. Hrsg. von Alfred Schmidt / Gunzelin Schmid Noerr. Bd. 5. Frankfurt a. M. 1987b. S. 351–353.
– Bemerkungen zu Jaspers' Nietzsche. In: M. H.: Gesammelte Schriften. Hrsg. von Alfred Schmidt / Gunzelin Schmid Noerr. Bd. 4. Frankfurt a. M. 1988. S. 226–235.
– / Adorno, Theodor W.: Dialektik der Aufklärung. Philosophische Fragmente. In: M. H.: Gesammelte Schriften. Hrsg. von Alfred Schmidt / Gunzelin Schmid Noerr. Bd. 5. Frankfurt a. M. 1987. S. 11–290.
Horster, Detlef: Politik als Pflicht. Studien zur politischen Philosophie. Frankfurt a. M. 1993.
Hume, David: Erzählungen, Dialoge, Streitschriften [1777]. Eine Untersuchung über den menschlichen Verstand. Engl./Dt. Hrsg. und mit Nachw. von Falk Wunderlich. Übers. von Herbert Herring. Stuttgart 2016.
Illouz, Eva: Versprechen einer Welt danach. In: Süddeutsche Zeitung. 24. 3. 2020.
Jaeggi, Rahel: Was ist Ideologiekritik? In: R. J. / Tilo Wesche (Hrsg.): Was ist Kritik? Frankfurt a. M. 2009. S. 266–295.
Jehle, Peter / Loheit, Jan: Was heißt Unbehagen an der Kultur? In: Das Argument. Zeitschrift für Philosophie und Sozialwissenschaften 58 (2016) Nr. 316. S. 267–272.
Jiménez, Camilo: Ich hab es doch so gewollt. In: Süddeutsche Zeitung, 14. 1. 2011. https://www.sueddeutsche.de/wissen/gemischte-gefuehle-freiheit-ich-hab-es-doch-so-gewollt-1.1046553 [Abruf: 2. 2. 2021].

Jonas, Hans: Das Prinzip Verantwortung. Versuch einer Ethik für die technologische Zivilisation. Frankfurt a. M. 1984.

Kant, Immanuel: Eine Vorlesung über Ethik [1775–1780]. Hrsg. von Gerd Gerhardt. Frankfurt a. M. 1990.

– Grundlegung zur Metaphysik der Sitten [1786]. Hrsg. von Theodor Valentiner. Stuttgart 2019.

– Kritik der reinen Vernunft [1787]. Hrsg. von Ingeborg Heidemann. Stuttgart 1966 [u. ö.]

– Kritik der praktischen Vernunft [1788]. Hrsg. von Joachim Kopper. Stuttgart 1961 [u. ö.]

– Metaphysik der Sitten [1798]. Mit Einl. hrsg. von Hans Ebeling. Stuttgart 1990.

– Über Pädagogik [1803]. In: I. K.: Werke in sechs Bänden. Hrsg. von Wilhelm Weischedel. Bd. 6. Darmstadt 1983. S. 693–761.

Kemmerer, Alexandra: Gelingen kann das Leben nur gemeinsam. In: Frankfurter Allgemeine Zeitung. 15. 10. 2010. https://www.faz.net/aktuell/feuilleton/buecher/rezensionen/sachbuch/martha-nussbaum-die-grenzen-der-gerechtigkeit-gelingen-kann-das-leben-nur-gemeinsam-11057414.html?printPagedArticle=true#pageIndex_3 [Abruf: 2. 2. 2021].

Kersting, Wolfgang: Platons »Staat«. Darmstadt 1999.

Kodalle, Klaus-Michael: Verantwortung. In: Hastedt/Martens 1994. S. 180–197.

Kohlberg, Lawrence: Moralische Entwicklung und demokratische Erziehung. In: Georg Lind / Jürgen Raschert (Hrsg.): Moralische Urteilsfähigkeit. Eine Auseinandersetzung mit Lawrence Kohlberg. Weinheim/Basel 1987. S. 25–43.

Kohlmann, Ulrich: Politik und Moral. Grundzüge der neuzeitlichen Zweck-Mittel-Debatte. In: U. K. (Hrsg.): Karl Kautsky, Leo Trotzki, John Dewey: Politik und Moral. Die Zweck-Mittel-Debatte in der neueren Philosophie und Politik. Lüneburg 2001. S. 11–64.

Kornelius, Stefan: Krise lernen. In: Süddeutsche Zeitung. 21./22. 3. 2020. S. 4.

Lessenich, Stefan: Grenzen der Demokratie. Teilhabe als Verteilungsproblem. Stuttgart 2019.

Liebknecht, Wilhelm: Volksfremdwörterbuch. Berlin 1953.

Lindner, Burkhard: Derrida. Benjamin. Holocaust. Zur politischen Problematik der »Kritik der Gewalt«. In: Zeitschrift für kritische Theorie 2 (1997) Nr. 5. S. 65–100.

Lotze, Rudolf Hermann: Metaphysik. Leipzig 1841.

– Grundzüge der praktischen Philosophie. Leipzig 1882.

Löwenthal, Leo: Autorität in der bürgerlichen Gesellschaft. Ein Entwurf [1934]. In: L. L.: Schriften. Hrsg. von Helmut Dubiel. Bd. 3. Frankfurt a. M. 1982. S. 239–333.

– Individuum und Terror [1946]. In: L. L.: Schriften. Hrsg. von Helmut Dubiel. Bd. 3. Frankfurt a. M. 1982. S. 163–174.

Luhmann, Niklas: Ethik als Reflexionstheorie der Moral. In: N. L.: Gesellschaftsstruktur und Semantik. Bd. 3. Frankfurt a. M. 1989. S. 358–447.

Lutz-Bachmann, Matthias: Menschen sind Personen. Über einen Grundsatz der praktischen Vernunft. In: Information Philosophie 29 (2001) Nr. 3. S. 16–19.

– Grundkurs Philosophie. Bd. 7: Ethik. Stuttgart 2013.

Machiavelli, Niccolò: Der Fürst [1532]. Übers. von Philipp Rippel. Stuttgart [5]2014.

Mann, Thomas: Nietzsches Philosophie im Lichte unserer Erfahrung. Berlin 1948.

– Josef der Ernährer [1943]. In: Th. M.: Gesammelte Werke in 13 Bänden. Bd. 5. Frankfurt a. M. 1990. S. 1273–1818.

Marcuse, Herbert: Studie über Autorität und Familie. In: H. M.: Schriften. Bd. 3. Springe 2004a. S. 85–185.

– Zur Kritik des Hedonismus. In: H. M.: Schriften. Bd. 3. Springe 2004b. S. 250–285.

Marx, Karl: Die moralisierende Kritik und die kritisierende Moral [1847]. In: K. M. / F. E.: Werke. Hrsg. vom Institut für Marxismus-Leninismus beim ZK der SED. Bd. 4. Berlin 1983. S. 331–359.

– Kritik des Gothaer Programms [1875]. In: K. M. / F. E.: Werke. Hrsg. vom Institut für Marxismus-Leninismus beim ZK der SED. Bd. 19. Berlin 1982. S. 1–32.

– Das Kapital. Kritik der politischen Ökonomie [1894]. Bd. 3. Frankfurt a. M. 1968.

– / Engels, Friedrich: Die deutsche Ideologie. Kritik der neuesten deutschen Philosophie in ihren Repräsentanten Feuerbach, B. Bauer und Stirner, und des deutschen Sozialismus in seinen verschiedenen Propheten [1845–1846]. In: K. M. / F. E.: Werke. Hrsg. vom Institut für Marxismus-Leninismus beim ZK der SED. Bd. 3. Berlin 1981. S. 9–530.

Matlok, Anne: Biospekulatives Design. Die Konstruierbarkeit des Menschen. Master-Thesis im Studiengang Informationsdesign an der Fakultät Gestaltung der Hochschule für angewandte Wissenschaften Würzburg-Schweinfurt. Sommersemester 2019.

Maus, Ingeborg: Naturrecht, Menschenrecht und politische Gerechtigkeit. In: Dialektik. Enzyklopädische Zeitschrift für Philosophie und Wissenschaften (1994) Nr. 1. S. 9–18.

Menke, Christoph: Zweierlei Übung. Zum Verhältnis von sozialer Disziplinierung und ästhetischer Existenz. In: Axel Honneth / Martin Saar (Hrsg.): Michel Foucault. Zwischenbilanz einer Rezeption. Frankfurter Foucault-Konferenz 2001. Frankfurt a. M. 2003. S. 283–299.

Mensching, Günther: Totalität und Autonomie. Untersuchungen zur philosophischen Gesellschaftstheorie des französischen Materialismus. Frankfurt a. M. 1971.

Mill, John Stuart: Utilitarianism [1861]. Der Utilitarismus. Engl./Dt. Übers. und hrsg. von Dieter Birnbacher. Stuttgart 2006.

Misselhorn, Catrin: Grundfragen der Maschinenethik [2018]. Stuttgart ^{4}2019.

Montesquieu, Charles de Secondat: Vom Geist der Gesetze [1748]. Übers. und Einl. von Kurt Weigand. Stuttgart 1965 [u. ö.].

Narr, Wolf-Dieter: Menschenrechte statt Sozialismus? In: links 27 (1995) Nr. 298/299. S. 21–23.

Neumann, Dieter: Einleitung. Zur Natur der Moral. In: D. N. / Arno Schöppe / Alfred K. Treml (Hrsg.): Die Natur der Moral. Evolutionäre Ethik und Erziehung. Leipzig 1999. S. 13–29.

Nida-Rümelin, Julian / Weidenfeld, Nathalie: Digitaler Humanismus. Eine Ethik für das Zeitalter der Künstlichen Intelligenz. München 2018.

Nietzsche, Friedrich: Menschliches, Allzumenschliches. Ein Buch für

freie Geister [1878]. In: F. N.: Sämtliche Werke. Krit. Studienausg. in 15 Bänden. Hrsg. von Giorgio Colli / Mazzino Montinari. Bd. 2. München 1980.
– Jenseits von Gut und Böse. Vorspiel einer Philosophie der Zukunft [1886]. Stuttgart 1988.
– Götzen-Dämmerung [1889]. In: F. N.: Sämtliche Werke. Krit. Studienausg. in 15 Bänden. Hrsg. von Giorgio Colli / Mazzino Montinari. Bd. 6. München 1980.
Nussbaum, Martha: Menschliche Fähigkeiten, weibliche Menschen. In: M. N.: Gerechtigkeit oder Das gute Leben. Frankfurt a. M. 2010. S. 176–226.
– Die Grenzen der Gerechtigkeit. Behinderung, Nationalität und Spezieszugehörigkeit. Frankfurt a. M. 2012.
Paetzold, Heinz: Der Mensch. In: Ekkehard Martens / Herbert Schnädelbach (Hrsg.): Philosophie. Ein Grundkurs. Bd. 2. Reinbek b. Hamburg [7]2003. S. 440–479.
Pannier, Jörg: Krieg. In: Peter Prechtl / Franz-Peter Burkard (Hrsg.): Metzler Lexikon Philosophie. Stuttgart/Weimar [2]1999. S. 307.
Pauen, Michael / Welzer, Harald: Autonomie. Eine Verteidigung. Frankfurt a. M. 2005.
PETA: Soziale Gerechtigkeit: Was bedeutet eigentlich Speziesismus? Mai 2019. https://www.peta.de/soziale-gerechtigkeit-speziesismus [Abruf: 2. 2. 2021].
Pieper, Annemarie: Ethik. In: A. P. (Hrsg.): Philosophische Disziplinen. Ein Handbuch. Leipzig 1998. S. 72–91.
– Einführung in die Ethik. Tübingen/Basel 2000.
Platon: Gorgias. In: P.: Werke in acht Bänden. Griech./Dt. Hrsg. von Gunther Eigler. Bd. 2. Darmstadt 1990. S. 269–503.
– Theaitetos. In: P.: Sämtliche Dialoge. Hrsg. von Otto Apelt. Hamburg 1993. Zit. nach der Lizenzausg. Koblenz 2013. Bd. 4. S. 29–189.
– Der Staat [Politeia]. In: P.: Sämtliche Dialoge. Hrsg. von Otto Apelt. Hamburg 1993. Zit. nach der Lizenzausg. Koblenz 2013.
Pohrt, Wolfgang: Gewalt und Politik. In: W. P.: Gewalt und Politik. Ausgewählte Reden & Schriften 1979–1993. Berlin 2010. S. 258–274.
Popitz, Heinrich: Phänomene der Macht. Autorität, Herrschaft, Gewalt, Technik. Tübingen 2004.

Praschl, Peter: Menschenrechte für unsere maschinellen Mitwesen! In: Die Welt. 2.10.2017. https://www.welt.de/kultur/article 161962700/Menschenrechte-fuer-unsere-maschinellen-Mitwesen. html [Abruf: 2.2.2021].

Prechtl, Peter: Wertephilosophie, Werteethik. In: P. P. / Franz-Peter Burkard (Hrsg.): Metzler Lexikon Philosophie. Stuttgart/Weimar [2]1999. S. 657 f.

Rawls, John: Eine Theorie der Gerechtigkeit. Übers. von Hermann Vetter. Frankfurt a. M. [6]1991.

Rentsch, Thomas: Aufhebung der Ethik. In: Hastedt/Martens 1994. S. 114–143.

– / Rohbeck, Johannes: Essays schreiben – aber mit Methode. In: Information Philosophie 30 (2002) Nr. 1. S. 48–52.

Rickert, Heinrich: Kulturwissenschaft und Naturwissenschaft. Freiburg 1899.

Ritter, Joachim (Hrsg.): Historisches Wörterbuch der Philosophie. Basel/Stuttgart 1971 ff.

Roth, Gerhard: Das Gehirn und seine Wirklichkeit. Frankfurt a. M. 1996.

– Das Problem der Willensfreiheit. Die empirischen Befunde. In: Information Philosophie 32 (2004) Nr. 5. S. 14–21.

Rousseau, Jean-Jacques: Vom Gesellschaftsvertrag oder Grundsätze des Staatsrechts [1762a]. In Zusammenarb. mit Eva Pietzcker übers. und hrsg. von Hans Brockard. Stuttgart 1986 [u. ö.].

– Emile oder Über die Erziehung [1762b]. Übers. von Eleonore Sckommodau / Martin Rang. Hrsg. und komm. von Tim Zumhof. Stuttgart 2019.

Rudschies, Wolfgang / Kroher, Thomas: Autonomes Fahren: Digital entspannt in die Zukunft. 20.11.2020. https://www.adac.de/rund-ums-fahrzeug/ausstattung-technik-zubehoer/autonomes-fahren/technik-vernetzung/aktuelle-technik/ [Abruf: 2.2.2021].

Sandel, Michael: Liberalism and the Limits of Justice. Cambridge 1982.

Săvulescu, Julian / Bostrom, Nick (Hrsg.): Human Enhancement. Oxford 2009.

Scheler, Max: Der Formalismus in der Ethik und die materiale Wert-

ethik. Neuer Versuch der Grundlegung eines ethischen Personalismus. Halle ²1921.
Schiller, Hans-Ernst: Ethik in der Welt des Kapitals. Zu den Grundbegriffen der Moral. Springe 2011.
Schlick, Moritz: Fragen der Ethik [1930]. Zit. nach: Birnbacher/Hoerster 1987. S. 314–323.
Schlüter, Wolfgang: Sozialphilosophie für helfende Berufe. Der Anspruch der Intervention. München/Basel 1995.
Schmid Noerr, Gunzelin: Geschichte der Ethik. Stuttgart 2006.
– Ethik in der Sozialen Arbeit. Stuttgart 2012.
Schmidt, Alfred: Zum Begriff des Glücks in der materialistischen Philosophie. In: A. S.: Drei Studien über Materialismus. Schopenhauer. Horkheimer. Glücksproblem. München 1977. S. 135–195.
Schopenhauer, Arthur: Preisschrift über die Freiheit des Willens [1839]. In: A. S.: Werke in zehn Bänden. Bd. 6. Zürich 1977. S. 41–142.
– Preisschrift über die Grundlage der Moral [1841]. In: A. S.: Werke in zehn Bänden. Bd. 6. Zürich 1977. S. 143–317.
– Die Welt als Wille und Vorstellung [1844]. Bd. 1. Teilbd. 2. In: A. S.: Werke in zehn Bänden. Bd. 2. Zürich 1977.
Schweppenhäuser, Gerhard: Nietzsches Überwindung der Moral. Zur Dialektik der Moralkritik in ›Jenseits von Gut und Böse‹ und in der ›Genealogie der Moral‹. Würzburg 1988.
– Am Ende der bürgerlichen Geschichtsphilosophie. Max Horkheimer / Theodor W. Adorno: Dialektik der Aufklärung [1947]. In: Walter Erhardt / Herbert Jaumann (Hrsg.): Jahrhundertbücher. Große Theorien von Freud bis Luhmann. München 2000. S. 184–205.
– Die Antinomie des Universalismus. Zum moralphilosophischen Diskurs der Moderne. Würzburg 2005.
– Ethik nach Auschwitz. Adornos negative Moralphilosophie. 2., überarb. Aufl. Wiesbaden 2016.
Schweppenhäuser, Hermann: Zur Dialektik der Emanzipation. In: H. S.: Vergegenwärtigungen zur Unzeit? Aufsätze und Vorträge. Lüneburg 1986. S. 11–41.
– Zum Begriff der Demokratie. In: Zeitschrift für kritische Theorie 19 (2013) Nr. 36–37. S. 177–186.
Seel, Martin: Glück. In: Hastedt/Martens 1994. S. 145–163.

Seher, Dietmar: Polizei beklagt Werteverfall und steigende Brutalität. In: Der Westen. Funke Medien NRW. 1. 4. 2014. https://www.derwesten.de/politik/polizei-beklagt-werteverfall-und-steigende-brutalitaet-id9190806.html [Abruf: 2. 2. 2021].

Seibt, Gustav: Die Freiheit zum Suizid. In: Süddeutsche Zeitung. Nr. 51. 2. 3. 2020. S. 9.

Seiffert, Helmut: Einführung in die Wissenschaftstheorie. Bd. 1. München 1971.

Semprún, Jorge: Der Tote mit meinem Namen. Übers. von Eva Moldenhauer. Frankfurt a. M. 2002.

Sen, Amartya: Gleichheit? Welche Gleichheit? Übers. und hrsg. von Ute Kruse-Ebeling. Stuttgart 2019.

Siep, Ludwig: Was heißt: »Aufhebung der Moralität in Sittlichkeit« in Hegels Grundlinien der Philosophie des Rechts? In: Hegel-Studien. Bd. 17. Bonn 1982. S. 75–96.

Singer, Peter: Praktische Ethik. Stuttgart 1992. Übers. von Oscar Bischoff / Oscar Wolf / Dietrich Klose / Susanne Lenz. 3., revid. und erw. Aufl. Stuttgart 2013.

Spaemann, Robert (Hrsg.): Ethik-Lesebuch. München 1991.

Stegmaier, Werner: Nietzsches ›Genealogie der Moral‹. Darmstadt 1994.

Stephan, Paul: Links-Nietzscheanismus. Eine Einführung. Bd. 1: Nietzsche selbst. Stuttgart 2020.

Stöhr, Robert [u. a.]: Schlüsselwerke der Vulnerabilitätsforschung. Wiesbaden 2019.

Süddeutsche Zeitung: Zufriedene, selbstzufriedene Deutsche. In: Süddeutsche Zeitung. 8. 10. 2014. https://www.sueddeutsche.de/leben/gluecksatlas-2014-zufriedene-selbstzufriedene-deutsche-1.2164266 [Abruf: 1. 1. 2021].

– Interview: Eric Hilgendorf / Christina Müller: Automatisierte Fahrzeuge sind geborene Opfer. 24. 1. 2019. https://www.sueddeutsche.de/auto/autonomes-fahren-unfall-haftung-1.4300220 [Abruf: 1. 1. 2021].

Süddeutsche Zeitung: Deutschland wird glücklicher. In: Süddeutsche Zeitung. 5. 11. 2019. https://www.sueddeutsche.de/panorama/gluecksatlas-deutschland-1.4668388 [Abruf: 1. 1. 2021].

Thomson, Judith Jarvis: The Trolley Problem. Das Trolley-Problem. Engl./Dt. Übers. und hrsg. von Adriano Mannino / Nikil Mukerji. Stuttgart 2020.

Tolmein, Oliver: Selbstbestimmt tot. In: konkret 4 (2020) S. 41.

Tränkle, Sebastian: Polizeisoldat des Himmels. Über revolutionäre Moral und die Negation des individuellen Glücksanspruchs. In: Hendrik Wallat (Hrsg.): Gewalt und Moral. Eine Diskussion der Dialektik der Befreiung. Münster 2014. S. 41–80.

Tugendhat, Ernst: Vorlesungen über Ethik. Frankfurt a. M. 1993.

Türcke, Christoph: Digitale Gefolgschaft. Auf dem Weg in eine neue Stammesgesellschaft. München 2019.

– Natur und Gender. Kritik eines Machbarkeitswahns. München 2021.

Voltaire, François Marie: Der unwissende Philosoph [1766]. In: F. M. V.: Erzählungen, Dialoge, Streitschriften. Übers. von Martin Fontius. Bd. 3. Berlin 1981.

Walzer, Michael: Über den gerechten Krieg. In: Die Welt. 12. 3. 2002. https://www.welt.de/print-welt/article378685/Ueber-den-gerechten-Krieg.html [Abruf: 2. 2. 2021].

Weber, Max: Soziologische Grundbegriffe [1922]. Hrsg. von Andrea Maurer. Stuttgart 2019.

– Wissenschaft als Beruf [1919a]. Stuttgart 1995.

– Politik als Beruf [1919b]. Stuttgart 1992 [u. ö.].

Welt, Die: Was ist eigentlich Glück? In: Die Welt. 8. 10. 2014 https://www.welt.de/kultur/article160309024/Was-ist-eigentlich-Glueck.html [Abruf: 2. 2. 2021].

Werte Leben Online: Hass im Netz – geht gar nicht. https://www.werteleben.online/werte/respekt-toleranz/hass-im-netz-geht-gar-nicht/ [Abruf: 2. 2. 2021].

Werteunion: https://werteunion.net/wofuer-wir-kaempfen/positionen/ [Abruf: 2. 2. 2021].

Wiebicke, Jürgen: Dürfen wir so bleiben wie wir sind? Gegen die Perfektionierung des Menschen – eine philosophische Intervention. Köln 2013.

Ziegler, Jean: Die Leute leben hier wie Tiere. Interview. Zeit-Online. 24. 5. 2019. https://www.zeit.de/politik/ausland/2019-05/jean-

ziegler-moria-fluechtlingslager-menschenrechte-fluechtlings-politik [Abruf: 2. 2. 2021].
– Die Schande Europas. Von Flüchtlingen und Menschenrechten. München 2020.
Žižek, Slavoj: Willkommen in der Wüste des Realen. In: Die Zeit. Nr. 39. 20. 9. 2001.
– Happiness as an Ideological Category. In: Zeitschrift für kritische Theorie (2002) Nr. 15. S. 41–55.
Zuboff, Shoshana: Das Zeitalter des Überwachungskapitalismus. Übers. von Bernhard Schmid. Frankfurt a. M. / New York 2018.

Zum Autor

Gerhard Schweppenhäuser, 1960 in Frankfurt am Main geboren, ist Professor für Design-, Kommunikations- und Medientheorie an der Hochschule für angewandte Wissenschaften in Würzburg und Privatdozent für Philosophie an der Universität Kassel. Gemeinsam mit Sven Kramer gibt er die *Zeitschrift für kritische Theorie* heraus. Neuere Bücher: *Adorno und die Folgen* (2021); *Design, Philosophie und Medien. Perspektiven einer aktuellen Entwurfs- und Gestaltungstheorie* (2019); *Revisionen des Realismus. Zwischen Sozialporträt und Profilbild* (2018); *Handbuch der Medienphilosophie* (Hrsg., 2018); *Ethik im Kommunikationsdesign. Verständigung, Verantwortung und Orientierung als Kriterien visueller Gestaltung* (2017, mit Christian Bauer); *Bildsemiotik. Grundlagen und exemplarische Analysen visueller Kommunikation* (2017, mit Thomas Friedrich); *Ethik nach Auschwitz. Adornos negative Moralphilosophie* (2016).

Namenregister

Sachregister